《史记研究集成》
　　总主编　袁仲一　张新科　徐　晔　徐卫民

《史记研究集成·十二本纪》
　　主　编　赵光勇　袁仲一　吕培成　徐卫民

《史记研究集成·十二本纪》编辑出版委员会

总顾问 张岂之

主　任 安平秋　徐　晔

副主任 张新科　马　来　徐卫民

编　委（以姓氏笔画为序）

　　　　　王子今　尹盛平　田大宪　吕培成　吕新峰

　　　　　李　雪　李颖科　杨建辉　杨海峥　吴秉辉

　　　　　何惠昂　陈俊光　张　萍　张　雄　张文立

　　　　　赵生群　赵建黎　骆守中　高彦平　郭文镐

　　　　　徐兴海　商国君　梁亚莉　彭　卫　程世和

主　编 赵光勇　袁仲一　吕培成　徐卫民

"十三五"国家重点图书出版规划项目

史记研究集成·十二本纪

吕太后本纪

徐兴海　编

西北大学出版社
·西安·

图书在版编目（CIP）数据

吕太后本纪／徐兴海编． —西安：西北大学出版社，2019.3

（史记研究集成／赵光勇，袁仲一，吕培成，徐卫民主编．十二本纪）

ISBN 978-7-5604-4047-7

Ⅰ.①吕…　Ⅱ.①徐…　Ⅲ.①中国历史—古代史—纪传体②《史记》—研究　Ⅳ.①K204.2

中国版本图书馆 CIP 数据核字（2017）第 132386 号

"十三五"国家重点图书出版规划项目

史记研究集成·十二本纪·吕太后本纪
SHIJIYANJIUJICHENG SHIERBENJI LUTAIHOUBENJI

徐兴海　编

出版发行	西北大学出版社
地　　址	西安市太白北路 229 号　　邮　　编　710069
网　　址	http://nwupress.nwu.edu.cn　　邮　　箱　xdpress@nwu.edu.cn
电　　话	029-88303593　88302590
经　　销	全国新华书店
印　　装	西安华新彩印有限责任公司
开　　本	787 毫米×1092 毫米　1/16
印　　张	13.25
字　　数	252 千字
版　　次	2019 年 3 月第 1 版　2019 年 3 月第 1 次印刷
书　　号	ISBN 978-7-5604-4047-7
定　　价	75.00 元

如有印装质量问题，请与西北大学出版社有限责任公司联系调换。电话：029-88302966

版权所有　　侵权必究

总　序

司马迁是我国西汉时期左冯翊夏阳（今陕西韩城市）人，伟大的史学家、思想家、文学家，1956年被列为世界文化名人。他的巨著《史记》，是我国第一部纪传体通史，记载了从黄帝到汉武帝时期中华民族三千多年的历史，体现了中华民族的智慧和力量，展现了中华民族维护统一、积极进取、坚韧不拔、革故鼎新、忧国爱国等民族精神。司马迁以"究天人之际，通古今之变，成一家之言"为宗旨，突破传统，大胆创新，开辟了中国史学的新纪元，在中国文化史上树立了一座巍峨的丰碑，正如清人李景星《史记评议·序》所说："由《史记》以上，为经为传诸子百家，流传虽多，要皆于《史记》括之；由《史记》以下，无论官私记载，其体例之常变，文法之正奇，千变万化，难以悉述，要皆于《史记》启之。"在世界文化史上，《史记》作为巨幅画卷，也是当之无愧的。苏联学者图曼说："司马迁真正应当在大家公认的世界科学和文学泰斗中占有重要的地位。"《史记》和古希腊史学名著比较，其特点在于它的全面性，尤其是对于生产生活活动、学术思想和普通人在历史上的地位的重视。"希腊历史学家的著作，往往集中到一个战争，重视政治、军事。普鲁塔克的传记汇编所收的人物也限于政治家和军事家，即使是最著名的希腊思想家、科学家如亚里士多德，在他的著作中也没有一字提到，更没有一个关于从事生产活动者的传记了。"[①]《史记》在唐以前传至海外，18世纪开始传入欧美，一直以来都是世界汉学界研究和关注的对象。毋庸置疑，《史记》是世界文化宝库中一颗璀璨的明珠。

一

据《汉书》记载，西汉宣帝时司马迁的外孙杨恽将《史记》公之于众。但当时史学还没有应有的独立地位，加之在正统思想家眼里，《史记》是离经叛道之作，是"谤书"，因而并没有受到重视。直到东汉中期，《史记》才逐渐流传。魏晋以后，史学摆脱了经学附庸，在学术领域内形成一门独立的学科，《史记》的地位得到相应的提高，抄写、学习《史记》的风气逐渐形成。谯周《古史考》等书对《史记》史实的考证，

---

① 齐思和：《〈史记〉产生的历史条件和它在世界史学上的地位》，载《光明日报》1956年1月19日。

揭开了古史考辨的序章。裴骃的《史记集解》是这个时期最有代表性的《史记》注本。此一时期，扬雄、班氏父子、王充、张辅、葛洪、刘勰等人对《史记》发表过许多评论，他们肯定了司马迁的史才，肯定了《史记》"不虚美，不隐恶"的实录精神。由于史论的角度不同，班彪、班固在《汉书·司马迁传》中提出"史公三失"问题。随之，以王充和张辅为开端，开始了"班马异同"的学术讨论，也即开《史记》《汉书》比较研究之先河。

唐代由于史学地位的提高，尤其是"正史"地位之尊，使《史记》在史学史上备受尊崇，司马迁开创的纪传体成为修史之宗。唐代编纂的《晋书》《梁书》《陈书》等八部史书全部采用纪传体的写法。史学理论家刘知幾对纪传体的优点也予以肯定："《史记》者，纪以包举大端，传以委曲细事，表以谱列年爵，志以总括遗漏，逮于天文、地理、国典、朝章，显隐必该，洪纤靡失，此其所以为长也。"① 史学家杜佑发展了《史记·八书》的传统，著《通典》一书，成为政书体的典范。唐代注释《史记》，成就最大的是司马贞的《史记索隐》与张守节的《史记正义》。这两部书和南朝刘宋年间裴骃所作的《史记集解》，被后人合称为《史记》"三家注"。"三家注"涉及文字考证、注音释义、人物事件、天文历法、山川草木、鸟兽虫鱼、典章制度等，是《史记》研究总结性、系统性的成果，因而也被认为是《史记》研究史上的一座里程碑。司马贞、张守节、刘知幾、皇甫湜等人，对司马迁易编年为纪传的创新精神做出了许多肯定性的评论。如皇甫湜《皇甫持正集》认为，司马迁"革旧典，开新程，为纪为传为表为志，首尾具叙述，表里相发明，庶为得中，将以垂不朽"。特别是唐代韩愈、柳宗元掀起的古文运动，举起了向《史记》文章学习的旗帜，使《史记》所蕴藏的丰富的文学宝藏得到空前的认识和开发，奠定了《史记》的文学地位。

宋代的《史记》研究步入一个新阶段。由于统治者对修史的重视，加之印刷技术的发展，《史记》得以大量刊行，广为研读。宋人特别注重《史记》的作文之法。如文学家苏洵首先发明司马迁写人叙事的"互见法"，即"本传晦之，而他传发之"②，开拓了《史记》研究的领域。郑樵在《通志·总序》中称《史记》为"六经之后，惟有此作"，肯定司马迁前后相因、会通历史的作史之法，这也是第一次在理论上从"通"的角度评论《史记》。本时期的评论，还把"班马优劣论"发展到一个新的阶段，苏洵、郑樵、朱熹、叶适、黄履翁、洪迈等人都发表过评论，涉及思想、体例、文学等方面的比较，乃至出现了倪思、刘辰翁的《班马异同》及娄机的《班马字类》这样的专门著作，把《史记》比较研究向前推进了一步。

元代除了在刊刻、评论《史记》方面继承前代并有所发展外，主要贡献在于把

---

① [唐]刘知幾撰，浦起龙释：《史通通释·二体》，上海古籍出版社1978年版，第28页。
② [宋]苏洵著，曾枣庄等笺注：《嘉祐集笺注》，上海古籍出版社1993年版，第232页。

《史记》中的历史人物、历史事件搬上舞台。元代许多杂剧的剧目取材于《史记》，仅据傅惜华《元代杂剧全目》所载就有180多种，如《渑池会》《追韩信》《霸王别姬》等，这些剧目的流传，又扩大了《史记》的影响。

明代是《史记》评论的兴盛期。印刷技术进一步提高，给刻印《史记》提供了有利条件，尤其是套版印刷的兴起，给评点《史记》提供了方便。明代从文学角度评论《史记》取得的成就最大，对于《史记》的创作目的、审美价值、刻画人物形象的方法、多样化的艺术风格等都进行了有益的探索①。唐顺之、归有光、茅坤、王慎中、钟惺、陈仁锡、金圣叹等人都是评点《史记》的大家。同时，由于《史记》评点著作大量出现，辑评式研究应运而生。凌稚隆《史记评林》搜集整理万历四年（1576）之前历代百余家的评论，包括"三家注"及各家评点和注释，并载作者本人考辨，给研究者提供了便利，后来李光缙对该书进行了增补，使之更加完备。明代晚期，《史记评林》传入日本，深刻影响了日本对《史记》的研究。另外，朱之蕃《百大家评注史记》，葛鼎、金蟠《史记汇评》，陈子龙、徐孚远《史记测义》等也进行了辑评工作。明代由于小说的繁荣，人们对《史记》的认识也开辟了新的角度，探讨《史记》与小说的关系，这是前所未有的新成就。在《史记》历史事实的考辨方面，杨慎《史记题评》、柯维骐《史记考要》、郝敬《史记愚按》等，以及一些笔记著作，均颇有新意。

清代迎来了《史记》研究的高峰期。专门著作大量涌现，如吴见思《史记论文》、汪越《读史记十表》、杭世骏《史记考证》、牛运震《史记评注》、王元启《史记三书正讹》、王鸣盛《史记商榷》、邵泰衢《史记疑问》、赵翼《史记札记》、钱大昕《史记考异》、梁玉绳《史记志疑》、张文虎《校勘史记集解索隐正义札记》、郭嵩焘《史记札记》、李慈铭《史记札记》、吴汝纶《桐城吴先生点勘史记》、程馀庆《历代名家评注史记集说》等，都是颇有特色的著作。这些著作最大的成就在于考据方面。清人考据重事实、重证据，大至重要历史事件，小至一字一句、一地一名，对《史记》史事和文字的考证极为精审。钱大昕为梁玉绳《史记志疑》作序，称其"足为龙门之功臣，袭《集解》《索隐》《正义》而四之矣"。许多学者是考中有评，如赵翼说："司马迁参酌古今，发凡起例，创为全史，本纪以序帝王，世家以记侯国，十表以系时事，八书以详制度，列传以志人物"，"自此例一定，历来作史者，遂不能出其范围，信史家之极则也。"② 其他非专门研究《史记》的著作如顾炎武《日知录》、刘大櫆《论文偶记》、章学诚《文史通义》以及一些古文选本等，也对《史记》发表了许多值得重视的评论。

---

① 详参张新科、俞樟华：《史记研究史略》第四章"明人评点《史记》的杰出成就"，三秦出版社1990年版。
② ［清］赵翼著，王树民校证：《廿二史札记校证》卷一，中华书局1984年版，第3页。

近现代以来，中国内地及港澳台地区《史记》研究呈现出继承传统研究方法的同时，研究领域不断拓宽、研究问题不断深入的特点。从政治到经济、从思想到文化、从史学到地理、从文学到美学、从伦理到哲学、从天文到医学、从军事到人才，都进行了广泛深入的探索。诸如李笠的《史记订补》、王叔岷的《史记斠证》、钱穆的《史记地名考》、瞿方梅的《史记三家注补正》、陈直的《史记新证》、王恢的《史记本纪地理图考》等，从《史记》文本文字、地理名物及《史记》研究的再研究等方面进行考证或订补。另外，杨燕起等编纂的《历代名家评史记》，精选 1949 年前的《史记》评论资料；近年来，由张大可、丁德科主编的《史记论著集成》汇辑当代学者的专题研究成果；赵生群主持修订的中华书局《史记》点校本使《史记》校勘更上层楼。同时，各种不同类型的《史记》选注本、全注本、选译本、全译本相继问世。

《史记》在日本影响很大，近现代以来颇具影响的《史记》研究专家有泷川资言、水泽利忠、宫崎市定等。20 世纪 30 年代出版了泷川资言的《史记会注考证》，之后水泽利忠对该书进行校补，使之成为《史记》研究总结集成式的成果，该书在辑佚、校勘、对《史记》史实的考证、对司马迁所采旧典的考证、对"三家注"的再考证、对词句的训释等方面，均取得了显著的成果。但缺点也是显而易见的，施之勉的《史记会注考证订补》、严一萍的《史记会注考证斠订》等均针对其缺憾专门做了订正。欧美学者对《史记》的研究，诸如法国的沙畹、康德谟，美国的华兹生、倪豪士，以及汉学家高本汉、崔瑞德、鲁惟一、陆威仪等，在关注《史记》传统研究方法的同时，以西方思维、理论及方法，将《史记》与西方传统的史学著作进行比较研究，亦颇具特色。

从以上简单勾勒《史记》研究的历史可以看出，近两千年《史记》研究呈现出"历代不辍、高潮迭起"的状态。不仅如此，海外汉学界特别是日本的《史记》研究亦有突出的表现。

二

《史记》研究积累了大量丰富的资料，这些资料是不同时期承前启后、不断深化的学术成果，这其中有就个别问题的深入探究，有零散的评论，亦有专题式的系统研究。除此之外，系统整理前代研究成果、提出新见的集成式整理方式，更有划时代的意义。在这个层面上，南朝刘宋至唐代形成的《史记》"三家注"和 20 世纪 30 年代日本学者泷川资言完成的《史记会注考证》，被视为《史记》研究系统、全面、最有代表性的著作，甚至被称为《史记》研究的两座里程碑。

今天，《史记会注考证》出版已经八十余年，《史记》研究又经过了一个不凡的历程，海内外《史记》研究新见迭出，特别是在研究方法上出现了新的变化，突出特征是由"史料学"向"史记学"发展，即从史料的整理和挖掘中分析司马迁的思想，通过具体史料探讨《史记》丰富的思想内涵及其价值。这也在客观上对《史记》研究成果再次进行集成式整理提出了新的学术要求，《史记研究集成》的编纂正是顺应这一学术发展的重要尝试。

《史记研究集成》系"十三五"国家重点图书出版规划项目，在陕西省人民政府参事室（陕西省文史研究馆）的关心、指导和支持下，由陕西省司马迁研究会和西北大学出版社具体组织实施。集成规模浩大，搜罗宏富；分类选目，采摭众家；纵横有序，类别集成。在总体架构上，分别形成"十二本纪""十表八书""三十世家""七十列传"各部分研究集成。集成以汇校、汇注、汇评为编纂体例，总体编纂表现出资料搜集的全面性、类别整理的学术性，以及体例设置的科学性和出版所具有的实用性特点，具体如下：

首先，资料翔实完备，涉及古今中外所有研究成果，是近两千年来《史记》研究的集大成之作。本集成所收资料，上自汉魏六朝下至21世纪初，不仅包括中国历代《史记》研究形成的资料，亦广泛涉及海外研究成果，特别注重对新材料、新观点的采摭吸收。近现代以来，《史记》研究呈现出以史学、文学为主干，包括政治、经济、文化、军事、哲学、地理、天文等多学科的特点，相关的研究成果自然也就成为本集成的组成部分。同时，遴选搜集所能见到的《史记》研究的相关资料，又针对性地搜集补充海外研究资料，充分显示了《史记研究集成》资料搜集的全面性。

其次，观点采摭众家，厘定甄选，兼及考古资料补正，充分体现了《史记研究集成》的学术性。《史记》研究者之众，多不胜数；成果之丰，可谓汗牛充栋。经过了汉魏六朝开启至唐代的注释繁盛期，两宋传播和品评期，明代评论兴盛期，清代考据高峰期，以及近现代的拓展深入期这些不同阶段，积累了大量的学术资料，这些资料就观点看，前后相继，但会通整理难度之大超乎想象。编纂者一要质其要义，二要考其先后，三要会通甄选以厘定条目，除此之外，还要参酌考古新发现做深入补正或提出新见解，这也体现出集成的学术性特点。

再次，体例设置科学，出版具有实用性。《史记研究集成》以汇校、汇注、汇评分类，以观点先后列目，类编得当，条贯秩然。一方面网罗《史记》研究多学科、多层次、全方位之学术观点，另一方面完整呈现《史记》研究的学术脉络，每篇前有"题解"，后有"研究综述"，在收集历代研究成果的同时，对一些有争议的或者重大的学术问题加以编者按语。本集成系统全面，方便使用，具有工具书的性质。

《史记研究集成》的编辑出版，无疑具有重要的学术价值。第一，它为《史记》研究者提供了非常丰富的有价值的资料，古今中外的重要成果尽收眼底，为理论研究铺路搭桥，为立体化的研究提供依据。第二，它既是历代资料的精选荟萃，又是近两千年《史记》研究史的全面呈现,具有学术史的认知价值。第三,它与前代的《史记》"三家注"、《史记会注考证》等里程碑式的著作相比,体现了编纂者的创新精神和力争超越前代的学术追求,有助于推动《史记》研究向纵深发展,有助于推动"史记学"的建立。第四,《史记》具有百科全书的特点,在中国和世界文化史上占有重要地位。集成的编辑出版,一方面可以为史学、文学、哲学等人文社会科学乃至有关的自然科学研究提供有益的资料,有助于促进这些学科的发展,繁荣当代学术;另一方面,有助于深入挖掘《史记》中蕴含的至今仍具有现代意义的价值理念、道德规范与治国智慧,以传承弘扬中华优秀传统文化,推动传统文化创造性转化与创新性发展。

三

《史记研究集成》的编纂是一项基础性文化工程,资料的搜集与会通整理不仅需要认真严谨的学术态度,也需要多学科的知识储备,更需要学术界的通力合作。书稿在编纂和审定过程中,得到了著名史学家、西北大学张岂之先生,中国《史记》研究会原会长、北京大学安平秋先生,中国秦汉史研究会原会长、中国人民大学王子今教授,中国社会科学院学部委员彭卫研究员,中国历史文献研究会会长、南京师范大学赵生群教授等学者的大力支持和帮助,在此谨表谢忱。

限于体例和篇幅,以及资料的限制,前贤时彦的成果难以全部吸收,颇有遗珠之憾,不足之处,敬请读者批评指正。

《史记研究集成》编辑出版委员会
(张新科执笔)
2019年3月18日

《史记研究集成·十二本纪》编辑出版说明

作为《史记研究集成》的一部分，《史记研究集成·十二本纪》（以下简称"集成"）编纂工作实际始于 1994 年。它是在赵光勇教授审择资料、构设体例的基础上，由陕西省司马迁研究会组织启动编纂的。对于这项重大文化工程的实施，时任陕西省省长白清才、陕西省政协副主席董继昌、陕西师范大学原党委书记李绵等人高度重视，并给予重要支持。在几近十年的编纂中，十余位专家勤勉有为，爬梳浩如烟海的资料，会通比较，厘定条目，汇校、汇注、汇评出近两千年《史记》研究发展的学术脉络，至 2003 年形成初稿。

2013 年，书稿经过十年"周转沉淀"，在陕西省人民政府参事室（陕西省文史研究馆）的支持下，西北大学出版社接手编辑出版，并邀纳资深编审郭文镐等组建《史记研究集成》编辑部，组织项目的编辑加工。从 2013 年至今，在六年的精心组织与实施中，编辑部的同志进行了大量细致的资料核查工作，其中不乏深入的校雠勘误；在内容处理上，听取专家意见，同样进行了庞杂的"考量删繁以求简练"的编辑加工。在此基础上，各位编纂者又进行了系统的补遗与增订。《史记研究集成·十二本纪》至此完成编辑审定。这期间，2015 年，《史记研究集成》被列入"十三五"国家重点图书出版规划；2016 年、2018 年，出版社和陕西省司马迁研究会先后组织了两轮专家审定，形成了系统的修改意见，从增删与补遗等方面有力地保证了"集成"的全面性与学术性，从而提高了"集成"出版的代表性与权威性。

《史记研究集成·十二本纪》项目实施前后 25 年，十余位专家，淡泊名利，潜心以为，他们以司马迁"忍辱负重，发愤而为，成一家之言"的精神为榜样，砥砺前行，在此我们感念良多。殚精竭虑、因病辞世的吕培成教授，年愈九旬、依旧念兹的赵光勇教授，耄老鲐背、勉力而为的袁仲一先生等，他们都是司马迁精神不衰的实践与体现。已故陕西省司马迁研究会原副会长张登第先生在"集成"编纂的组织过程中发挥了重要作用。书稿的编、审、校前后持续六年，这期间，出版社的编辑同志承担着大量繁重的工作，他们珍视与编纂者的合作，在工作上与编纂者并肩前行，在专业上不断历练提高，受益良多。可以说，"集成"的编辑出版，是编纂者与出版者密切合作的结果，也充分体现着双方致力于文化传承创新的责任与使命意识。

值此《史记研究集成·十二本纪》付梓之际，特别感谢北京大学安平秋教授、杨海峥教授，中国人民大学王子今教授，中国社会科学院彭卫研究员，南京师范大学赵生群教授等专家学者所提供的重要的学术支持。同时，感谢社会各界给予的关心和指导。

西北大学出版社
2019 年 3 月 19 日

凡 例

1. 本书《史记》正文以中华书局1959年版点校本为底本，参考《史记》新校本（修订本），汇集历代兼及国际汉学界《史记》研究资料，简体横排。凡古今字、通假字、俗字等，以及人名、地名中的异体字，均一仍其旧。各卷编排：卷前为题解，卷末为研究综述，正文分段，每段为单元，标示注码，段后依次排列汇校、汇注、汇评资料。

2. 本集成遴选的资料，录自古代文献和近现代学术专著，有参考价值的今人研究成果也予以酌录。汇校部分，以他校为主（点校本已作版本校）。汇注部分，不限于字词义诠释，句义、段义以及天文地理等考释也包括在内。所有部分，皆不惮其繁，一一罗列各家之言。

3. 本集成引录的资料中使用的书名简称依旧，个别生僻者，首次出现时，随文加"编者按"予以说明。如：《锥指》（编者按：《禹贡锥指》）；《经典》（编者按：《经典释文》）。

4. 本集成引录的资料中的原有夹注，改为括注，字体字号同正文。为方便读者解读研究资料中的个别问题，本书编者间或加有"编者按"，按语相应随文或置于该条资料文末。

5. 每条研究资料于文末括注出处，录自古代文献和近现当代学术专著者括注书名、卷名或章名，连续两条或三条出处相同者，后条简注"同上"；录自现当代期刊者括注篇目及期刊年次期次。书末附《引用文献及资料》，详注版本信息。

目 录

总　序 …………………………………………………… (1)
《史记研究集成·十二本纪》编辑出版说明 …………… (1)
凡　例 …………………………………………………… (1)
正文及校注评 …………………………………………… (1)
研究综述 ………………………………………………… (174)
引用文献及资料 ………………………………………… (188)

吕太后本纪第九

【题解】

司马贞：吕太后本以女主临朝，自孝惠崩后，立少帝而始称制，正合附《惠纪》而论之；不然，或别为《吕后本纪》，岂得全没孝惠而独称《吕后本纪》？（编者按：点校本《史记》修订本：此条《索隐》原无，据耿本、黄本、彭本、《索隐》本、柯本、凌本、殿本、《会注》本补。）（《史记索隐·吕太后本纪》）

孙 奕：迁、固列吕后于纪，不没其实，则合《春秋》法。（《履斋示儿编》卷七《史体因革》）

钟 惺：项羽入本纪，在《高祖本纪》前，惜羽之夺于汉也；吕后入本纪，在《高祖本纪》后，惠帝遂无纪，危诸吕之夺汉也。（《史怀》卷第五《史记·吕后本纪》）

翁元圻：《吕后本纪》：夹漈郑氏曰：迁遗惠而纪吕，无亦奖盗乎？（阎按）《汉书》有《惠帝纪》，帝崩即纪高后，不纪两少帝，岂无因？（何云）本纪者，纪其政之所自出，但以例周衰而后即违反耳。（集证）《文心雕龙·史传篇》云，孝惠委机吕后摄政，班史立纪，违经失实，何则？庖牺以来，未闻女帝者也，此夹漈所本。（元圻按）黄东发《史记抄》曰：惠帝立七年，名惠帝子者，践阼复二人，史迁皆系之吕后，意者示女后专制之变也。然吕氏尽杀高帝子孙在内者，欲夺天下而归之吕，大逆无道，汉之贼也，岂止专制而已，而可纪之哉？迁为汉臣子，特微辞见意尔。（渔仲《通志》）于《前汉·吕后纪》又谓汉吕唐武之后立纪，议者纷纭不已，殊不知纪者，编年之书也，若吕后之纪不立，则八年正朔，所系何朝？武后之纪不立，则二十年行事，所著何君？不察实义，徒事虚言，史家之大患也，似与此条所引矛盾。（《翁注困学纪闻》卷一一《考史》）

万希槐：集证：[按]《文心雕龙·史传篇》云：孝惠委机吕后摄政，班史立纪，违经失实，何则？庖牺以来，未闻女帝者也，此夹漈所本。又按：《唐书》则天皇后立纪，亦本《史记》。（《校订困学纪闻集证》卷一一上）

陈遇夫：古之书患其少，后世之书患其多。古之书典谟训诰，举大要而已，所遗实多,至羲农则不可稽,学者惜之。自周末兵争,法令滋章,文辞烦密;策士纵横,以言相布;文学之徒,争以论说相高。自是而后,诸子百家,支离诡杂,淆乱日甚矣;甚至作史者,亦增华积靡,浮而失实。夫百家之言失实,阙之而已;史而失实,则无以垂法戒,而大义不明于天下。尝考全史所载,略言之,可删者有十焉。子长《史记》,班氏讥其疏略,然世远事阙,不得不尔,第不当纪吕后而削惠帝,故帝纪宜如班史。(《史见》卷一《删史》)

孙德谦:本纪之有吕后也,或讥其不立孝惠,应如《汉书》作为两纪,不当单纪吕后,其说亦有见矣。然龙门为通史体,不沾沾为一姓纪兴亡。观其赞曰:"孝惠皇帝高后之时,黎民得离战国之苦,君臣俱欲休息乎无为。故惠帝垂拱,高后女主称制,政不出房户,天下晏然,刑罚罕用,罪人是希。民务稼穑,衣食滋殖。"吾知马迁之意,殆以当时黎民休息,刑罚则罕用,衣食则滋殖,吕后虽为女主,而天下相安,不能不为斯民庆也。后之为祸,乃是刘氏家庭之变,于天下无与。况一则曰"孝惠皇帝高后之时",一则曰"惠帝垂拱",而并不略去惠帝乎!其言"得离战国之苦,君臣俱欲休息乎无为",子长之意在重民,大可知矣。(《古书读法略例》卷一《知意例》)

赵　翼:《后汉书》又立《皇后纪》,盖仿《史》《汉·吕后纪》之例。不知史迁以政由后出,故《高纪》后即立后纪。至班固则先立《孝惠纪》,孝惠崩,始立后纪,其体例已截然,以少帝既废,所立者非刘氏子,故不得不伪主纪年,而归之于后也。若东汉则各有帝纪,即女后临朝,而用人行政已皆编在帝纪内,何必又立后纪?(《廿二史札记》卷一《各史例目异同》)

[日]泷川资言:愚按:史公舍惠帝而纪吕后,犹舍楚怀而纪项羽,盖以政令之所出也。(《史记会注考证》卷九)

徐复观:至史公不为惠帝立本纪而为吕后立本纪,盖一以著历史之真实,一以著吕后之篡夺。班固为惠帝立纪,这在表示帝室的统系上是对的;但他不能不保留《高后纪》。《高后纪》称"高皇后吕氏",而《史记》则称"吕后""吕太后",以见其政权性质并不属刘氏。《史记·吕太后本纪》中所记吕后"断戚夫人手足,去眼煇耳,饮瘖药,使居厕中,命曰人彘"的一段故事,《汉书》则移入《外戚传》中。而"吕后为人刚毅,佐高祖定天下,所诛大臣多吕后力"的关键性纪事,则被《汉书》删弃。由此亦可为史公由其历史良心的驱使而深入于历史真实的一例。(《两汉思想史》第三卷《论史记》)

徐朔方:《史记·吕后本纪》相当于《汉书·惠帝纪》《高后纪》再加上《外戚列传》中有关吕后、戚夫人及惠帝、张皇后的部分以及《高五王传》中的四王传记(高五王中,《史记》只有齐悼惠王另立《世家》)。(《史汉论稿》下编)

辛德勇:本篇篇名《吕太后本纪》,今中华书局点校本系照录其底本金陵书局本,点校者对此未做任何说明。然而核诸金陵书局本刊行之前的诸古刻旧本，以及日本毛利元昭公爵收藏的古写本《史记》零卷，此卷篇名却无不书作《吕后本纪》。孰是孰非，自当辨析说明。……《汉书》的《高后纪》，乃出自《史记》之《吕后本纪》，说明班固在东汉时期看到的《史记》，其篇目题名便是如此。……可见自从东汉以来，此篇一直是以《吕后本纪》为名。……根据上述情况，恐怕还是应该恢复传世旧本固有的面貌，将这一卷太史公书的篇名改回《吕后本纪》。（《史记新本校勘·第四篇·三·吕太后本纪》）

> 吕太后者①，高祖微时妃也②，生孝惠帝③、女鲁元太后④。及高祖为汉王，得定陶戚姬⑤，爱幸，生赵隐王如意⑥。孝惠为人仁弱，高祖以为不类我⑦，常欲废太子⑧，立戚姬子如意⑨，如意类我⑩。戚姬幸，常从上之关东⑪，日夜啼泣，欲立其子代太子⑫。吕后年长，常留守，希见上⑬，益疏⑭。如意立为赵王后，几代太子者数矣⑮，赖大臣争之⑯，及留侯策⑰，太子得毋废⑱。

① 【汇校】

刘知幾：《吕后本纪》曰：吕太后者，高祖微时妃也，生孝惠帝、鲁元公主。及高祖为汉王，得定陶戚姬，爱幸，生赵隐王如意。高祖嫌孝惠为人仁弱，高祖以为不类我，常欲废太子，立戚姬子如意，如意类我。又戚姬幸，常独从上之关东，日夜涕泣，欲立其子如意，以代太子。吕后年长，常留守，希见上，益疏。如意立为赵王后，几代太子者数矣。赖大臣诤之，及留侯策，太子得无废。

右除七十五字，加十字。（编者按：此处为刘知幾对《史记》行文删改意见，加点字为增加字。）（《史通·点烦》）

【汇注】

班　固：高皇后吕氏，生惠帝。佐高祖定天下，父兄及高祖而侯者三人。惠帝即位，尊吕后为太后。（《汉书·高后纪》）

又：汉兴，因秦之称号，帝母称皇太后。（《汉书·外戚传》）

荀　悦：讳雉之字曰野鸡。（引自《汉书补注·高后纪第三》）

裴　骃：徐广曰：吕后父吕公，汉元年为临泗侯，四年卒，高后元年追谥曰吕宣王。（《史记集解·吕太后本纪》）

又：《汉书音义》曰："讳雉。"（同上）

颜师古：吕后名雉，字娥姁，故臣下讳雉也。姁音许于反。（《汉书注·高后纪第三》）

司马贞：讳雉，字娥姁也。（《史记索隐·吕太后本纪》）

孔平仲：汉高祖父太上皇，前史不载其名，《后汉·章帝纪》"祠太上皇于万年"，注："名煓，它官反，一名执嘉。"《高后纪》载高祖母曰昭灵后。（《珩璜新论》）

王观国：夏商无所讳，讳自周始，然而不酷讳也。……秦汉以来，始酷讳矣。……吕后名雉，《前汉·吕后纪》注曰：雉之字曰野鸡，故汉人文字皆谓雉为野鸡。《史记·封禅书》曰"野鸡夜声"，《前汉·郊祀志》曰"野鸡夜鸣"，《杜邺传》曰"野鸡著怪"，若此类也。（《学林》卷三《名讳》）

王　楙：古今书籍，其间文字率多换易，莫知所自，往往出于当时避讳而然，仆不暇一一深考，姑著大略于兹，自可类推也。……吕后讳雉，《史记·封禅书》谓"野鸡夜雊"。（《野客丛书》卷九）

王若虚：吕后之名，既列于本纪，其事迹始末，亦随处具见，而《外戚世家》又云，吕娥姁为高祖正后，男为太子，及戚姬等事，恐不须也。若唐武氏事迹猥多，纪中所不可悉，故再入后妃传，其例自别。（《滹南遗老集》卷一一《史记辨惑三》）

程馀庆：讳雉，曰野鸡，字娥姁。（《历代名家评注史记集说·吕太后本纪第九》）

印鸾章：名雉，临朝称制八年，几危汉祚。……夫吕氏制朝，虽取他人之子立之，实非刘氏正统。（见《袁王纲鉴合编》卷六《汉纪·高后》注）

陈　直：荀悦曰：讳雉之字曰野鸡。直按：汉代经传，不讳雉字，奏疏中偶有避者，如《杜邺传》之"野鸡著怪"是也。金石刻辞者亦偶有避者，余曩在西安得汉雉范，侧题"野鸡"二字，亦是一例（原物现藏西北大学历史系文物陈列室）。（《汉书新证·高后纪》）

龚浩康：即吕雉（前241—前180），字娥姁（xǔ）。砀（dàng）郡单父（shànfǔ。今山东省单县）人。儿子刘盈即位后，她为皇太后。（见王利器主编《史记注译》卷九《吕太后本纪》）

【汇评】

吴　曾：老苏明允论汉高祖云：不去高后者，以吕氏佐帝定天下，为大臣素所畏服，独此可以镇压其邪心，以待嗣子之壮，故不去吕后者，为惠帝计也云云。余按：唐李德裕《羊祜留贾充论》云，汉高不去吕后，亦近于此。汉高嬖戚姬，爱如意，思其久安之计，至于悲歌不乐，岂不知除去吕后，必无后祸，况吕后年长有过，稀复进见，汉高弃之如去尘垢，实以惠帝闇弱，必不能自揽权纲，其将相皆平生故人，俱起丰沛，非吕后刚强，不能临制，所以存之为社稷也，乃知老苏本此。（《能改斋漫录》卷八《不去吕后为惠帝计》）

王叔岷：梁玉绳云："或问：《史》亦有不避讳者否？曰：有。高后名雉不讳。《史》《汉》中雉字甚多，均所不避。自荀悦妄言'讳雉为野鸡'，魏如淳与师古未曾详考，谬从其说，并以误韩昌黎。其作《讳辨》云：'汉讳吕后，名雉为野鸡。'而所以为兹说者，只缘《汉郊祀志》本《封禅书》，有'野雉夜雊'一语耳。殊不知雉本一名野鸡，如《逸书·王会解》之称'皋鸡'，非关避讳改称。故《杜邺传》亦言'野鸡著怪，高宗深动'。全部《史》《汉》，惟此两见'野鸡'字，安得尽没数十见之雉不论，而反以单文只字为征耶？即以《封禅书》观之，曰'有雉登鼎耳雊'，曰'有物如雉'，曰'白雉诸物'，何故不皆改称'野鸡'？则汉不讳雉甚审。"（见《史记志疑·周本纪》"邦内甸服，邦外侯服"条）案：《汉书注》引荀悦云："讳雉之字曰野鸡。"梁氏驳之，是也。又师古注："吕后名雉，字娥姁，故臣下讳雉也。"即《索隐》所本。《外戚世家》："吕娥姁为高祖正后。"《说文系传》二四引《史记》云："吕娥姁，吕后也。"盖本《外戚世家》。（《史记斠证》卷九）

② 【汇注】

董　份：言微时，复言妃者，古妃字，妻之通称。（引自《百五十家评注史记》）

方　苞：《戴记·曲礼》："天子之妃曰后。"《卫风·氓》诗序："丧其妃耦。"并音配。又《戴记·哀公问》"妃以及妃"，则知妃者通上下而言，义宜为配也。（《史记注补正·吕后纪》）

程馀庆：古妃字，妻之通称。吕后父吕公，高后元年，追谥曰吕宣王。此应载本纪中。（《历代名家评注史记集说·吕太后本纪第九》）

龚浩康：高祖，即刘邦（前256—前195）。前202年至前195年在位。"高祖"是他的庙号。（见王利器主编《史记注译》卷九《吕太后本纪》）

③ 【汇注】

裴　骃：《汉书音义》曰："讳盈。"（《史记集解·吕太后本纪》）

梅鼎祚：惠帝讳盈，高帝太子。在位七年。宽仁笃敬，遭母吕太后，亏损至德焉。（《西汉文纪》卷一《惠帝》）

程馀庆：孝惠附纪。（《历代名家评注史记集说·吕太后本纪第九》）

赵　翼：汉惠帝后张氏，乃帝姊鲁元公主之女，则帝之女甥也。吕后欲为重亲，遂以配帝，立为皇后，是以甥为妻也。哀帝后傅氏，乃帝祖母傅太后从弟之女，太后初为元帝昭仪，生定陶共王，王生哀帝（入继成帝，故为帝）。是哀帝乃傅太后之孙，而傅太后欲重亲，以侄女妻之，则以外家诸姑为妻也。汉时法制，疏阔如此。（《廿二史札记》卷三《婚娶不论行辈》）

龚浩康：即刘盈。前195年至前188年在位。"孝惠"是他的谥号。（见王利器主编《史记注译》卷九《吕太后本纪》）

编者按：据万国鼎《中国历史纪年表》，刘盈即位为前194年。

④【汇注】

程馀庆：称谓不经。提掇法。(《历代名家评注史记集说·吕太后本纪第九》)

史学海：服虔曰：元，长也。食邑于鲁。学海按：服注简当长子为元。《诗》：王曰叔父，建尔元子。长女亦为元。《左传》：庸以元女大姬配胡公。皆元字训长确证。高帝女称鲁元公主，文帝女称馆陶长公主，武帝女称鄂邑长公主，义并同。韦昭别立解，以元为谥，颜师古、刘公是反复辨论，总以服子慎说为正，鲁元亦称长公主，见《娄敬传》。(《汉书校证》卷一，引自徐蜀编《两汉书订补文献汇编》)

张大可：鲁元太后，孝惠帝之姊鲁元公主，嫁与赵王张耳之子张敖为妻，生子张偃。敖失国，齐王刘肥尊鲁元公主为王太后，偃因得封为鲁王，故鲁元公主死后谥为鲁元太后。(《史记全本新注·吕太后本纪第九》)

⑤【汇注】

刘　歆：戚夫人侍儿贾佩兰，后出为扶风人段儒妻。说在宫内时，见戚夫人侍高帝，常以赵王如意为言，而高祖思之，几半日不言，叹息凄怆，而未知其术。辄使夫人击筑，高祖歌《大风诗》以和之。又说在宫内时，常以弦管歌舞相欢娱，竞为妖服，以趣良时。十月十五日，共入灵女庙，以豚黍乐神，吹笛击筑，歌《上灵》之曲，既而相与连臂，踏地为节，歌《赤凤凰来》。至七月七日，临百子池，作《于阗乐》，乐毕，以五色缕相羁，谓为相连爱。八月四日，出雕房，北户竹下围棋，胜者终年有福，负者终年疾病。取丝缕就北辰星求长命乃免。九月九日，佩茱萸，食蓬饵，饮菊花酒，令人长寿。菊花舒时，并采茎叶，杂黍米酿之。至来年九月九日始熟，就饮焉，故谓之菊花酒。正月上辰，出池边盥濯，食蓬饵以祓妖邪。三月上巳，张乐于流水，如此终岁焉。戚夫人死，侍儿皆复为民妻也。(《西京杂记》卷三)

又：高帝戚夫人善鼓瑟击筑，帝常拥夫人倚瑟而弦歌，毕，每泣下流涟。夫人善为翘袖折腰之舞，歌《出塞》《入塞》《望归》之曲，侍婢数百皆习之。后宫齐首高唱，声入云霄。(《西京杂记》卷一)

又：戚姬以百炼金为彄环，照见指骨。上恶之，以赐侍儿鸣玉、耀光等各四枚。(同上)

裴　骃：如淳曰："姬音怡，众妾之总称也。《汉官仪》曰'姬妾数百'。"苏林曰："清河国有妃里，而题门作'姬'。"瓒曰："《汉秩禄令》及《茂陵书》姬，内官也，秩比二千石，位次婕伃下，在七子、八子之上。"(《史记集解·吕太后本纪》)

司马贞：如淳音怡，非也。《茂陵书》曰"姬是内官"，是矣。然宫号及妇人通称姬者。姬，周之姓，所以《左传》称伯姬、叔姬，以言天子之宗女，贵于他姓，故遂以姬为妇人美号。故《诗》曰"虽有姬姜，不弃蕉萃"是也。(《史记索隐·吕太后本

纪》)

朱翌：定陶戚姬，如淳曰：姬音怡，众妾总称。言基者，恐非也。妇人之称，乃周姓尔。《广韵》亦云：又十二辰寅时乃音夷。注，时也，音夤者训恭。(《猗觉寮杂记》卷下)

程大昌：《水经》沔水郡洋川者，汉戚夫人所生处也，高祖蠲复其乡，更名洋川县，表夫人载诞之祥也。按：《史记·吕后纪》："高祖为汉王，得定陶戚姬。"苏林曰："清河国有妃里，题门作姬，谓题其门为戚姬门也。"据此，即戚姬必定陶人，其里门犹有题表，则非生于洋川明矣。或者姬家因乱，自定陶转徙洋川，而高祖以王汉中时得之，则有理。若谓生洋川而改县名，以表其异，则洋川自是水名，无表异之义。《汉·外戚传》曰：高祖为汉王二年，立孝惠为太子，后汉王得定陶戚姬，爱幸，生赵隐王如意。又《高五王传》：如意以高帝即位之九年立为赵王。《张良传》：汉十二年，上从破黥布归，愈欲以如意易太子。盖高帝之起，为沛公者三年，为汉王者四年，至即帝位后，在位十三年，欲立如意为太子，通为汉王时止十六年，帝不以如意为少，恐是为沛公之二年，攻定陶时得之耶，则如意十七八矣。(《考古编》卷九)

梁玉绳：案：此言定陶，则姬为济阴人，而魏苏林注谓"清河国有妃里"。《水经注》二十七卷又谓："夫人生于洋川，思慕本乡，追求洋川米，高祖为驿致长安，蠲复其乡，更名曰县。"(自注：《汉志》汉中郡无洋川县，何也？盖暂置。) 程大昌《考古编》云"疑姬家因乱，自定陶转徙洋川，而高祖以王汉中时得之"。未知孰是。(《史记志疑》卷七)

钱大昕：注：如淳曰："姬音怡，众妾之总称也。"《索隐》云：如淳音非也。姬，周之姓，天子之宗女贵于他姓，故遂以姬为妇人美号。予谓姬从臣声，姬妾字读如怡，乃是正音。六朝人称妾母为姨，字易而音不殊，与姬姓读如基者有别。如淳去古未远，当有所受，小颜、小司马辈辄非之，误矣。(《廿二史考异》卷一)

韩兆琦：定陶，秦县名，县治在今山东省定陶西北。(《史记选注汇评·吕太后本纪》)

【汇评】

陈世隆：世传汉高溺戚姬之宠，遂欲夺嫡，然否？曰：此自有说。盖高帝艰难百战，以有天下。见惠帝懦弱，不足以承大业；而己与吕后年皆渐高，恐新造之邦，反侧未定，诸强功臣又皆在列，一旦身死，而太子不能为驾驭，特以如意类己，故意属之，此帝之本情也。卒以四皓羽翼，太子不废，谓人心所属，恐易之而又失天下心也。使帝果惑于戚姬之宠，而不顾失天下之心，则亦何有于四皓？且帝之杀韩信，即其属意赵王之心也。以为信在，而太子闇弱，天下事尚未可知，故宁杀信而不惜。使太子英武如帝，信未必诛。今以属意赵王，为真惑于戚姬，是亦谓信之诛为真反也，而果帝之本情哉？曰：若是，则周昌何为强谏？张良何以为之羽翼？曰：立嫡以长，理之正，又况开国之君，尤当为后世法。昌亦只说个正理，良亦只了得吕后之托。彼惠帝之无子先死，吕后之后死，文帝之承统，一以衍汉祚之长，皆天意，非人谋也。若后先死，而惠帝独在，必不能自立，以丧天下。则昌之谏，良之羽翼，是亦殷太史之争立纣，使商不祀忽诸而已。或又曰：太子易，则强悍之吕后不肯但立，赵王亦未能安，家难且作，而其祸方长，故不如据正理以听天命，良之意或如此。要之，皆出于不得已，不可为万全之谋也。（《北轩笔记》）

陈于陛：因看《史记》，张良以四皓羽翼太子，夫四皓未必真，前人已有辨之者。以高祖之雄杰，其欲易太子与否，岂以四人者为行止，亦何至见此四人者，而遽歌泣以对戚姬哉？盖高祖英明之主也，其取天下艰难，诚思得人以负荷之，而常忧惠帝之不任。其欲传如意者，以其雄武相类，不专以戚姬之爱也。既见少皓之来，以为平日所致之难者，今慨然为太子用，必太子之贤足以系天下人心，其足荷大业可知，而吾又何乐于更易储位也。其对戚姬歌泣，或亦有之，而要之帝大略伟度，有未易窥测者，此惟张留侯知之，恐太史公亦未易明也。（《意见·张良》）

牛运震：开端叙吕后即带叙戚姬，赵王如意便有手眼。（《史记评注·吕后本纪》）

⑥【汇注】

龚浩康：即赵王刘如意，谥号"隐"。封国辖今河北省南部地区，都城在邯郸（今河北省邯郸市）。（见王利器主编《史记注译》卷九《吕太后本纪》）

【汇评】

吴见思：一纪许多人，惟吕后、戚姬、孝惠、赵王为要，故先提明。（《史记论文·吕太后本纪》）

程馀庆：纪中惟吕侯、戚姬、孝惠、赵王为要，故先提明。（《历代名家评注史记集说·吕太后本纪第九》）

⑦【汇校】

王叔岷：按：《御览》八七引"我"下有"也"字。（《史记斠证》卷九）

【汇评】

沈 潅：高帝之所虑者为吕氏也，太子既以仁慈，吕固强宗，又内拥母后之尊，纵不能为社稷难，至于剥削功臣，斩杀宗室，势所必然。帝诚深计以千秋万岁后汉之为汉，或未可知，独不思惠帝不帝，吕氏不王，而千秋万岁之忧更未歇也。以刘与吕相拒北军，未有不左袒刘也；以吕与戚相拒北军，又未必不左袒吕也。纵使惠帝不帝，产、禄不王，内拥母后之尊，挟怨嫡以为名，大臣附之，事不可知。若是，则吕与戚分曹而争，而刘氏所不绝者线矣，此又帝之所大患也。（引自郑贤《古今人物论》卷八《四皓论》）

牛运震：按：此以"类我""不类我"分属语之，起讫颠倒作对，妙，若云太子不类我，常欲废之，如意类我，欲立之，则板拙甚矣。(《史记评注·吕后本纪》)

薛福成：汉高帝欲废太子，常曰："太子仁弱，不类我。"四皓对高帝曰："太子仁孝，恭敬爱士，天下莫不延颈愿为太子死者。"班氏赞惠帝曰："可谓宽仁之主。独悲其遭吕太后，亏损至德。"薛子曰："人主之美德，莫如仁，仁之失毗于弱。然惠帝实三代下守成令主，惜乎其享年不永也。"世或以惠帝不能防闲太后，为仁弱之明证，误矣！夫太后佐高帝定天下，制韩、彭辈如缚婴儿，谲诈悍戾，用事已久。为之子者，欲力制之，必受奇祸；欲婉谏之，又不见听。设令文帝处此，亦惟养晦避祸而已。大抵家庭之变，虽圣人遇之，未必无遗憾。惠帝所遭之艰，天也，非人之所能为也。且帝之处太后，亦何可及哉？帝怒辟阳侯行不正，则下之狱，而太后惭不能言也。在位七年，诸吕未尝用事；及帝甫崩，而台、通、产、禄相继封王，高帝诸子相继幽死，辟阳侯且为右丞相，居宫中矣。则知惠帝在时，太后犹有所严惮，而不敢逞。其维持匡救之苦心，后世所不尽知者也。至其内修亲亲，外礼宰相，闻叔孙通之谏则瞿然，纳曹相国之对而心说。虽三代贤主，无以过之。七年之间，如除挟书律，议除三族罪、妖言令，举民孝弟力田者，省法令妨吏民者，若令享国长久，其治当不在文帝下。且帝天资仁厚，殆非文帝黄老之学所及也。若乃亲睹太后之暴，忧伤感愤，自促其生，此则仁者之过耳，惜哉！惜哉！班氏赞之曰仁主，曰至德，所推尊者盖至，而悲之者微矣。太史公不列惠帝于本纪，盖谓其有位无权，非致其贬，实悲其遇，其亦犹班氏之旨也夫！(《庸庵文外编》卷一《书〈汉书·惠帝纪〉后》)

⑧【汇评】

周　煇：汉高祖欲废太子，周昌曰："臣期期不奉诏。"上欣然，乃罢。吕后从东厢侧耳听，见昌，跽，谢曰："微君，太子几废！"霍光谋废昌邑，使大司农田延年报丞相杨敞，敞惊惧，不知所云。会延年更衣，敞夫人遽从东厢谓敞："此国大事，不疾应，先事诛矣。"敞乃与夫人及延年参语，许诺。夫废立大议，顾使妇人与闻。以母后之尊，致跽谢臣下，宰相妻室亦得接见九卿，何上自宫禁，下暨相庭，内外淆杂，略不以为嫌？汉真有太古之风焉！(《清波别志》卷下)

陆求可：汉高帝未尝易太子也，谓高帝欲易太子，以四皓故，终不易太子，此不知高帝之甚者也。夫惠帝孱弱，非难废也，欲废即废之，而迟于数年之久，是未必于废也。未必于废，又安用四皓为也？且高帝何如人乎？韩、彭、萧、樊诸将相，一旦族夷械系，甚至弃父敌军，而以分羹自解，何有于三四待尽老布衣也！即戚姬，亦愚妇耳，但日夜涕泣以求立其子，而不能出深谋奇计，倾惠帝而间之，故高帝亦姑以是愚之。其指四皓以示之曰："羽翼已成，难动矣！"阳为莫可如何之形，而阴藏其玩弄推移之计。不意击筑歌风、骂医赐金之雄略，反能因机用智，作此欷歔流涕妇人、女子之态，以取媚于嬖宠，而固结其子孙。当时，周昌、吕泽、叔孙通辈不能知也，独留侯知之，曰："骨肉之间，虽臣等百余人何益！"盖示以不必谏也。然非四皓，则无以愚戚姬，此留侯之妙用，而高帝所默许者也。不然，曾曰：留侯所难争者，而四皓反易得之哉？后之论者，不知考其颠末，揆之表理，乃纷纷然辨四皓之为真为伪也，是固不可知，而实不必辨者也。（引自《历代史事论海》卷九《高帝欲易太子论》）

程馀庆：此言一出，如意已无生理，纵托之萧曹重臣，不能为其母子地，况骑项之人乎？先将孝惠、赵王对写。（《历代名家评注史记集说·吕太后本纪第九》）

刘风起：高祖帝业既成，欲保安全，唯忌八王耳。既皆手诛之，则外患无复足虑，所汲汲欲庇以无事者，唯戚夫人母子耳。而吕后、惠帝起自侧微，义不容废置，又皆廷臣所素归心，势亦不易撼也。故辗转踌躇而无其策，岂不知一倔强之相不足以制悍毒之后，顾于无可奈何中姑为是无聊之计耳。曾不知教戚氏以礼法，事后持谦抑之衷以销其忌，尽敬恭之诚以格其心，不过宠意如以释其妒。后虽悍，未始不可以挽回人彘之祸，何自来哉？不知以大道相全，而陋策是从，则秦火之后，上下皆失学之过也。（《石溪史话》卷一《戚姬》）

⑨【汇校】

王叔岷：按：《御览》引"立"上有"而"字，《汉书·外戚传》同。（《史记斠证》卷九）

⑩【汇注】

刘　歆：赵王如意年幼，未能亲外傅，戚姬使旧赵王内傅赵媪傅之，号其室曰养德宫。后改为鱼藻宫。（《西京杂记》卷一）

【汇评】

李德裕：任恺、庚尹（原注：庚为河南尹，名犯庙讳，字又非便，所以不书）以贾充邪僻，欲其疏远，劝晋武令西镇长安，惟羊祜密表留之，祜岂悦贾充者哉？良以爱君体国，发于至诚耳。晋氏倾夺魏国，初有天下，其将相大臣，非魏之旧臣，即其子孙，所寄心腹，惟贾充而已。充亦非忠于君者，自以成济之事，与晋室当同休戚，此羊祜所以愿留也。昔汉高不去吕后，亦近于此。汉高嬖戚姬，爱如意，思其久安之计，至于悲歌不乐。岂不知除去吕后，必无后祸。况吕后年长有过，稀复进见，汉高弃之如去尘垢。实以惠帝闇弱，必不能自揽权纲，其将相皆平生故人，俱起丰沛，非吕后刚强，不能临制，所以存之，为社稷也。后世翼戴其君者，得不念于此哉！（《李卫公会昌一品集·外集卷一·羊祜留贾充论》）

王若虚：《吕后纪》：孝惠帝为人仁弱，高祖以为不类我，尝欲废太子，立戚姬子如意，如意类我。再言如意类我，于文为复，且"我"字不顺，去之可也。（《滹南遗老集》卷一九《史记辨惑十一》）

又：李德裕云：汉高祖嬖戚姬，爱如意，思其久安，至于悲歌不乐，岂不知除去吕后，必无后祸。实以惠帝闇弱，不能自揽权纲。其将相皆平生故人，俱起丰沛，非吕后刚强不能临制，所以存之，为社稷计也。老苏、小宋皆袭此论。呜呼！使吕后当杀，虽为惠帝不得不杀，如其不然，亦何名而杀之！后自布衣佐帝定天下，有功而无罪，奈何以戚姬、如意故而遽置之死地哉！妒忌，妇人之常，况吕氏之悍乎？而且以妾偪妻，以庶子而易长嫡，高祖之过也。若又杀后，岂不益甚哉！故宁隐忍而委之，亦可谓能自克者矣。或曰：王诸吕而危刘氏，非后之罪乎？曰：身后之变，高祖安知？就使能知，罪未发而逆诛之，在他人犹不可，而可施于妻子之间乎？为论不求义理之安，而惟诡异之贵，古人本分之事，而强以权术处之，是故恶夫曲辨之士也。（《涪南遗老集》卷二五《君事实辨上》）

张大可：刘盈仁弱，高祖忧虑政权旁落吕氏，以"如意类我"为辞改易太子。（《史记全本新注·吕太后本纪第九》）

⑪【汇校】

王叔岷：按：《御览》引"幸"上有"得"字。四八八引"上之"作"高祖于"。（《史记斠证》卷九）

【汇注】

张大可：戚姬受到宠爱，经常伴驾高祖东征。关东，泛指函谷关以东广大地区。公元前202年，汉高祖灭项羽后，封有几个异姓王，他们时时盘算着割据称雄。前201年，韩王信反于代，降匈奴；前196年，赵相陈豨又反于代，自称代王；前195年，燕王卢绾反，降匈奴，淮南王黥布反。因此高祖常东征。（《史记全本新注·吕太后本纪第九》）

⑫【汇评】

牛运震：按：此补在高祖欲立如意之后，更参差有情。（《史记评注·吕后本纪》）

程馀庆：伏杀戚姬、酖赵王案。（《历代名家评注史记集说·吕太后本纪第九》）

⑬【汇注】

韩兆琦：留守，谓留守关中。按：据《高祖本纪》，刘邦于彭城溃败之时，太公与吕后被项羽所俘，从此一直被扣留，直到刘、项结鸿沟之约始被放回，则此吕后所谓"留守"者，只能指刘邦称帝后到东北方平定诸侯叛乱时。（《史记笺证·吕太后本纪》）

【汇评】

牛运震：吕后年长，"年长"字质甚，较"色衰"字极雅，极含蓄有情。（《史记评注·吕太后本纪》）

⑭【汇评】
　　程馀庆：又将戚姬、吕后对写，形容情事乃尽。(《历代名家评注史记集说·吕太后本纪第九》)

⑮【汇校】
　　王叔岷：按：《艺文类聚》三五，《御览》四八八引"其子代"并作"如意为"。(《史记斠证》卷九)

【汇注】
　　司马贞：几，上其纪反，又音祈也。(《史记索隐·吕太后本纪》)
　　王骏图、王骏观：几，音祈固非，音其纪反，尤于义大背也。考《说文》《尔雅》及诸韵书，皆当读如机，谓几乎也。亦有祈音，谓器之沂鄂也。与此处义训迥别。(《史记旧注平义·吕太后本纪》)
　　张大可：如意立为赵王，高祖九年（前198）四月立，如意九岁。(《史记全本新注·吕太后本纪第九》)

【汇评】
　　程馀庆：元帝以仁弱亡汉，高帝废立，不为无意，后得毋废者，见太子能得四皓，释其仁弱之疑也。惜吕后老狐，不用杀钩弋法处之耳。然使高帝废惠而立文，吕与薄虽不能相和，文帝必能调停其间，则无吕氏之祸，而刘氏安矣。(《历代名家评注史记集说·吕太后本纪第九》)

⑯【汇注】
　　司马贞：张良、叔孙通等。(《史记索隐·吕太后本纪》)
　　张大可：留侯张良、御史大夫周昌、太常叔孙通等大臣为了维护宗法制度的国本，皆反对易太子。争，谏争，劝阻。(《史记全本新注·吕太后本纪第九》)

⑰【汇校】
　　张文虎：《御览》八七引"及"下有"用"字。(《校刊史记集解索隐正义札记·吕太后本纪》)
　　李　笠：按：《高祖本纪》云"齐人刘敬说，及留侯劝上入都关中"，与此句法相类。《外戚传》云"赖公卿大臣争之，及叔孙通谏，用留侯之策"，彼作三叠句，与此不同，故有"用"字。《御览》所引，疑涉《外戚传》致误也。(《史记订补·吕后本纪》)

【汇注】
　　司马贞：令太子卑词安车，以迎四皓也。(《史记索隐·吕太后本纪》)
　　王叔岷：按：《御览》一四七引"及"下有"用"字，一五〇引"毋"作"无"。(《史通·点烦篇》"毋"亦作"无"，同。)《汉书·外戚传》作"赖公卿大臣争之，及叔孙通谏，用留侯策，得无易"。叔孙通谏，详《史》《汉·叔孙通传》及《汉纪》四。用张良策，详《史记·留侯世家》《汉书·张良传》《新序·善谋下篇》及《汉纪》四。叔孙通未令太子迎四皓，《索隐》并张良言之，非也。大臣周昌亦廷争废太子事，详《张丞相列传》《汉书·周昌传》及《汉纪四》。（《史记斠证》卷九）

张大可：张良建言太子刘盈迎商山四皓，示天下归心，得以不废。事详《留侯世家》。（《史记全本新注·吕太后本纪第九》）

【汇评】

程馀庆：写暗。（《历代名家评注史记集说·吕太后本纪第九》）

⑱【汇评】

锺惺：高帝终不以戚姬故，废嫡立爱；明知有人彘之虐，诸吕之祸，而听后人为之，所不肯作法于凉，不独开国远虑，亦自是丈夫气。然吕雉老狐，不得用武帝处钩弋夫人法处之，为千古恨耳。高帝病，吕后问：百岁后，萧相国死，谁可代之？次曹参，次王陵，次陈平，次周勃。此数人者，吕后瞑目屈指中数之熟矣。穷究到底，正观其用人次第分数何如，其意不在刘氏，而观其何以备吕氏也。不待其词之毕，而帝已见其肺肝矣。问至周勃，汉之人数已穷，而复问其次，尤为狠毒，上亦寒心，而曰"此后亦非而所知也"一语，恨甚！此时发付，只得如此。然上亦知吕后之老，诸吕之庸，而平、勃诸人办之有余；知平、勃诸人之足以办诸吕，又何必除一吕后，以为开国纲常之累哉！上之言曰："王陵可。然陵少戆，陈平可以助之。陈平智有余，然难以独任。周勃重厚少文，然安刘氏者必勃也。"……处分如此，则帝亦何有于诸吕也。……汉之不必除吕后，正以有平、勃辈在耳。他日吕后欲王诸吕，问于平、勃，平、勃顺旨，盖诸吕伎俩，业已看定算定，知他日之必能制其命。时不可争，不得不为此养晦行巽之道，以为所欲为耳，然其际亦危矣！（《隐秀轩集·论二·汉高帝》）

范楳：高帝欲易太子，未必昵衽席之私，盖虑吕氏之祸，太子弱，恐不足以制之。而吕氏凭其所自出，抑易以为乱。将相大臣压于太子，且莫敢与较，故必欲易之以安刘氏，其命平、勃斩樊哙，皆此意也，岂真为戚姬哉！当时谋臣如子房，非不亲且信也；强谏如周昌，非不强且直也；骊姬、扶苏之喻，攻苦茹淡之说，非不明且切也，而帝不之省，疑为吕氏使也。四皓山泽癯耳，好爵不能縻，密勿不能交，礼币不能致，必非为吕氏屈者乃从太子游，可以十人心矣，将非吕氏所能图也，故有"羽翼以成，赠徵安施"之喻。帝谓是足以瞑目矣，高帝之智明于大率此类也。子房巧于用诡，故借四皓之名以定国本，所谓纳约自牖者也。若谓高帝果以戚氏之爱，轻议储位，卒夺于四皓而不果易，四皓果能昵高帝，子房为太子植党以济其私，则君臣、父子、夫妇之间，胥失之矣！（《洗心居雅言集》卷上《高帝欲易太子》）

吕后为人刚毅①,佐高祖定天下,所诛大臣多吕后力②。吕后兄二人,皆为将。长兄周吕侯死事③,封其子吕台为郦侯④,子产为交侯⑤;次兄吕释之为建成侯⑥。

① 【汇评】

　　牛运震：按：此特提吕后为人,宾主分明,极有手法,"刚毅"二字是残害诸刘之本。(《史记评注·吕后本纪》)

　　韩兆琦：宋濂曰：高祖知吕后与戚夫人有隙,然终不杀者,以惠帝不能制诸大臣,故委戚氏不顾,为天下计也。(《史记笺证·吕太后本纪》)

　　王　恢：予尝谓吕后刚毅,佐高帝定天下,其兄泽、释之,从帝起兵,彭城之败,幸吕泽将兵居下邑,帝往依之,稍收士卒。楚王,帝常自将,出巡于外,而后留守,诸吕固为之夹辅。田生所谓"吕氏雅故,本推毂高帝定天下"。(《荆燕世家》)高帝崩,嗣君虽懦,欲分"一杯羹",而碍于名分。惠帝享国日浅,吕后称制,为王诸吕,因而内斗宗室,外斗功臣。王陵面折廷争,竟夺其相权。周勃谓"高帝定天下,王子弟,今太后称制,王昆弟诸吕,无所不可"。勃厚重以安刘者,岂谄媚取宠以逢其恶者!盖其锋似难犯,其势或难挽,其情殆未至欲为乱也。(《史记本纪地理图考·吕太后本纪》)

② 【汇注】

　　韩兆琦：云"诛大臣多吕后力"则诚然,事见淮阴、黥布、彭越诸传,至曰"佐高祖定天下",则姑妄言之而已,并无事实。(《史记选注汇评·吕太后本纪》)

【汇评】

　　郑元庆：吕后雄佐高祖定天下,诸大臣素所畏服,亦能矣哉,然其失德何多也!灭刘氏,王诸吕,私食其,戮戚姬,无所不为,后少帝之立,后得立杀之,代政八年,日食昼晦,始恶之,曰"此为我也"。虽有悔心之萌,安能免苍犬之搣腋哉!独怪王陵、平、勃辈,堂堂勋贵,媚事妇人,而不早为之所,直使刘氏诸孤殆尽,然后将相交欢,锄去非种,取神器于吕氏之手,复还刘氏,则大臣之畏服高后,从可知矣。(《增广古今人物论》第八卷)

　　程馀庆：诛信、越事亦暗写,盖有三传在也。为残害诸刘张本。(《历代名家评注史记集说·吕太后本纪第九》)

　　龚浩康：韩信、黥布、彭越等被诛,吕后均参与其事。详见《淮阴侯列传》《黥布列传》《彭越列传》。(见王利器主编《史记注译》卷九《吕太后本纪》)

③ 【汇注】

　　裴　骃：徐广曰："名泽,高祖八年卒,谥令武侯,追谥曰悼武王。"(编者按：点

校本《史记》修订本：《索隐》本"谥令武侯"下有索隐："令武，令音龄。"）(《史记集解·吕太后本纪》)

王荣商：吕后兄周吕侯：苏林曰：以姓名侯也。师古曰：周吕，封名。苏云以姓名侯，非也。荣商按：《水经·获水篇注》云："楚汉彭城之战，吕后弟周军于下邑，高祖败还，从周军。"以周为名，即沿苏说之误，又误以兄为弟耳。（《汉书补注》卷一，引自徐蜀编《两汉书订补文献汇编》）

程馀庆：名泽，追谥悼武王。（《历代名家评注史记集说·吕太后本纪第九》）

龚浩康：即吕泽。随刘邦起兵，后封周吕侯。周、吕：皆国名。济阴有吕都县，约在今山东省菏泽县西。一说周吕，犹周之有吕望，是封号，而非封邑名。按：吕泽于汉高帝八年死去，不是因战事而死。"死事"，误。（见王利器主编《史记注译》卷九《吕太后本纪》）

张大可：即吕泽，吕太后长兄，从刘邦起兵，入汉封为周吕侯。高祖八年（前199），从高祖击韩王信余寇于东垣，死难。（《史记全本新注·吕太后本纪第九》）

【汇评】

牛运震：至"吕释之为建成侯"，按：此叙诸吕官爵，正为后文王吕氏伏案。（《史记评注·吕后本纪》）

梁玉绳：按：吕泽封侯三年而卒，非死事也。（《史记志疑》卷七）

④【汇校】

裴　骃：徐广曰："郦，一作'鄜'。"（《史记集解·吕太后本纪》）

梁玉绳：附按：徐广云"郦，一作鄜"，是，《汉书》作"鄜"也。鄜县在左冯翊，若南阳之郦，则非所封矣，此与《功臣表》《齐悼惠世家》并误，但考《建元侯表》有下郦侯，《汉·表》作"下鄜"，岂古字通用乎？（《史记志疑》卷七）

王叔岷：按：《齐悼惠王世家·集解》引徐《注》亦云："郦，一作鄜。"《功臣表·索隐》亦云："郦，一作鄜。"《汉书·外戚恩泽侯表》《高五王传》并作"鄜侯"。（《史记斠证》卷九）

【汇注】

司马贞：郑氏、邹诞并音怡，苏林：音胎。（《史记索隐·吕太后本纪》）

苏　林：台音胞胎。（见《汉书补注·高后纪第三》）

龚浩康：县名。在今河南省南阳市北。（见王利器主编《史记注译》卷九《吕太后本纪》）

⑤【汇校】

梁玉绳：按："交"字当依《汉·诸侯王表》作"洨"，县在沛。此作"交"，《惠景侯表》作"郊"，与《汉书·年表》作"汶"，皆误。又洨侯之封，在高后元年四

月，《史》《汉》表可据，当与后扶柳、沛侯同叙，此误书于高祖时。(《史记志疑》卷七)

王 恢：吕产，元年四月辛卯，侯。《汉志》沛郡洨县，侯国，今安徽灵壁县南五十里濠城集。《本纪》误"交"，《表》作"郊"，《汉·表》讹"汶"。史念海《西汉侯国考》引《齐鲁封泥集存》，有"郊侯邑丞"，盖洨以水名，而疑郊以邑称。然《封泥汇编》棘蒲作"棘满邑丞"，棘满、郊邑，并不见于史。(《史记本纪地理图考·吕太后本纪》)

王叔岷：王国维《齐鲁封泥集存序》：《汉·表》"洨夷侯周舍"，《史·表》洨作郊。今封泥有郊侯邑丞印，则《史》是而《汉》非也。(《观堂集林》十五) 按：梁氏所称"《汉·诸侯王表》"乃"《汉·王子侯表》"之误(《考证》亦袭之而误)；"《汉书·〔王子侯〕年表》"乃"《外戚恩泽侯表》"之误。《惠景侯表》作"郊"，《索隐》："一作洨。"与《汉书·王子侯表》合。(王先谦《补注》云：洨，沛郡县。先封吕产。)《汉书·外戚恩泽侯表》作"汶"，"汶"乃"洨"之误。(王先谦有说) 郊、洨并谐"交"声，窃疑交、郊、洨，古并通用"。(《史记斠证》卷九)

【汇注】

裴 骃：徐广曰："台弟也。"(《史记集解·吕太后本纪》)

龚浩康：《汉兴以来诸侯王年表》作"洨"(xiáo)。洨，县名。治所在今安徽省固镇县东南。北临洨水（今沱河）。(见王利器主编《史记注译》卷九《吕太后本纪》)

⑥【汇注】

裴 骃：徐广曰："惠帝二年卒，谥康王。"(《史记集解·吕太后本纪》)

程馀庆：惠帝二年卒，谥康王。带序诸吕官爵，为后王吕氏伏案。(《历代名家评注史记集说·吕太后本纪第九》)

龚浩康：吕释之，随刘邦起兵，汉初封建成侯，后谥康王。建成，县名。治所在今河南省永城县东南。(见王利器主编《史记注译》卷九《吕太后本纪》)

高祖十二年四月甲辰①，崩长乐宫②，太子袭号为帝③。是时高祖八子④：长男肥，孝惠兄也，异母⑤，肥为齐王⑥；馀皆孝惠弟，戚姬子如意为赵王，薄夫人子恒为代王⑦，诸姬子子恢为梁王⑧，子友为淮阳王⑨，子长为淮南王⑩，子建为燕王⑪。高祖弟交为楚王⑫，兄子濞为吴王⑬。非刘氏功臣番君吴芮子臣为长沙王⑭。

① 【汇注】

张大可：公元前 195 年（编者按：夏历）四月二十五日。（《史记全本新注·吕太后本纪第九》）

② 【汇注】

刘 壎：史载，高帝崩，陈平自樊哙军驰至宫，哭甚哀。因奏事丧前。吕太后哀之，曰："君劳，出休矣！"平畏谗之，因固请得宿卫中，太后乃以为郎中令，曰："傅教孝惠。"按：是时惠帝甫即位，安得有谥？今吕后称孝惠，即见史之谬误也。（《隐居通议》卷二四《张良言八事》）

龚浩康：长乐宫，汉宫名。在当时长安城内东南隅，即今阁老门村。（见王利器主编《史记注译》卷九《吕太后本纪》）

徐卫民：长乐宫是在秦兴乐宫基础上加以改建扩充的。早在公元前 206 年 12 月，项羽率军进入咸阳，尽烧秦宫室，大火三月不灭，咸阳已成一片焦土。而位于渭河南岸的兴乐宫，在这次大火中却幸免于兵燹。兴乐宫是秦在渭水以南的重要宫殿，周围约二十余里，规模相当可观。里面有秦始皇于公元前 200 年修筑的鸿台，高达四十余丈。台上的楼观屋宇，千门万户，耸入云天。宫内有雕饰华丽的大夏殿，殿前有清澈见底的鱼池与酒池。

长乐宫在长安城东南部，位于今阁老门、唐寨、张家巷、罗寨、讲武殿、查寨、樊寨和雷寨等村庄之下。

刘邦从洛阳返回长安的途中，由于长安城还未修好，先住在栎阳（今西安市阎良区武屯乡），这里秦献公时期就曾作为都城，在秦发展史上地位重要，商鞅变法就是在这里进行的。秦亡后，这里曾经被作为三秦降将司马欣的根据地。高帝七年（前 201），萧何受刘邦之命，在秦兴乐宫基础上加以修缮和改造，改名为长乐宫，并迁都长安。长乐宫是高祖主要的政治活动中心，是当时的皇宫。遗址呈长方形，东西 2760 米，南北 2120 米，周长约 10000 米，占地面积约 6 平方公里，约占长安城面积的六分之一，是长安城中占地面积最大的宫室。

从汉惠帝开始，西汉皇帝移居未央宫，长乐宫从此就变成了太后之宫，形成了"人主居未央，长乐奉母后"的制度。由于长乐宫在未央宫之东，所以又称"东宫"或"东朝"。这是历史上最早的"东宫"。

尽管从汉惠帝开始，未央宫就成了皇宫，但长乐宫在西汉的政治生活中仍起着非常重要的作用，特别是当外戚专权之时，长乐宫往往成为左右政局的政治中心……同时，东宫地位的上升反映出西汉时期太后专权、女性干政问题非常严重。

长乐宫也筑有宫城，城垣已探出。由于长乐宫是在秦兴乐宫基础上修建起来的，缺乏系统规划，因此平面不甚规整，尤其南宫墙凹凸曲折较多。宫城四面各设一座宫门。东、西二宫门是主要的通道，门外筑有阙楼，称东阙和西阙。南宫门与复盎门南北相对，从复盎门通过南宫门可以直达长乐宫前殿。

长乐宫设有前殿，前殿四周有墙垣，南面辟有殿门，门内设庭院，陈列车骑，张扬旗帜，戍卒卫官，周卫交戟，这里是举行朝仪的地方。汉朝的宫廷礼仪是由叔孙通制定的。

……长乐宫中有众多的宫室，前殿西侧有长信宫、长秋殿、永寿殿、永昌殿等。前殿北面有大厦、临华、宣德、通光、高明、建始、广阳、神仙、椒房和长亭诸殿。此外，长乐宫中还有温室、钟室和月室等建筑。（《西汉未央宫》第二章《西汉长安城》）

西汉未央宫前殿遗址

【汇评】

范光宙：评曰：帝大渐之顷，语喋喋以安刘属后，谓诸陵也戆，平也智，总不如少文之勃，其深虑，固逆知其后，刘将为吕者。乃吾谓安刘无若安吕，而帝往往种毒于吕，宠一艳姬，以忓悍母，擘一孤孽，以摇嫡长，后其安乎？一强贵相，能絷悍牝之足乎？卒之帝肉未寒，而姬已虭矣，孤已鸩矣，平、勃缩手而周、赵失策。是宠戚姬者，虭戚姬者也；擘赵王者，鸩赵王者也；安刘氏者，危刘氏者也。灭秦项之虎于前，而遗帏幪之虎于身后，遗命虽是，贻谋则疏。（《史评》卷之三）

③【汇校】

王叔岷：按：《御览》八七引"帝"上有"惠皇"二字，"惠"字衍。《高祖本纪》亦云："太子袭号为皇帝。"（《史记斠证》卷九）

【汇评】

程馀庆：讳盈曰满。吕后纵恣于高帝崩后，故前略后详，此乃入破处。（《历代名家评注史记集说·吕太后本纪第九》）

陈廷敬：夫论古人成败，往往惟其意之所之，以自成其一家之说，有可议者焉，明允之以汉高帝以太尉属勃也，谓其知有吕氏之祸也。其言曰：帝意百岁后，将相大臣及诸侯王有武庚禄父者，无以制之也，独计以为家有主母，豪奴悍婢不敢与弱子抗，故不去吕后者，为惠帝计也。且夫古今之祸败多矣，未闻有以妇人而能戡乱救亡者，且吕氏之不死，其祸岂小于唐之武氏哉？吕禄、吕产之王，武三思、武承嗣之将立也；

赵王如意、赵王友、赵王恢之死，唐宗室诸王之残灭也；孝惠之病，废庐陵之在房州也。方吕后之未死，较武后之末年，其势已成，所未及为者，改号革命耳。幸其早死，陈平劫郦商，得以行其旦夕苟且之计。使吕后而尚在，汉之存亡未可知也。谓高帝既知有吕氏之祸，而又不去吕后以为惠帝计者，此可议者也。夫高帝岂能逆计吕后之必早死而不至于改号革命哉？诚知有改号革命之祸，又安在其能为惠帝计哉？高帝最爱者戚姬、如意，吕后最恶者亦戚姬、如意，吕后能为祸，先及此母子耳，曾谓高帝知之，而使为之耶？明允又言，高帝之视吕后，犹医者之视堇，使其毒可以治病，而无至于杀人，嗟夫！吕后鸩也，非堇也，今有虎且噬其子，曰姑养虎以备外盗，是岂人情哉？故谓高帝知有吕后之祸者，非也。吕后之能为祸，高帝不知也，而张良知之，知之而不以言，甚矣，处人骨肉之难也！（《午亭文编》卷三二《汉高帝知吕氏之祸乱论》）

④【汇注】

班　固：高皇帝八男：吕后生孝惠帝，曹夫人生齐悼惠王肥，薄姬生孝文帝，戚夫人生赵隐王如意，赵姬生淮南厉王长，诸姬生赵幽王友、赵共王恢、燕灵王建。（《汉书·高五王传》）

赵　翼：《史记·高纪》既叙高祖八男，而《吕后纪》内又叙之，殊复。《汉书》两纪俱不叙，另立《高五王传》。（《廿二史札记》卷一《史汉互有得失》）

【汇评】

方　苞：刘吕之祸成于分王诸吕，故具列旧封则后此地势，事情了然在目，与《秦纪》将叙孝公修政廓土，先列六国疆界，及摈秦而不与盟同。长沙独标非刘氏以功而王，正与吕氏无功相对。（见《归方评点史记合笔》）

杨君谦：吕宗为侯，刘宗为王，非刘氏功臣为王一人，叙此以见吕氏不可王而吕后非王人者也。（引自《桐城吴先生汇录各家史记评语》）

牛运震：此叙刘氏诸王，正为后文残危刘氏伏案。带叙功臣子长沙王，而著之曰"非刘氏"，正见非刘氏有功而王者之仅有长沙，而吕氏不得王也。（《史记评注·吕后本纪》）

⑤【汇注】

司马贞：母曰曹姬也。（《史记索隐·吕太后本纪》）

王叔岷：《索隐》：母曰曹姬也。按：《齐悼惠王世家》："齐悼惠王刘肥者，高祖长庶男也。其母外妇也，曰曹氏。"《汉书·高五王传》："曹夫人生齐悼惠王肥。"（《史记斠证》卷九）

龚浩康：指曹氏。高祖微时与她私通，生刘肥。（见王利器主编《史记注译》卷九《吕太后本纪》）

⑥【汇注】

　　龚浩康：齐，汉初封国。辖今山东省北部、东部地区，都城在临淄（今山东省淄博市东北）。（见王利器主编《史记注译》卷九《吕太后本纪》）

⑦【汇注】

　　梁玉绳：按："恒"字宜避，《史诠》云"当省"。（《史记志疑》卷七）

　　龚浩康：薄夫人，刘邦的妃嫔。吴（今江苏省苏州市）人。生子刘恒，即孝文帝。刘恒即皇帝位后，尊她为皇太后。代，汉初封国。辖今河北、山西两省与内蒙古自治区部分地区，都城在代县（今河北省蔚县东北），后迁中都（今山西省平遥县西南）。（见王利器主编《史记注译》卷九《吕太后本纪》）

⑧【汇注】

　　王叔岷：按：《汉书》师古注：诸姬，总言在姬妾之列者耳。（《史记斠证》卷九）

　　龚浩康：梁，汉初封国。辖今河南、安徽两省交界地区，都城在睢阳（今河南省商丘县南）。（见王利器主编《史记注译》卷九《吕太后本纪》）

⑨【汇注】

　　龚浩康：淮阳，汉初封国。辖今河南省东部部分地区，都城在陈县（今河南省淮阳县）。（见王利器主编《史记注译》卷九《吕太后本纪》）

⑩【汇注】

　　龚浩康：淮南，汉初封国。辖今安徽省中部地区，都城在寿春（今安徽省寿县）。（见王利器主编《史记注译》卷九《吕太后本纪》）

⑪【汇注】

　　龚浩康：燕，汉初封国。辖今河北省北部、中部部分地区，都城在蓟（jì）（今北京市西南）。（见王利器主编《史记注译》卷九《吕太后本纪》）

【汇评】

　　程馀庆：高祖八子，除孝文有本纪，齐、淮南有世家，余皆附此，故就孝惠袭号时，一齐点出，后乃便于插序。（《历代名家评注史记集说·吕太后本纪第九》）

⑫【汇注】

　　龚浩康：楚，汉初封国。辖今江苏、山东、河南、安徽等省交界地区，都城在彭城（今江苏省徐州市）。（见王利器主编《史记注译》卷九《吕太后本纪》）

⑬【汇注】

　　[日]**泷川资言**：凌稚隆曰：太史公用"非刘氏"三字，已合吕氏不得为王意。（《史记会注考证》卷九）

　　龚浩康：濞，即刘濞。高祖次兄刘仲之子。二十岁为骑将，随高祖破黥布有功，被封为吴王。景帝三年（前154）反对削夺诸侯封地，发动吴楚七国之乱，兵败后逃入

东越，为越人所杀。(见王利器主编《史记注译》卷九《吕太后本纪》)

又：吴，汉初封国。辖今江苏、浙江、安徽等省部分地区，都城在广陵(今江苏省扬州市东北)。(同上)

⑭【汇注】

龚浩康：番(pó)君吴芮(ruì)，吴芮秦时曾为番阳(今江西省波阳县东北)县令，所以称番君。刘邦起兵时，吴芮曾派梅鋗率兵相助，汉初被封为长沙王。刘邦在诛灭韩信、彭越等异姓诸侯王后，与功臣、宗室定盟时曾说："非刘氏者不得王，非有功者不得侯。"而非刘氏者却保留王号的，仅吴芮一人。(见王利器主编《史记注译》卷九《吕太后本纪》)

又：长沙，汉初封国。辖今湖南省东部、南部地区，都城在临湘(今湖南省长沙市)。(同上)

张大可：吴芮本秦鄱阳令，故称鄱君，秦末起兵反秦。刘邦称帝，封吴芮为长沙王。刘邦灭异姓王，长沙国小吴芮得以不诛，其子吴臣继嗣。(《史记全本新注·吕太后本纪第九》)

【汇评】

程馀庆：三人因七王带叙。以上序吕宗为侯，刘宗为王，非刘氏功臣而王者一人，皆高帝制。见吕氏不可王，而吕后非王人者也。总提在此，为吕后残危刘氏伏案。(《历代名家评注史记集说·吕太后本纪第九》)

韩兆琦：其中唯一的例外，非刘氏而得保留王号者即吴芮。(《史记笺证·吕太后本纪》)

  吕后最怨戚夫人及其子赵王①，乃令永巷囚戚夫人②，而召赵王③。使者三反④，赵相建平侯周昌谓使者曰⑤："高帝属臣赵王⑥，赵王年少。窃闻太后怨戚夫人，欲召赵王并诛之，臣不敢遣王。王且亦病⑦，不能奉诏⑧。"吕后大怒，乃使人召赵相⑨。赵相征至长安⑩，乃使人复召赵王。王来⑪，未到。孝惠帝慈仁，知太后怒，自迎赵王霸上⑫，与入宫，自挟与赵王起居饮食。太后欲杀之，不得间⑬。孝惠元年十二月⑭，帝晨出射⑮。赵王少⑯，不能蚤起⑰，太后闻其独居⑱，使人持酖饮之⑲。犁明⑳，孝惠还，赵王已死㉑。于是乃徙淮阳王友为赵王㉒。夏，诏赐郦侯父追谥为令武侯㉓。太后遂断戚夫人手足，去眼，煇耳㉔，饮瘖药㉕，使居厕中㉖，命曰"人彘"㉗。居数日㉘，乃召孝惠帝观人彘㉙。孝惠见，问，乃知其戚夫人㉚，乃大哭㉛，因病，岁馀不能起㉜。使人请太后曰㉝："此非人所为。臣为太后子，终不能治天下。"㉞孝惠以此日饮为淫乐，不听政㉟，故有病也㊱。

① 【汇校】
王叔岷：《考证》："梁玉绳曰：'高祖时称吕后，惠帝以后则称太后，固史例也。乃自此至末，称吕后者七，称高后者八，称吕太后者一。体例错杂，皆当作太后。'"（末句"太后"上原引衍"吕"字。）按：《汉纪》五、《通鉴》吕后并作太后。（《史记斠证》卷九）

【汇评】
牛运震：按：此遥接前文，另笔提掇有法。（《史记评注·吕后本纪》）

② 【汇注】
裴　骃：如淳曰："《列女传》云周宣王姜后脱簪珥待罪永巷，后改为掖庭。"（《史记集解·吕太后本纪》）

司马贞：永巷，别宫名，有长巷，故名之也。后改为掖庭。按：韦昭云以为在掖门内，故谓之掖庭也。（《史记索隐·吕太后本纪》）

[日]**泷川资言**：中井积德曰：永巷本后宫女使所居，群室排列，如巷街而长连，故名永巷。亦有狱，以治后宫有罪者。以其在永巷也，故亦称永巷耳。《汉书·外戚传》云：吕后使永巷囚戚夫人，髡钳衣赭衣，令舂。（《史记会注考证》卷九）

施之勉：按：《三辅黄图》永巷，永，长也。宫中之长巷，幽闭宫女之有罪者。武帝时，改为掖庭，置狱焉。（《史记会注考证订补·吕后本纪第九》）

王骏图、王骏观：永巷，宫中狱名。有永巷长。凡后妃宫人有罪，皆囚于永巷，非别宫名也。（《史记旧注平义·吕太后本纪》）

程馀庆：少府属官有永巷令，盖别宫有长巷，故名。（《历代名家评注史记集说·吕太后本纪第九》）

陈　直：永巷为永巷令之省文，《汉书·百官公卿表》詹事属官，有永巷令长丞。（《史记新证·吕后本纪》）

龚浩康：永巷令的省称。永巷本为宫女住所，因群室相连，排列如街巷而得名。后也用来幽禁有罪的妃嫔，并设长、丞等官吏掌管。（见王利器主编《史记注译》卷九

《吕太后本纪》）

③【汇校】

王叔岷：按：梁氏引《汉书》，首句本无"吕后"二字，梁氏补之，当作"太后"。又末句"诛之"上当补"欲"字，王念孙《杂志》有说。《汉纪》作"太后囚戚夫人于永巷，髡钳之，令舂。〔舂〕且歌曰：'子为王兮，母为虏。终日常舂兮，与死同伍。相去数千里，谁可使告汝！'吕后闻之，曰：'欲倚弱子邪？'召赵王欲诛之。"（《通鉴》从《汉书》，于"囚戚夫人"下，增"髡钳，衣赭衣，令舂"七字。）（《史记斠证》卷九）

【汇注】

梁玉绳：附按：《汉书·外戚传》："吕后令永巷囚戚夫人，髡钳，衣赭衣，令舂，戚夫人舂且歌曰：'子为王，母为虏，终日舂薄暮，常与死为伍。相离三千里，当谁使告汝。'太后闻之大怒，曰：'乃欲倚汝子邪？'乃召赵王诛之。"此略不具。（《荀纪》此歌小异。）（《史记志疑》卷七）

【汇评】

张　恕：戚夫人作歌告哀，遂遭惨毒，才色俱非女子之幸。张辟彊称授兵产、禄，幸脱大臣一时之祸，刘氏社稷未暇计也。陈平亲受顾命，不思安刘，而用童子一言，苟免旦夕，平日奇计安在焉？非惟不智，抑且不忠。（《汉书读》卷一二）

陈　栎：宠戚姬、赵王，以蓄吕氏之愤，身没之后，吕后因虿戚氏，鸩如意，肆其毒焉，亦高帝有以启之也。（《历代通略》卷一《前汉》）

程馀庆：遥接前文，另笔提掇有法。（《历代名家评注史记集说·吕太后本纪第九》）

④【汇注】

颜师古：反，还也。三还，犹今言三回也。（《汉书注·高后纪第三》）

⑤【汇校】

王叔岷：按：《汉纪》《通鉴》并作"赵相周昌"，亦不言建平侯。（《史记斠证》卷九）

【汇注】

梁玉绳：按：昌封汾阴，不封建平也（建平属沛），但《功臣表》有"建平"二字，岂昌于孝惠时改封建平乎？何以本传不载，《汉书》不言也，疑。（《史记志疑》卷七）

韩兆琦：周昌，刘邦手下的直臣，随刘邦一道起义灭秦，先后任中尉、御史大夫等职。刘邦临终封其爱子如意为赵王，为怕自己死后吕后杀如意，故特派周昌为赵相以护卫之。详见《张丞相列传》。（《史记注汇评·吕太后本纪》）

【汇评】

朱 翌：周昌相赵王如意，如意为吕后鸩死，昌谢病不朝，三岁而薨。《贾谊传》梁王胜坠马死，谊自伤而傅无状，哭泣，岁余亦死，二公可谓死职矣。（《猗觉寮杂记》卷下）

杨维祯：高祖有疑于盈，而以如意为类己，此太子之欲易也。言既出，如意无生理矣。纵托以萧曹重臣，不能为其母子地，况骑项之人乎？赵尧之策妄帝尔，意在代昌，而昌陷其计，徒以贵强受托相赵，呼，昌果何以为如意地耶？高帝死，戚氏已在彘类矣。当戚氏衣赭时，昌于如意惟有窃负而逃，否则与偕死，为汉肥义亦可尔。虽拒诏至三反，后一怒即至，如意鸩而戚氏彘，昌何面目见高帝地下乎？（《史义拾遗》上《周昌论》）

范 槚：庄子曰："以瓦注者巧，以钩注者惮，以金注者昏。"高帝之念如意，奚啻金耶？然卒用赵尧之策以属周昌，其心盖以太子之易，周昌能廷争，其强足恃也。争太子，施德于吕氏，必为吕所重，其贵足恃也，故属之不疑。高帝以为是足以死而无忧矣，不知昌之强，不足以肩荀息之义，而吕之悍，又非一贵相足以抗之。帝知周勃足以安刘，而不知周昌不足以安如意，岂非智老而昏，千虑而失耶？将谓其智足以防微，则王官固可易置，而吕氏之阴险有非计数之可防，召王不至，而御史大夫之征命下矣。将谓其仁足以守国，则赵之甲兵不足以当汉之一县，吕氏之召王，特一邮夫力耳。将谓其勇足以死难，则徒死不足以塞责，身死而王就征，谁其保之？卒致如意冤于酖，周昌死于愤，付托不效，有辜先帝之意，此诚赵尧之左计，而高帝之处如意者，亦疏矣！然则如意必不可全耶？曰：古者创业之君，必制典则以昭示后世，后妃之令不行于闺外，专杀之权不移于宫闱，著于令甲而与天下共守之，其或阿附中宫，肆行无忌，则与将相大臣共讨之。封如意于远方，俾戚姬偕之王国，示兄弟之懿亲，俾惠帝中为之主，吾知免矣，何以金注为也？虽然，彭越之诛，钟室之召，专杀之端，其所由来渐矣。况人彘之惨，妒生衽席之私，如意之酖，忿激太子之易，亦高帝之尤也。惜乎惠帝，威不足以御下，权不能以独断，坐视吕氏之安忍，不闻推举挟刃进酖之人而置诸法，使高帝之目不瞑于地下，则仁柔之过也。吕氏之恶，吾始高之尤，而终惠之尤。（《洗心居雅言集》卷上《金注》）

邹 泉：（周昌）杨龟山有言："以高帝之明，惓惓于赵王，其念深矣。然卒用赵尧之策，可谓以金注也。且一贵强相，何足以重赵哉？"余始以为不然，及阅迁固史乃信之。方昌之不遣赵王，而高后之怒且詈之也，非公无可之托，谓何而竟无一辞以对，亦无能一为可以免赵王于死者，徒谢病不朝止耳。升庵杨氏以为有愧荀息，不其然与？（《尚论编》卷六）

于慎行：汉高祖欲立如意为太子，周昌固争而止，及如意立为赵王，高祖忧其不全，乃以昌相之。夫昌不以戚夫人之故而易太子，必不以吕后之故而废赵王，高祖可谓知人矣。其后吕后果召赵王，昌不肯遣，乃先召昌，而使使召王，王来，遂酖死也。使昌一日在赵，赵王一日有国矣。志节有余而识变不足，见卖于妇人，而不得保六尺之孤以报高帝，乃至以身殉之，悲已！然则为昌计者，将辞征不赴乎？曰：可以相留王，亦可以王留相，昌毋行可也。可以相留王，亦可以中尉保傅留王，属其后人毋遣亦可已。（《读史漫录》卷三）

龚浩康：周昌（？—约前191），刘邦同乡。随刘邦起兵反秦，先后任中尉、御史大夫等，封汾阴侯。为人坚忍质直。刘邦封其爱子刘如意为赵王，但怕自己死后吕后加害如意，特派周昌为赵相以护卫。吕后鸩杀赵王后，周昌托病不朝，三年后去世。事详《张丞相列传》。又，周昌封汾阴侯，封地在今山西省万荣县西南；本传和《汉书》都不见有封建平侯事。这里称"建平侯周昌"，疑误。（见王利器主编《史记注译》卷九《吕太后本纪》）

张大可：刘邦置周昌为赵相保护赵王，故抗旨不遣赵王。赵王死后，周昌称病不朝，事详《张丞相列传》。（《史记全本新注·吕太后本纪第九》）

⑥【汇注】

韩兆琦：属，委托，托付。（《史记注汇评·吕太后本纪》）

⑦【汇注】

王叔岷：按："亦"犹"又"也。（《史记斠证》卷九）

张大可：何况赵王也有病，这是周昌的托辞。（《史记全本新注·吕太后本纪第九》）

⑧【汇评】

唐彦谦：汉嗣安危系数君，高皇决意势难分。张良口辨周昌吃，同建储宫第一勋。（《全唐诗》卷六七二《汉嗣》）

范　浚：汉高祖既崩，孝惠帝立，吕太后使使召赵王如意，赵相周昌令王称疾不行，使者三反，昌卒不遣赵王。太后怒，使召昌至，谒太后，太后骂曰："尔不知我怨戚氏乎？而不遣赵王！"昌无应辞。为昌对曰：臣之不遣赵王，正用太后怨戚氏深也。高皇帝之于赵王也有遗虑，故不以属太后，而以属庸臣，使臣相之。臣今顺旨遣王，是内王鈇鼎间也。臣苟得没，将戴何面目见先帝地下？往当戚姬得幸先帝时，王几代太子数矣，臣不敢爱身，出万死庭争之，东厢之所闻，太后之不忘也。（昌庭争时，太后侧耳于东厢听，见昌，为跪谢曰："微君，太子几废。"）臣其敢诬？方臣之争太子也，非有恶于赵王，惟社稷是为。今臣固不奉诏也，亦非有好于赵王，惟托孤之忠是力。太后即召王并戚氏杀之，臣必以死塞责，臣死足以谢先帝矣，未知太后庙见何如容耳。今皇帝慈仁孝爱，遇赵王有恩，心亦不愿太后与戚氏为冤，独恐得罪，故不敢言。今皇帝能忘赵王前日之逼，太后顾不能置戚姬于虑外乎？太后始与戚姬角争宫中，俱思后祸。太后恐戚姬图己，故以太子见废为忧；戚姬亦恐太后图己，故以王之不立为忧。忧虽殊，惧患之心等耳。今太后一得志，遂忘己忧，而复措人于忧邪？后之能无忧也，以臣言，今臣之为戚氏赵王言也，亦愿使之无忧如太后也。诚能释前恨，弃旧恶，抚戚氏母子，终全活之，则天下归仁，高庙慰悦矣！（《香溪集》卷十九）

编者按：周昌，沛人，高祖起沛，以昌为职志，即主掌旗帜之官。后拜之为御史大夫，封为汾阴侯。其为人也，强力，敢直言，及高祖欲废太子，立戚姬子如意为太子，大臣固争之，莫能得，而周昌廷争之强。高祖问其说，昌口吃，又盛怒，曰："臣口不能言，然臣期期知其不可。陛下虽欲废太子，臣期期不奉诏。"时吕后侧耳于东厢听，既罢，见周昌，为跪谢曰："微君，太子几废。"高祖忧百年之后，吕后之迫害如意也，特置周昌为赵相以呵护之。高祖崩，惠帝立，吕太后数使使召赵王如意，周昌令王称疾不行。太后怒，先召周昌，至，谒太后，太后怒而骂周昌曰："尔不知我之怨戚氏乎？而不遣赵王，何？"无论《吕太后本纪》及《张丞相列传》中之周昌附传，皆无周昌辩解之词。南宋初年，礼部尚书范浚，在其《香溪集》卷十九中特为周昌虚拟一篇答吕太后之辞，寓庄于谐，实为对周昌与吕太后之评价。

锺　惺：周昌当高祖时，不阿高祖意废太子、立赵王，所以当吕后时，能不阿吕后意，保持赵王，此高祖托赵王于周昌意也，在"期期不奉诏"时已定矣。（《史怀》卷五）

程馀庆：周昌初不阿高祖意立赵王，所以此不阿吕后意杀赵王。（《历代名家评注史记集说·吕太后本纪第九》）

⑨【汇校】

王叔岷：按：《通鉴》"乃"作"先"。（《史记斠证》卷九）

⑩【汇注】

龚浩康：长安，西汉都城。在今陕西省西安市西北。（见王利器主编《史记注译》卷九《吕太后本纪》）

⑪【汇校】

王叔岷：按：日本延久五年写本（古典保存会影印）"王"上有"赵"字。（《史记斠证》卷九）

⑫【汇注】

张大可：又作"灞上"，即灞水西岸的白鹿原，在今陕西长安县东。（《史记全本新注·吕太后本纪第九》）

⑬【汇评】

程馀庆："不得间"，先作一顿。（《历代名家评注史记集说·吕太后本纪第九》）

⑭【汇注】
　　张大可：公元前194年。（《史记全本新注·吕太后本纪第九》）
⑮【汇校】
　　梁玉绳：附按：《御览》八十七卷引《史记》"射"下有"雉"字。（《史记志疑》卷七）
　　张文虎："出射"，《御览》引有"雉"字。（《校刊史记集解索隐正义札记·吕太后本纪》）
⑯【汇注】
　　张大可：赵王当时十二岁。（《史记全本新注·吕太后本纪第九》）
⑰【汇校】
　　王叔岷：按：《御览》引"蚤"作"早"，《汉纪》同，作"蚤"是故书。（下文"王不蚤之国"，《汉书·高后纪》《通鉴·汉纪五》"蚤"并作"早"，亦同此例。）（《史记斠证》卷九）
⑱【汇评】
　　程馀庆：应"不得间"。（《历代名家评注史记集说·吕太后本纪第九》）
⑲【汇校】
　　张文虎："饮之"，《御览》引作"而饮之"。（《校刊史记集解索隐札记·吕太后本纪》）
　　王叔岷：按：《御览》引"酖饮之"作"鸩而饮之"。《汉书》酖亦作鸩。《汉纪》作"鸩而杀之"，亦与《西京杂记》异。鸩、酖正、假字，下文"乃令酌两卮，酖置前"，《新序·善谋下篇》《汉书》《汉纪》引其文酖皆作鸩，又"王后使人酖杀之"，《汉书·高五王传》《汉纪六》并作"鸩"。亦同例。《说文》："鸩，毒鸟也。一名运日。"《国语·鲁语上》："使医鸩之。"韦昭注："鸩，鸟也。一名运日。其羽有毒，渍之酒而饮之，立死。"（《史记斠证》卷九）
【汇注】
　　裴　骃：应劭曰："酖鸟食蝮，以其羽画酒中，饮之立死。"（《史记集解·吕太后本纪》）
　　胡三省：《广志》：鸩鸟大如鸮，毛紫绿色，有毒；颈长七八寸，食蝮蛇。雄名运日，雌名阴谐。以其毛历饮食则杀人。范成大曰：鸩，闻邕州朝天铺及山深处有之，形如鸦，差大，黑身、赤目，音如羯鼓；唯食毒蛇，遇蛇则鸣声邦邦然。蛇入石穴，则于穴外禹步作法；有顷，石碎，啄蛇吞之。山有鸩，草木不生。秋冬之间脱羽，往时人以银作爪拾取，著银瓶中，否则手烂堕。鸩矢着人立死；集于石，石亦裂。此禽至凶极毒。所谓酖，即酖酒也。陆佃《埤雅》曰：鸩，似鹰而紫黑，喙长七八寸，作铜色。食蛇，蛇入口辄烂；屎溺着石，石亦为之烂。羽翩有毒，以栎酒，饮杀人；惟犀角可以解，故有鸩处必有犀。（见《资治通鉴》卷一二"惠帝元年"注）

梁玉绳：按：《史》《汉》皆以吕后鸩杀赵王，而《西京杂记》言吕后命力士缢杀之。力士是东郭门外官奴，惠帝后知，腰斩之。与《史》《汉》异。夫惠帝护赵王甚挚，宁有不究其死者？若果得实，则惠帝此举甚快，可谓能用刑矣。（《史记志疑》卷七）

⑳【汇校】

王念孙：《集解》："徐广曰：犁犹比也。"念孙按：帝晨出射，则天将明矣，及既射而还，则在日出之后，不得言"犁明孝惠还"也。"犁明孝惠还"当作"犁孝惠还"，犁犹比也，言比及孝惠还而赵王已死也。《汉书·外戚传》作"迟帝还，赵王死"。迟、犁声相近。"迟帝还"，比帝还也（凡《史记》言犁明，《汉书》言迟明者，皆谓比明也，说见《汉书·高祖纪》"迟明"下）。"迟"下无"明"字，则《史记》亦无"明"字可知。后人不解"犁孝惠还"之意，故于"犁"下加"明"字，而不知与上文不合也。《晋世家》重耳谓其妻曰："待我二十五年，不来乃嫁。"其妻笑曰："犁二十五年，吾冢上柏大矣。""犁二十五年"与"犁孝惠还"同义，故徐广曰"犁犹比也"。后人既于"犁"下加"明"字，又于《集解》内增注云"诸言犁明者将明之时"，不知将明乃帝晨出射之时，非还宫时也。（《读书杂志·史记·吕后本纪》）

郭嵩焘：按："犁明孝惠还"，《汉书·外戚传》作"迟帝还"，无"明"字，于义为近。徐广曰："犁明者，将明之时。"言晨出射矣，不得复言犁明还也。《高祖纪》"犁明"，《汉书·高帝纪》作"迟明"，《南越传》则作"犁旦"，犁明、迟明，字并通，徐广曰"犁，比也"，犹言比及孝惠还也，此文当从《汉书》衍"明"字为是。（《史记札记·吕后本纪》）

王叔岷：按：日本延久本"犁"作"黎"，古字通用。"犁"下本无"明"字，王说是也。《通鉴》注引徐注，"犁犹比也"下，更有"比至天明也"五字。则徐氏所见本已误衍"明"字矣。（《史记斠证》卷九）

【汇注】

裴　骃：徐广曰："犁犹比也。诸言犁明者，将明之时。"（《史记集解·吕太后本纪》）

陆唐老：犁，力追反。犁明者，将明之时。（《陆状元增节音注精议资治通鉴》卷二八）

程大昌：《史记·吕后纪》"犁明，孝惠还"，徐广曰：犁犹比也。将明之时。此说非也。黎、犁，古字通。黎，黑也，黑与明相杂，欲晓未正晓也，犹曰昧爽。昧，暗也；爽，明也，亦明暗相杂也。迟明，即未及乎明也，厥明、质明，则已晓也。

（《考古编》卷九）

  赵　翼："沛公略南阳郡，南阳守齮走，保城守宛，沛公夜引兵从他道还，更旗帜，黎明围宛城三匝。"《索隐》曰：黎犹比也，谓比至天明也。此盖本徐广《音义》。《史记》"如意死，黎明，孝惠帝出猎还"，《音义》云：黎，比也，将明之时也。按：黎，黑也，黎明犹《书》所云"昧爽"，《诗》所云"昧旦"耳。《楚汉春秋》："上攻宛，匿旌旗，人衔枚，马束舌，鸡未鸣，围宛城三匝。"夫曰"鸡未鸣"，正将明而尚晦之候也。《索隐》必援徐广说训为"比"字，亦固矣。（《陔余丛考》卷五）

  李调元：《史记·晋世家》：犁二十五年，吾冢上柏大矣。《索隐》云：犁犹比也。按：今人谓将明曰犁明，犁字本此。（《剿说》卷四）

  程馀庆：犁，比也，谓比至天明。（《历代名家评注史记集说·吕太后本纪第九》）

㉑【汇注】

  刘　歆：惠帝尝与赵王同寝处，吕后欲杀之而未得。后帝早猎，王不能夙兴，吕后命力士于被中缢杀之。及死，吕后不之信，以绿囊盛之，载以小辌车入见，乃厚赐力士。力士是东郭门外官奴。帝后知，腰斩之，后不知也。（《西京杂记》卷一）

  刘安国：赵王如意墓在县东北三十一里，白庙村南四里。（《重修咸阳县志》卷一《陵墓》）

【汇评】

  汪　越：赵隐王如意书死，燕灵王书绝，赵幽王友书幽死，赵共王恢书自杀，不言其所由死，深痛之也。四王事，史不各载，统入《吕后本纪》中，甚后恶也。（《读史记十表》卷五《读汉兴以来诸侯年表》）

  程馀庆：伏为祟案。（《历代名家评注史记集说·吕太后本纪第九》）

㉒【汇评】

  程馀庆：插淮阳王事。（《历代名家评注史记集说·吕太后本纪第九》）

㉓【汇校】

  王叔岷：按：《御览》引此，无"于是"以下二十二字，《汉书》《通鉴》并同，《汉纪》亦不载。（《通鉴》于下文"帝以此日饮为淫乐，不听政"下，出"徙淮阳王友为赵王"八字。）（《史记斠证》卷九）

【汇注】

  司马贞：令音聆。（《史记索隐·吕太后本纪》）

  梁玉绳：按：吕泽以高帝八年死，自当有谥，何烦惠帝诏赐追谥乎？《史诠》谓《史》误也。（《史记志疑》卷七）

  王骏图、王骏观：诸字书"令"当读去声，善也，法也，谥法当取善义。若音聆，则为地名，如丁令、令丁、令令之类，义无可取矣。（《史记旧注平义·吕太后本纪》）

龚浩康：郦侯，即吕台。吕泽之子。（见王利器主编《史记注译》卷九《吕太后本纪》）

张大可：吕太后下诏给吕泽追赐谥号为令武侯。（《史记全本新注·吕太后本纪第九》）

【汇评】

程馀庆：顶上酖赵王，中插郦侯父一句，纪体如此。（《历代名家评注史记集说·吕太后本纪第九》）

㉔【汇校】

张文虎："煇耳"，《御览》引作"燻"，《汉书·外戚传》作"熏"。（《校刊史记集解索隐正义札记·吕太后本纪》）

郭嵩焘：按："煇"，同"薰"，《御览》引《史》作"燻"，《汉书·外戚传》作"薰"字。此当为"煇眼去耳"，谓薰灼其目使瞽也；耳则可以割而去之，无薰耳之法也，疑此二字倒易。（《史记札记·吕后本纪》）

王叔岷：《考证》：张文虎曰：煇，《御览》引作"燻"；《汉书·外戚传》作"熏"。按：《御览》三六六引此"煇"字同，八七、一百五十引"煇"并作"燻"。《汉纪》作"熏"，与《汉书》合。师古注："去其眼精，以药熏耳令聋也。"熏、煇正、假字。燻，俗熏字。（《史记斠证》卷九）

【汇注】

陆唐老：煇，许云反，灼也。一作熏，以药熏耳，令其聋也。瘖，於令反，不能言也。（《陆状元增节音注精议资治通鉴》卷二八）

张大可：烧灼耳朵，使其变形。（《史记全本新注·吕太后本纪第九》）

㉕【汇注】

韩兆琦：瘖（yīn）药，喝了就使人变哑的药。瘖，哑。（《史记选注汇评·吕太后本纪》）

张大可：灌哑药，使其不能说话。（《史记全本新注·吕太后本纪第九》）

㉖【汇校】

陆唐老：厕，《汉书》作鞠域，谓窟室也。（《陆状元增节音注精议资治通鉴》卷二八）

梁玉绳：按：《汉传》作"居鞠域中"是也。若厕，则不能居矣，且惠帝何能往视乎？荀《纪》亦云"鞠室"。（《史记志疑》卷七）

[日] **泷川资言**：《汉传》作"居鞠城中"。注谓窟室也。荀《纪》亦云"鞠室"。（《史记会注考证》卷九）

王叔岷：按：《汉纪》瘖作喑，瘖、喑正、假字。《说文》："瘖，不能言也。"《考

证》说，本梁氏《志疑》。《通鉴》从《史记》，作"居厕中"。(《史记斠证》卷九)

【汇注】

钱锺书：《考证》引《汉书·外戚传》"居鞠域中"，师古注："谓窟室也。"按：此班书失检，"人彘"之名，遂不可解矣。《论衡·雷虚》亦云："吕后断戚夫人手，去其眼，置于厕中，以为人豕，呼人示之。"夫厕溷固豚笠豕圈也。《酷吏列传》："贾姬如厕，野彘卒入厕"；《国语·晋语》胥臣对文公曰："少溲于豕牢"，韦昭注："豕牢，厕也；溲，便也"；《汉书·武五子传》："厕中豕群出"，师古注："厕，养豕圈也"；《全晋文》卷一五二苻朗《苻子》记朔人献燕昭王大豕者，曰："非大圊不居，非大便不珍。"后世尚然，竹添光鸿《栈云峡雨日记》五月三十一日云："又无圊圂。人皆矢于豚栅，豚常以矢为食。"《太平广记》卷三三三《刁缅》则引《纪闻》云："厕神形如大猪"，岂本地风光欤？戚夫人居厕中，故命曰"彘"曰"豕"耳。豕既食秽，而字音又同"矢"，古人因以为谑。如《太平广记》卷二五四引《朝野佥载》张元一嘲武懿宗诗云："忽然逢着贼，骑猪向南窜"，自解之曰："骑猪者，夹豕走也"，即谓惊怖而矢溺俱下也。(《管锥编·史记会注考证58则之七·吕后本纪"厕"》)

㉗【汇校】

王叔岷：按：《御览》一百五十引"命"作"名"，义同。《汉书》《汉纪》亦并作"名"。《论衡·雷虚篇》《汉纪》、荀悦《申鉴·杂言上篇》"人彘"并作"人豕"。(《史记斠证》卷九)

【汇注】

颜师古：凡言彘者，皆豕之别名。(《汉书注·高后纪第三》)

【汇评】

张　宪：子为王，母为囚，赭我衣，髡我头，终日舂兮，不死不得休。东望邯郸兮漳水流，使谁报汝兮终无由，忆君王兮解安刘，不能远虑兮为妾谋，彼四老兮君何求？(《玉笥集》卷一《咏史·旦春词》)

赵　翼：吕后杀戚夫人及赵王如意，《史记》载《吕后纪》内，而《外戚传》叙吕后处不复载。《汉书·吕后纪》专载临朝称制之事，而杀戚姬等事，则入《外戚传》中。盖纪以记朝政，传以详细事，固各有所当也。(《廿二史札记》卷二《汉书移置史记文》)

㉘【汇校】

梁玉绳：附按：《汉传》作"数月"，恐误。(《史记志疑》卷七)

㉙【汇校】

王叔岷：按：《御览》八七引"观"上有"来"字。一百五十引"观"作"视"，《汉书》《汉纪》并同。(《史记斠证》卷九)

㉚【汇校】

　　张文虎："其戚夫人"，《御览》"其"作"是"。（《校刊史记集解索隐正义札记·吕太后本纪》）

　　王叔岷：按：《汉书》作"帝视而问，知其戚夫人"。《御览》一百五十引此作"帝视而知其戚夫人"。疑所据是《汉书》。又《御览》八七引此"其"作"是"，"人"下有"也"字。"其"与"是"同义。（《史记斠证》卷九）

㉛【汇校】

　　王叔岷：按：《御览》四九二引"大"下有"呼"字。（《史记斠证》卷九）

㉜【汇评】

　　程馀庆：至性人。（《历代名家评注史记集说·吕太后本纪第九》）

㉝【汇校】

　　王叔岷：按：《尔雅·释诂》："请，告也。"《御览》四九二引"请"作"谓"，《汉纪》同。谓亦告也，《礼记·表记》："瑕不谓矣。"郑《注》："谓犹告也。"（《史记斠证》卷九）

㉞【汇校】

　　王叔岷：《汉纪》"臣为太后子"，作"臣不堪为太后子"。（《史记斠证》卷九）

【汇注】

　　[日]泷川资言：张文虎曰：《御览》"人"下有"之"。颜师古曰：令太后视事，已自如太子然。胡三省曰：惠帝之意，盖自谓身为太后子，而不能容父之宠姬，是终不能治天下也。（《史记会注考证》卷九）

　　施之勉：按：《御览》一百五十、四百九十二引，"人"下亦无"之"。（《史记会注考证订补·吕后本纪第九》）

　　韩兆琦："终不能治天下"，胡三省曰："惠帝之意，盖自谓身为太后子，而不能容父之宠姬，是终不能治天下也。"（《资治通鉴》注）按：胡氏之说过狭。此语盖谓母氏之残虐如此，为其子者亦惶愧而无颜复居人上也。终，犹今之所谓"无论如何"。（《史记选注汇评·吕太后本纪》）

【汇评】

　　牛运震：此三句妙在语意不甚接续，太史公文疏处不可及，即于此等见之。（《史记评注·吕后本纪》）

　　程馀庆：数语有深怨，又不可直以为怨，却又甚于怨，妙。（《历代名家评注史记集说·吕太后本纪第九》）

　　王叔岷：按：吕后于戚夫人之残毒，诚非人所为！"臣为太后子，终不能治天下！"意谓"身为太后子，而太后残毒如此，固无面目治天下也！"盖有不堪为太后子之意。

(《史记斠证》卷九)

㉟【汇评】

司马光：为人子者，父母有过则谏；谏而不听，则号泣而随之。安有守高祖之业，为天下之主，不忍母之残酷，遂弃国家而不恤，纵酒色以伤生！若孝惠者，可谓笃于小仁而未知大谊也。(《资治通鉴》卷一二"惠帝元年")

徐孚远：太后召惠帝观人彘，示之以意欲专政也。惠帝力不能制，故因病不听政。(《史记测议·吕后本纪》)

牛运震：叙得悲婉，凄音袅袅。(《史记评注·吕后本纪》)

㊱【汇校】

王叔岷：按：日本延久本作"故有病疾"。《汉书·韩信传》："人有病疾，涕泣分食饮。"(《史记》"病疾"二字倒。)亦以"病疾"连文。(《史记斠证》卷九)

【汇评】

魏　礼：汉高帝即尊位十二年崩，孝惠帝立，吕太后即囚戚夫人，召赵王如意入长安，亡何皆杀之，则惠帝元年也。高帝初宠定陶戚姬，疏吕后，欲废太子，立赵王。帝崩，吕后即肆其忿。孝惠与母同仇，宜心快之，乃赵王来，亲迎霸上，与入宫，起居饮食。吕后伺间杀赵王，帝腰斩宫奴，见人彘大哭，病不起。凡为人子，天性仁厚者，诚不忍父母有过，同室诛夷也。卫宣公烝于夷姜，生子伋，既夺伋妻，生寿及朔。诗人赋《匏有苦叶》、赋《新台》者也。宣姜与朔构子伋，公使诸齐使盗待诸竟，寿子以告，使之行，伋不可，寿子饮之酒，载其旌以先，盗杀之。伋至，又杀之。《诗·二子乘舟》之所为赋也。吕太后爱孝惠，而杀戚姬、赵王，孝惠反以伤戚姬、赵王病崩，何异卫宣姜欲杀伋而及寿乎？孝惠在位七年，政繇太后。帝崩，又临朝八年，是吕后为天子十有五年矣。吕后僭位十五年，天下晏然，衣食滋殖。唐武后僭位二十一年，刑罚用、大乱竣不起，是惟适当国家强盛，黎民休息，得恣淫暴，下不敢难，岂天亦助女主乎？恶二后者，议其称制，与王莽之十四年有同贬焉。孝惠崩，发丧，太后哭泣不下，心畏大臣，未敢即王诸吕。张辟彊说丞相陈平等请之，太后说，哭乃哀。张良佐高祖成帝业，又保孝惠无废，称纯臣。孙子不肖，背君亲，党吕氏，罪当死，然十五岁儿未足深责。陈平、周勃身为大臣，不能守王陵之正，阿意取宠，等之导乱关。吕禄、吕产既王，握南北军，太后诛戮无忌，少帝幽杀赵王友，赵王恢与燕王建父子俱死，将相大臣，危不自保。幸太后老死，齐王兵起，灌婴留屯荥阳，郦寄游说吕禄，纪通矫节，朱虚奋勇，始得勃入军门，捕诛诸吕。否则禄印不解，重兵在吕，大臣葸弱，相仗莫发，战于阙下，胜负未可知也。吕氏崩，戒禄、产毋送丧，为人所制。吕禄与郦寄出游猎，吕媭怒其弃军，散珠玉宝器。吕氏男子皆碌碌，其强者独妇人耳，然亦无奇能异智。当日平、勃诸臣，但心慑于淮南、彭越之死，各为身谋，奉令惟谨。太后威权，实臣下推长之，不死乌能动哉！《周诗》有云："俟河之清，人寿几何。"吕后为高祖微时妃，高祖崩时，年六十三，又十四年后方崩，宛其死矣，他人是愉，陈平、周勃，可谓善侯者矣！（引自《历代史事论海·诸吕之变论》）

程馀庆：太后召惠帝观人彘，示以意欲专政也。惠帝力不能制，故因病不听政。完赵王如意事。（《历代名家评注史记集说·吕太后本纪第九》）

　　二年①，楚元王、齐悼惠王皆来朝②。十月，孝惠与齐王燕饮太后前③，孝惠以为齐王兄，置上坐④，如家人之礼。太后怒，乃令酌两卮酖，置前，令齐王起为寿。齐王起，孝惠亦起，取卮欲俱为寿。太后乃恐，自起泛孝惠卮⑤。齐王怪之，因不敢饮，详醉去⑥。问，知其酖，齐王恐，自以为不得脱长安，忧。齐内史士说王曰⑦："太后独有孝惠与鲁元公主⑧。今王有七十馀城，而公主乃食数城。王诚以一郡上太后，为公主汤沐邑⑨，太后必喜，王必无忧。"于是齐王乃上城阳之郡⑩，尊公主为王太后⑪。吕后喜，许之。乃置酒齐邸⑫，乐饮，罢，归齐王⑬。三年，方筑长安城，四年就半，五年六年城就⑭。诸侯来会。十月朝贺⑮。

① 【汇注】
　　马端临：汉孝惠帝二年，天开东北，广十余丈，长二十余丈。天裂，阳不足，下强盛，将害上之变也。其后有吕氏之祸。（《文献通考·象纬考四》）
　　又：高后二年，行八铢钱。（自注：即秦半两钱也。汉初患其重，更铸榆荚，人患太甚，故复行此。）（《文献通考·钱币考一》）

② 【汇注】
　　赵　翼：齐悼惠王来朝，惠帝庶兄也。帝以家人礼，使坐上坐。吕后怒，欲酖之。帝起取卮为寿，吕后恐，急自起泛卮。此事《史记》在《吕后纪》内，《汉书》则入于《齐悼惠王传》，而《吕纪》不载。（《廿二史札记》卷二《汉书移置史记文》）
　　龚浩康：即高祖的异母弟刘交，高祖的庶子刘肥。"元"和"悼惠"分别是他们的谥号。（见王利器主编《史记注译》卷九《吕太后本纪》）

③【汇注】

韩兆琦：燕饮，安闲快乐、不讲礼仪的宴饮。燕，安也。（《史记选注汇评·吕太后本纪》）

龚浩康：指安闲而不拘礼仪的宴饮，相当于现在说的设便宴而饮。燕，通"宴"，安闲。（见王利器主编《史记注译》卷九《吕太后本纪》）

张大可：家常便宴。（《史记全本新注·吕太后本纪第九》）

④【汇注】

胡三省：盖于宫中以兄弟齿列为序，非外朝君臣之礼。（见《资治通鉴》卷一二"惠帝二年"注）

⑤【汇校】

施之勉：（乃今酌两卮酖）《考证》：张文虎曰：王、柯、凌本，无"今"字。按：黄善夫本亦无"今"字。（《史记会注考证订补·吕后本纪第九》）

【汇注】

司马贞：音捧，泛也。（《史记索隐·吕太后本纪》）

胡三省：《汉书音义》：泛，音幡；《索隐》音捧。余据泛驾之泛，其义为覆，则音覂亦通。（见《资治通鉴》卷一二"惠帝二年"注）

洪颐煊：《吕后本纪》：太后恐，自起泛孝惠卮。《索隐》泛音奉，氾也。颐煊按：《汉书·武帝纪》"夫泛驾之马"，师古曰：泛，覆也。《食货志》"大命将泛"，孟康曰：泛，覆也。《齐悼惠王传》作"太后恐，自起反卮"，反即覆也，并字异而义同。（《读书丛录》卷十七）

程馀庆：泛音捧，覆也。妙。（《历代名家评注史记集说·吕太后本纪第九》）

王叔岷：按：泛即覂之借字，《通鉴》注，音覂，是也。（《索隐》音捧，与覂同音。）《说文》："覂，覆也。"（一本"覆"上有"反"字。）《系传》引汉武帝诏曰："覂驾之马。"引泛为覂，易借字为本字耳。（《食货志》："大命将泛。"《玉篇》引泛亦作覂，段玉裁有说。）《汉纪》泛亦作反。（《史记斠证》卷九）

【汇评】

赵　翼：齐悼惠王肥入朝，吕后以酖酒令其为寿，将毒之，孝惠欲与俱起为寿，吕后恐，乃自起反卮。赵幽王友，以诸吕女为后，不爱，爱佗姬，诸吕女诉之吕后，遂召王饿死。此二事《史记》皆详叙《吕后本纪》，欲以著吕后之忍，《班书》则各叙于齐、赵本传，亦较为得法。盖著作之事，创者难，而踵为之者，必更精审也。（《陔余丛考》卷五《汉书》）

程馀庆：惠帝欲生赵王不获，乃保齐王，仁哉。（《历代名家评注史记集说·吕太后本纪第九》）

⑥【汇校】

丁　晏：详，与"佯"同，一本作"佯"，俗字。(《史记毛本正误》)

王叔岷：按：《通鉴》详作佯。详、阳古通。佯，俗字。(下文"详为有身"，《御览》八七引"详"作"佯"，《汉书·外戚传》作"阳"，亦同例。)(《史记斠证》卷九)

⑦【汇校】

裴　骃：士，徐广曰："一作'出'。"(《史记集解·吕太后本纪》)

梁玉绳：附按：此与《汉书·齐悼惠传》皆作"内史士"，而《史》世家作"内史勋"，盖士其姓，勋其名，师古以士为名，徐广谓"士"一作"出"，俱非。(《史记志疑》卷七)

【汇注】

程馀庆：内史，官名；士，其名也。(《历代名家评注史记集说·吕太后本纪第九》)

龚浩康：内史，官名。治理京师及其附近的高级官员，相当于后来的京兆尹。汉初诸侯国在丞相之下，也设内史，掌管民政。(见王利器主编《史记注译》卷九《吕太后本纪》)

王叔岷：《汉书》师古注：内史，王官。士者，其名也。《通鉴》注：班《表》，王国有内史，掌治民。梁玉绳云……(编者按：见上"梁玉绳"条)。按：梁氏谓"士其姓，勋其名"，说较胜；又以"士"作"出"为非，亦是。出，隶变作士。士、出遂往往相乱。《夏本纪》："声为律，身为度，称以出。"《集解》引徐广云："(出)，一作士。"亦二字相乱之例。(《史记斠证》卷九)

⑧【汇注】

裴　骃：如淳曰："《公羊传》曰'天子嫁女于诸侯，必使诸侯同姓者主之'，故谓之公主。《百官表》列侯所食曰国，皇后、公主所食曰邑，诸侯王女曰（公）〔翁〕主。"苏林曰："公，五等尊爵也。《春秋》听臣子以称君父，妇人称主，有'主孟啗我'之比，故云公主。"瓒曰："天子之女虽食沐之邑，不君其民。"(编者按：点校本《史记》修订本："诸侯王女曰翁主"，"翁主"原作"公主"，据毛利本、景祐本、绍兴本改。按：《汉书》卷一下《高帝纪下》"女子公主"，颜师古注引如淳作"翁主"，师古曰："天子不亲主婚，故谓之公主。诸王即自主婚，故其女曰翁主。翁者，父也，言父主其婚也。"又，苏林：毛利本作"王楸"。按：《汉书》卷一下《高帝纪下》"女子公主"，颜师古注："臣瓒、王楸或云公者比于上爵，或云主者妇人尊称，皆失之。")(《史记集解·吕太后本纪》)

司马贞：啗音徒滥反。按：主，是谓里克妻，即优施之语，事见《国语》。孟者，

且也，言且啗我物，我教汝妇事夫之道。此即妇人称主之意耳。比音必二反。（《史记索隐·吕太后本纪》）

崔　适：按：孝惠、鲁元皆谥也，此追称。若当时语，止当曰"太后独有帝与公主"尔。下文但称"公主"可证。（《史记探源·吕太后本纪第九》）

梁玉绳：按：孝惠见在，公主未卒，《汉书》改为"帝"是矣，而公主仍"鲁元"之称何欤？是时张偃未为鲁王，"元"乃是谥，韦昭注甚明，服虔训之为长，非。（《史》下文云"赐谥鲁元太后"，韦注所本。）（《史记志疑》卷七）

王叔岷：《集解》："……苏林曰：公，五等尊爵也。春秋听臣子以称君父，妇人称主，有'主孟啗我'之比。故云公主。"《索隐》："主，是谓里克妻，即优孟之语。事见《国语》。孟者，且也。言且啗我物，我教汝妇事夫之道，此即妇人称主之意耳。"按：《索隐》所称《国语》，见《晋语》二。《容斋三笔》九："孟字只是最长、最先之称，如所谓孟侯、孟孙元妃、孟子、孟春、孟夏之类是也。《国语》：'优施谓里克妻曰：主孟啗我。'注云：'大夫之妻称主，从夫称也。'而谓'孟为里克妻字'则非矣。又云：'孟，一作盍。'《史记·吕后本纪》注中引此句，而司马贞乃云：'孟者，且也。言且啗我物。'其说无所据。"（《史记斠证》卷九）

施之勉：（《索隐》：孟者，且也。）沈涛曰：孟无且训。《国语》注云：孟或作盍。当是小司马所引《国语》作"盍"字，故以"且"释之耳。（《史记会注考证订补·吕后本纪第九》）

⑨【汇注】

程馀庆：《公羊传》：天子嫁女于诸侯，必使同姓诸侯主之，故谓之公主。（《历代名家评注史记集说·吕太后本纪第九》）

韩兆琦：汤沐邑，古代诸侯入京朝见天子，天子赐给他一小块领地，以供给其斋戒沐浴的费用，是谓汤沐邑，后世遂用以指皇帝、皇后、公主等收取赋税的私邑。（《史记选注汇评·吕太后本纪》）

⑩【汇校】

韩兆琦：城阳之郡，按："之"字似应删。（《史记笺证·吕太后本纪》）

【汇注】

龚浩康：城阳，郡名，辖今山东省沂南县一带，都城在莒县（今山东省莒县）。（见王利器主编《史记注译》卷九《吕太后本纪》）

【汇评】

崔　适：《集解》：如淳曰：张敖子偃为鲁王，故公主得为太后。颜师古《汉书·惠帝纪》注曰：此说非也，尊公主为齐太后，以母礼事之。《张耳传》：高后元年，鲁元太后薨，后（七）〔六〕年，宣平侯敖薨，吕太后立敖子偃为王，以母为太后故也。

是则偃因母为齐王太后而得王，非母因偃乃为太后也。刘攽曰：颜说非也，悼惠与公主，兄弟耳，虽欲谄吕后，以母事之，于理安乎？按：颜说不可非也，孝惠尚以公主为妻母，悼惠何不可以为母乎？太后者，有子为王之称，未有无为王之子而称太后者也。是时张偃乃宣平侯世子耳，不尊公主为齐王之母，焉得称太后？尊公主为王太后之王，即齐王之王，不复言齐者，承上句而省尔。是年以前称公主，以后称齐王太后，薨后谥元太后，及子偃为鲁王，而元太后亦系之鲁，即追称其为公主时，亦冠以鲁元也。攽又谓：齐内史欲尊公主以渐王张氏，故劝王以献郡，就益鲁邑，而更号鲁元公主为鲁元太后，太后之号虽更，鲁元之称不除，岂关为齐王母乎？按：此直谓其为公主时即称鲁元，何愦愦也！（《史记探源·吕太后本纪第九》）

⑪【汇注】

　　裴　骃：如淳曰："张敖子偃为鲁王，故公主得为太后。"（《史记集解·吕太后本纪》）

　　施之勉：《考证》：中井积德曰：是时张敖为宣平侯，未死，子偃未为鲁王，则公主不得称后。特建号为王太后，若为王母者然，不得拘定制作解。吴汝纶曰：此欲导吕后改制，封公主子为王也，为王诸吕取影。（《史记会注考证订补·吕后本纪第九》）

【汇评】

　　梁玉绳：附按：如淳谓"张敖子偃为鲁王，故公主称太后"，考此时偃尚未王，无称太后之理，且果以子为王故，自合称太后，何待齐王尊之。据《汉书·张耳传》，乃偃因母为太后而得王，非母因偃而为太后，师古辨之矣。刘攽谓"更号鲁元公主为鲁元太后，以渐王张氏"，殊不知鲁元非生前之号，太后非虚加之名，张敖犹在，不闻进宣平侯为宣平王，且不得言"太"，即云渐王张氏，亦当止称"王后"也。或又谓敖始为赵王公主曾为王后，而公主女为皇后，母以女贵，遂尊为王太后以谄之。但惠帝立后在四年，此时尚未，若以赵王之爵追仍其旧，亦止是王后，何言太也。然则奚以称王太后？曰：师古谓"齐王尊公主为齐太后，以母礼事之，用媚吕后"，是已。想齐王母曹氏久没，抑为高祖外妇，不得为太后，无嫌别尊假母耳。刘攽谓悼惠、公主为兄弟，不可事以母礼，力排颜说，于理甚惬，而独非所论于吕后之世。孝惠娶张敖女为后，以舅妻甥也，甥舅可以为夫妇，兄弟不可为母子乎？咄咄怪事，皆出娥姁，岂以常理论哉！《大事记》亦从师古说，《新序·善谋篇》载内史之计，止言献十城，而无尊公主语，盖刘向削而不录也。（《史记志疑》卷七）

　　程馀庆：此时偃未为王，齐王盖请公主为齐太后，以母礼事之也。（《历代名家评注史记集说·吕太后本纪第九》）

　　王叔岷：按：王先谦亦云："齐王尊鲁元为太后，特一时权计，以图免祸。"甚是。《齐悼惠王世家》亦无尊公主语，《通鉴》同。《汉纪》作"献城阳郡以尊鲁元公主为

汤沐邑"。虽言尊公主，而不涉及为王太后。（《史记斠证》卷九）

龚浩康：齐王与鲁元公主为异母兄妹，按理不应以母礼事之，尊称鲁元公主为王太后，刘肥违背常理这么做，是为了讨好吕太后。（见王利器主编《史记注译》卷九《吕太后本纪》）

张大可：当时鲁元公主子张偃尚未封王。齐王奉城阳郡尊鲁元公主为王太后，即是奉地为张偃封王之地，偃于是被封为鲁王。（《史记全本新注·吕太后本纪第九》）

⑫【汇注】

张守节：汉法，诸侯各起邸第于京师。（《史记正义·吕太后本纪》）

龚浩康：齐邸指齐王刘肥设在京城长安的官邸。依汉法规定，各诸侯王可在京城建立府舍，以供来京入朝时使用。（见王利器主编《史记注译》卷九《吕太后本纪》）

⑬【汇评】

程馀庆：此处终是妇人。插楚王齐王事，一详一略。（《历代名家评注史记集说·吕太后本纪第九》）

⑭【汇校】

梁玉绳：按：筑长安城始于元年，成于五年，至六年起西市、太仓，盖城既成而乃为市及仓也。《名臣表》《汉书·惠纪》可证。此言三年方筑，六年城就（本文"成就"，古"城"与"成"通，一本亦作"城"），误矣。又，《汉纪》四年无筑城之事，《名臣表》云无所复作，则此言"四年就半"亦误。《汉·地理志》谓"六年城成"，盖袭此《纪》之误而未参考耳。（《史记志疑》卷七）

史学海：（《汉书》）五年九月长安城成。学海按：《吕后纪》云：孝惠六年成（城）就，盖九月已是五年终，大段虽告成，而其各事就绪当在六年冬春时，古《地理志·京兆尹·长安》注亦云：惠帝六年成。（《汉书校证》卷二，引自徐蜀编《两汉书订补文献汇编》）

杨树达：（《汉书》）"六月，发诸侯王列侯徒隶二万人城长安。"何焯曰：诸侯王远近地异，故豫以六月发之，使各及期而至。其筑城仍在春正月。树达按：王荣商云：何说非也。此二万人给常役者耳。徒隶有罪之人，故罚使筑城，即《律》所谓"城旦"，不必定在春正月也。（《读汉书札记》卷二，引自徐蜀编《两汉书订补文献汇编》）

王叔岷：按：筑长安城，始于元年，《汉纪》《通鉴》并与《名臣表》及《汉书·惠纪》同。惟《名臣表》于元年书"始作长安城西北方"。三年又书"初作长安城"。"初"字盖衍。此文"三年，方筑长安城"，"方"字亦衍。《汉纪》《通鉴》四年亦无筑城之事。又《汉纪》称"五年九月，长安城成"，与《汉书·惠帝纪》合。（《史记斠证》卷九）

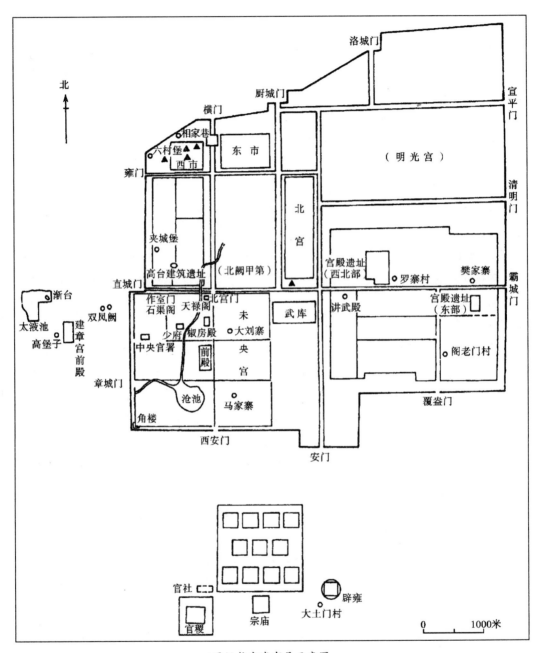

西汉长安城布局示意图

【汇注】

司马贞：按：《汉宫阙疏》"四年筑东面，五年筑北面"。《汉旧仪》"城方六十三里，经纬各十二里"。《三辅旧事》云"城形似北斗"也。（《史记索隐·吕太后本纪》）

司马光：春，发长安六百里内男女十四万六千人城长安，三十日罢。（《资治通鉴》卷一二"惠帝三年"）

马端临：惠帝六年，令民女子年十五以上至三十不嫁五算。（自注：汉律，人出一算，算百二十钱，惟贾人与奴婢倍算。今使五算，罪谪之也。）（《文献通考·户口考一》）

程馀庆：四年筑东面，五年筑北面，城方六十五里，南为南斗形，北为北斗形，故呼为斗城。（《历代名家评注史记集说·吕太后本纪第九》）

韩兆琦：按：长安城旧址在今西安市之城西北侧五公里处，1957—1959年曾对其进行了勘测。城高八米，下宽十六米。东面城墙长五千九百四十米，南面城墙长六千二百五十米，西面城墙长四千五百五十米，北面城墙长五千九百五十米。每面三个城门，每门三个门洞，与城内各大街相通。（《史记笺证·吕太后本纪》）

⑮【汇校】

韩兆琦：据《汉兴以来诸侯王表》，多国诸侯"来朝"是在惠帝七年十月，故下文"七年秋"之"七年"二字应移至"诸侯来会"句上。且此二句应移至下段开头。（《史记笺证·吕太后本纪》）

　　七年秋八月戊寅①，孝惠帝崩②。发丧，太后哭，泣不下③。留侯子张辟彊为侍中④，年十五⑤，谓丞相曰⑥："太后独有孝惠，今崩，哭不悲，君知其解乎⑦？"丞相曰："何解？"辟彊曰⑧："帝毋壮子⑨，太后畏君等。君今请拜吕台、吕产、吕禄为将⑩，将兵居南北军⑪，及诸吕皆入宫，居中用事⑫，如此则太后心安⑬，君等幸得脱祸矣⑭。"丞相乃如辟彊计⑮。太后说，其哭乃哀⑯。吕氏权由此起⑰。乃大赦天下。九月辛丑，葬⑱。太子即位为帝⑲，谒高庙。元年，号令一出太后⑳。

① 【汇注】

韩兆琦：八月戊寅，八月十二日。（《史记选注汇评·吕太后本纪》）

龚浩康：前188年。这年惠帝二十三岁。（见王利器主编《史记注译》卷九《吕太后本纪》）

② 【汇注】

陆　贾：惠帝崩，吕太后欲为高坟，使从未央宫而见之。诸将谏，不许。东阳侯

垂涕曰："陛下见惠帝冢，悲哀流涕无已，是伤生也，臣窃哀之！"太后乃止。东阳侯，张相如也。（《楚汉春秋》）

臣　瓒：帝年十七即位，即位七年，寿二十四。（引自《汉书评林·惠帝纪》）

裴　骃：皇甫谧曰："帝以秦始皇三十七年生，崩时年二十三。"（《史记集解·吕太后本纪》）

马端临：汉兴，天下既定，高祖约法省禁，轻田租，十五而税一，量吏禄，度官用，以赋于民。惠帝即位，减田租，复十五税一（自注：汉初十五税一，中间废，今复之也）。（《文献通考·田赋考一》）

又：高后元年诏曰：前日孝惠皇帝言欲除三族罪、妖言令，议未决而崩，今除之。（《文献通考·刑考二》）

王鸣盛：《惠纪》：七年秋八月戊寅，帝崩于未央宫。臣瓒曰：帝年十七即位，即位七年，寿二十四。按：帝年五岁，高祖为汉王，二年，立为太子，年六岁。十二年，高祖崩，帝即位，时年十六。又七年，崩，年二十三，臣瓒误。（《十七史商榷》卷九）

翁元圻：《楚汉春秋》曰：惠帝崩，吕太后欲为高坟，使从未央宫而见之，诸将谏不许，东阳侯垂泣曰：陛下见惠帝冢，悲哀流涕无已，是伤生也，臣窃哀之。太后乃止。东阳侯，张相如也。（见《太平御览》四百五十七）又曰：下蔡亭长詈淮南王曰：封汝爵为千乘，东南尽日所出，尚未足黔徒群盗所耶？而反何也？（原注：谓英布，《史》《汉》不载。）（全祖望云）张相见用于文帝时，太史公不立传，然文帝称其长者，盖亦申屠嘉、张苍之流，此条可以补史阙。（元圻按）《史记·高祖功臣侯表》东阳侯张相如，高祖六年为中大夫，以河间守击陈豨，力战，功侯，千三百户。《张释之传》问文帝：东阳侯张相如何如人也？帝曰：长者。下蔡亭长条，《文选·陆机五等论》注引之。（《翁注困学纪闻》卷一二《考史》）

程馀庆：帝年十七即位，在位七年，年二十四。（《历代名家评注史记集说·吕太后本纪第九》）

朱一新：帝崩于未央宫，臣瓒注：寿二十四。高祖元年，帝年五岁，则寿止二十三。周荇农师曰：四年帝始冠，踰三年帝即崩，足证其为二十三也。（《汉书管见》卷一）

陈　直："惠帝安陵，去长陵十里。按本纪，惠帝七年八月戊寅，崩于未央宫，葬安陵，在长安城北三十五里。安陵有果园鹿苑云。"直按：《汉书·惠帝纪》七年，臣瓒注云："安陵，在长安北三十五里。"颜师古注引《三辅黄图》云："安陵去长陵十里。"皆与本文同。又《惠帝纪》注引《关中记》曰："徙关东倡优乐人五千户以为陵邑，善为啁戏，故俗称女啁陵也。"《太平寰宇记》卷二十六云："安陵故邑．周之程邑，汉为县，惠帝置。"又同卷引《三辅黄图》云："安陵有果园鹿苑。"与今不同。《陕西通志》卷七十云："安陵在咸阳东三十五里，周之程邑也。"又按：余旧藏有"安邑晭柱"瓦当拓本，盖为惠帝陵上之物。(《三辅黄图校证》卷六)

编者按：荀悦《汉纪》云："（七年）秋八月，帝崩于未央宫，九月，皇帝葬于安陵。"《西汉会要》云："安陵，惠帝。"宋敏求《长安志》云："惠帝安陵在（咸阳）县东三十五里，《元和郡县志》云，在县东北二十里，沅案：《太平寰宇记》同。"骆天骧《类编长安志》云："在县东三十五里，《元和郡县图志》在县东北二十里。臣瓒曰：在长安北三十五里。《三辅黄图》曰：去长陵十里。《关中记》曰：徙关东倡优乐人五千户以为陵邑，善为啁戏，故俗称安陵啁也。"郦道元《水经注》云："（成国故渠）东迳惠帝安陵南……又东迳渭城北，……又东迳长陵南。"

刘庆柱、李毓芳：惠帝庙与高庙相邻，《三辅黄图》载："惠帝庙，在高帝庙后。"《长安志》引《关中记》载："惠帝庙在高庙之西。"《书道》卷三辑录有"西庙"文字瓦当，陈直先生认为系惠帝庙用瓦是有道理的。(《关于西汉帝陵形制诸问题探讨》，载《考古与文物》1985年第5期)

【汇评】

罗　苹：惠帝立七年，而史不纪，政实出于太后也。(见《历代名家评注史记集说·吕太后本纪第九》)

程　楷：惠帝承吕后之骄暴，当禄、产之专权，非有刚明果断之主不能有为矣。而徒曰"恭己宽仁"，无所建立，虽除挟书妖言之令，举孝悌力田之诏，皆有可观，而外戚酿祸，宗社疑危，使非陵、勃诸公，天下其亦庶几矣！(《明断编》)

张　溥：惠帝在位之日浅，其行事微有所见。太史公哀吕氏之乱，而欲甚其罪，故为吕氏专纪，而以帝附之，所以伤天下之无君也。然念帝之仁慈孝友，足以致治，而其年不享复形之赞辞，以海内之晏安，归之于帝，本指见矣。赵隐王，帝之弟也，齐悼王，帝之兄也。赵王为高帝爱子，欲立之者数矣，而帝不以为嫌，惧太后怒之，亲迎霸上，与入宫同卧起饮食。齐王入朝，有外诸侯之礼，而帝以兄事之，置于上座，同举卮为寿，而太后之酖不得行，非天性笃深者，其能之乎？若夫广高庙之祠，儆复道之过，除挟书之律，明孝弟力田之举，尊礼宰相，治务清静，尤有足多者焉。然而其贤若是，而高帝之始欲废之者，何也？则以吕后故也。吕后之阴贼鸷戾，高帝已知之矣。立其子，则其母之恶必行；不立其子，则其母之恶不行，高帝又知之矣。后迫于大臣之论，卒立太子，而心畏吕氏之及大乱，谓戚夫人曰："吕氏真尔主矣。"不以主目惠而以主目吕，盖料其后必至于斯，而太子之仁，不足以御之也。是以人彘之变，帝观之而哭。盖高帝既无刑妻之化，而惠帝终无贬母之文，不得已而淫乐废政，佯狂以冀亲之一悟，而太后终不改也，帝惟有死而已矣。则杀惠帝者，太后也。七年之内，异不绝书。若所记龙见、雨血、冬雷、枣实、日食正旦、夏月食既、鸿台、凌室诸灾，疑天重恶于帝者，而要之非为帝也。夫盖有受之者，太后也。是故太后称制之七年，有日昼晦之变，谓左右曰："此为我也。"（《历代史论》卷一《汉惠帝论》）

王鸣盛：惠帝年十六即位，在位七年，年二十三而崩，《史记》将惠帝事亦入《吕后本纪》，此则似不如《汉书》别立《惠帝纪》为妥。然此惟《汉书》断代为史，立体必应如是。若《史记》本自疏阔，周七八百年只一纪，汉每帝一纪，已自详近略远，惠帝无纪，亦复何害！（《十七史商榷》卷一《索隐改补皆非》）

刘　沅：孝惠皇帝，按谥法，柔质慈民曰惠。（《槐轩全书》卷七《史存》）

又：甚哉，圣人之学不传而人伦之道必废也，人子以谕亲于道为大孝，然不诚其身则不能事其亲也。诚身者，德修于己而言行，动静莫非天理，以此事亲，善则顺从，恶则匡救，惟恐亲或陷于非义，欲致其亲于圣人而后可也。惠帝以仁厚之资，值大乱初平之后，年虽幼而善政颇多，使非吕后狠毒，则赵王母子何至惨亡，汉世鸿基可培忠厚，乃以伤心同气之故，自损年华。吕雉之罪，通于天矣，然推原其由，则以高帝不任仁贤，纵任悍妻，宫庭之内，无肃靖之良规导太子，无圣贤之流臣所以防闲而曲全者，概乎未有闻也。天纵之资，必由学问，后世人主，可不虑其远而慎其微，广建贤士以贴子孙欤？（同上）

李祖陶：惠帝在位，遭值承平，以周之成、康、东汉之明、章观之，正与民休息之日，亦相与制作之时也。曹参为相，无能远谋，休息有余，制作不足。今观纪中所书，前惟加赐内外郎官与给丧事者之爵与金，及赐民爵、重吏禄而已；后惟举民孝弟力田者复其身，及令民得买爵以免死罪而已。其有裨时政者，惟三城长安，补高帝之所未及；以宗室女为公主，嫁匈奴，循高祖之所已行；及除挟书律，复十五税一两三条。其他改正朔，易服色，创制显庸，以成一代之治者，概皆未有所闻也。岂真宇内无事，欲以不治治之乎？盖遭吕太后肆虐，忧不听政，祸任其伏于冥冥之中而不知塞也。《易》曰："干母之蛊，小有悔，无大咎。"帝殆裕母之蛊，而有大咎矣。高帝初以其仁柔，不欲立，岂非知子莫如父哉！（《史论五种·前汉书细读一·惠帝纪》）

③【汇校】

王叔岷：《考证》：《汉书·外戚传》"哭"下有"而"字。按：《汉纪》作"太后哭而泪不下"。（《史记斠证》卷九）

【汇注】

颜师古：泣谓泪也。（《汉书注·高后纪第三》）

马端临：汉兴，因秦之称号，帝母称皇太后，祖母称太皇太后，適称皇后，妾皆称夫人。又有美人、良人、八子、七子、长使、少使之号焉。（《文献通考·帝系考四》）

④【汇注】

裴　骃：应劭曰："入侍天子，故曰侍中。"（《史记集解·吕太后本纪》）

龚浩康：侍中，官名。侍从于皇帝左右，以备参谋顾问之用。（见王利器主编《史记注译》卷九《吕太后本纪》）

张大可：侍中，加官，列侯、将军、卿大夫加官侍中，就可出入宫中，成为皇帝近臣。（《史记全本新注·吕太后本纪》）

【汇评】

吴　箕：惠帝崩，吕后哭而不哀，张辟彊谓丞相平，请拜吕台、吕产为将，居南北军，及诸吕皆居中用事，如此则太后心安，臣等幸脱祸矣。平如辟彊计，吕氏权由此起，几亡汉室。辟彊之见，止于欲大臣脱祸，平轻从其说，亦以太后多权诈，未可遽图，臣主之势，不容龃龉而然尔。或曰：向令太后寿考，平前死之，则事有不可言者，当不如王陵廷争之美。殊不知大臣之谊，当危疑时，必以安社稷为事，吕后之心，方以大位自疑，如其尸平、勃诸人，专任产、禄，于天下之人，必有假义而起者，吕氏扫除，而汉业终焉，岂不大可虑哉！（《常谈》）

杨维祯：脱大臣之祸而起诸吕之权者，张辟彊也；大臣依之而诛诸吕者，朱虚侯也。辟彊罪当诛，而朱虚之功赏封不在平、勃下也。文帝论功，益户有差，而朱虚不加恩何耶？以立齐王之嫌而绌之也。吁，帝亦不广矣！越二年，有司请立诸侯王，章始与河间、济北为城阳王。帝负其功而章不怏怏，章之德也夫！（《史义拾遗》上《朱虚侯论》）

锺　惺：留侯有逆子辟彊，使吕氏得握大权以危汉，千古遗恨，自是汉家杀运未休，天生一郦商子寄救之，妙甚。吕后谓郦兄不欺己，郦兄二字，口角面貌酷像，或作郦况，便失之矣。（《史怀》卷五）

程馀庆：书留侯子，为留侯惜也。（《历代名家评注史记集说·吕太后本纪第九》）

梁玉绳：按：元杨维祯《史义拾遗》以辟彊为留侯之孙，未知何据。又孝惠才崩，未必便有谥号，《汉·外戚传》作"太后独有帝"，是也。（《法言·重黎篇》以辟彊为十二龄，与甘罗并称，岂别有出乎？）（《史记志疑》卷七）

⑤【汇校】

王先谦：沈钦韩曰：《法言·重黎篇》"或问：甘罗之悟吕不韦，张辟彊之觉平、勃，皆以十二龄"，恐彼连甘罗而误。《史记·吕后纪》亦云年十五。（《汉书补注·外戚传》）

王叔岷：按：《法言·重黎篇》："或问：'甘罗之悟吕不韦，张辟彊之觉平、勃，皆以十二龄。茂、良乎？'曰：'才也，茂、良！不必父、祖。'""父、祖"承"茂、良"言之。茂，甘罗之祖也。良，张辟彊之父也。杨维祯以辟彊为留侯之孙，或由误解《法言》此文，以父承茂言之。祖承良言之与？《汉书·外戚传》《汉纪》并称张辟彊年十五。《法言》作"十二龄"，沈钦韩云："恐彼连甘罗而误。"（《汉书疏证》）容或然也。（《史记斠证》卷九）

【汇评】

程馀庆：见年少不足怪，而丞相从之，可怪也。（《历代名家评注史记集说·吕太后本纪第九》）

⑥【汇校】

程馀庆：《汉书》作陈丞相平。（《历代名家评注史记集说·吕太后本纪第九》）

【汇注】

瞿方案：方梅按：谓左丞相陈平。（《史记三家注补正·吕后本纪第九》）

龚浩康：当时右丞相为王陵，左丞相为陈平。据《汉书·陈平传》载，这里指陈平。（见王利器主编《史记注译》卷九《吕太后本纪》）

【汇评】

牛运震："谓丞相曰"云云。按：此时萧曹已前卒，此所称丞相，即王陵、陈平等是也。请拜产、禄为将，王陵必不为此，或是平、勃邪？然太史公不言其何丞相，亦一疏漏。（《读史纠谬》卷一《史记·吕后本纪》）

⑦【汇注】

颜师古：解犹解说其意。（《汉书注·高后纪第三》）

张守节：解，纪卖反。言哭解惰，有所思也。又音户卖反。解，节解也。又纪买反，谓解说也。（《史记正义·吕太后本纪》）

瞿方梅：方梅案：（《正义》）解说是也，故下接云：何解。《汉书·外戚传》：君知其解未？师古曰：解，犹解说其意。可证。（《史记三家注补正·吕后本纪第九》）

⑧【汇评】

胡一桂：今观吕氏之祸，肇于张辟彊之一言，成于平、勃之阿意顺旨。使太后欲王诸吕，陵既不可，勃又不可，平又不可，吾知其将悚然若高帝之临，有所惮而不敢为矣。平、勃乃靡然从之，夫复何所顾忌哉？自是而后，权归吕氏，汉祚之危，如一发引千钧。向使郦寄不可劫，吕禄不可绐，纪通符节不可矫，太尉不得入，军士不左袒，吕媭谋行，朱虚侯章不用命，吕产不可杀，汉亦殆矣。由是论之，平、勃安刘之功，仅是赎王诸吕之罪，人臣之义，当以王陵为正。使王陵之说得行，岂但安刘正将以全吕。而平、勃之王诸吕，反以一时之荣而覆其百世之宗矣，可胜叹哉！（《十七史纂古今通要》卷七《西汉》）

⑨【汇注】

张守节：毋音无。（《史记正义·吕太后本纪》）

⑩【汇校】

李景星：篇内"君今请拜吕台、吕产、吕禄为将，将兵居南北军"，按：南北军不容三人将，《汉传》无"吕禄"。（《史记评议·吕后本纪》）

梁玉绳：按：南北军不容三人将之，《汉传》无吕禄，甚是，禄乃继台将北军者也。（《史记志疑》卷七）

王叔岷：按：《汉书》略吕禄；《汉纪》作"宜请吕产、吕禄为将，监南北军事"。又略吕台。辟彊献计，无妨多举一人，备丞相之抉择。非欲以三人同将南北军也。梁说泥矣。（《史记斠证》卷九）

【汇注】

张大可：吕产，吕台之弟。吕禄，吕释之子，与吕台、吕产为堂兄弟。（《史记全本新注·吕太后本纪》）

⑪【汇注】

林　駉：《考异》：古者前朝后市，王宫在南，故汉卫宫之兵在城内者为南。宫城之军既谓之南，京城之军则谓之北，所以别也。（《古今源流至论·续集卷一·南北军》）

马端临：京师有南北军之屯（《汉旧仪》：殿外门署卫尉，殿内郎署属光禄勋，南军也）。南军卫主之，掌宫城门内之兵。《百官表》，卫尉掌宫门卫屯兵，而《高后纪》言周勃既入北军，尚有南军，乃令平阳侯告卫尉，毋纳吕产。时吕禄为将军，掌北军；产为相国，掌南军。太尉已入北军，尚有南军，故未敢诵言诛产。已告卫尉，毋纳相国产殿门。产欲入未央宫为乱，弗得入。盖产所掌南军，当在殿庐之内。及宣帝用张安世为卫将军，两宫卫尉城门北军属焉。不言南军，盖卫即南军也。戾太子变时，京师兵尽发，独不闻发南军，盖卫士从上在甘泉故也，以此知南军为宫城兵，而卫尉主之。（《文献通考·兵考二》）

郭嵩焘："君今请拜吕台、吕产、吕禄为将，将兵居南北军"，按：汉制太尉典军，高祖十一年周勃已为太尉，明年高祖复语吕后云："可令周勃为太尉。"至吕后四年复云："置太尉官，绛侯勃为太尉。"《将相表》于太尉一官或云罢，或云置，而罢太尉官，典兵谁也？《史》亦不详。高后八年，病甚，乃令赵王吕禄为上将军，军北军；吕王产军南军，而以吕产为相国。然则典南、北军者，本无专官耶？汉初有征讨，置将军，或曰上将军，上将军亦无专官。而陈平、审食其实为左右丞相，吕禄之为上将军，吕产之为相国，盖亦吕后之特命矣。惠帝初崩，王陵、陈平为丞相，无故以南、北军属之吕禄、吕产，必不应有此事。而吕后八年令吕禄为上将军居北军，吕产居南军，相距八年之久，吕禄、吕产久典禁军，太尉周勃岂能一日便夺之？疑此张辟彊之献计，亦传闻之辞，史公杂采入之，准之前后情事，实多有未合者。（《史记札记·吕后本

纪》）

程馀庆： 南军掌宫城门内之兵，卫尉主之；北军掌京城门内之兵，中尉主之。（《历代名家评注史记集说·吕太后本纪第九》）

龚浩康： 西汉时京城长安和皇宫的卫戍部队。因分驻在京城南北，所以统称"南北军"。（见王利器主编《史记注译》卷九《吕太后本纪》）

张大可： 南北军，宫廷禁军，以卫两宫。北军卫长乐宫，南军卫未央宫。未央宫在长乐宫西南。吕台将北军，台死，吕禄继之。吕产将南军。（《史记全本新注·吕太后本纪》）

韩兆琦： 南北军是驻扎于京城南、北部的两支国防军，有如清王朝驻扎京城的丰台大营。它原本受"太尉"直接统领，吕后为了固权，故将周勃架空而改任了吕禄、吕产。（《史记笺证·吕太后本纪》）

【汇评】

林 駉： 至汉，以南北军为重；唐以北禁军为重，故国命实系之。平居无事之时，初未见其为利害，仓卒患难之际，一举手伸缩，则轻重随之。此无他，发兵之权皆归一人，职之专者骄之府，势之穷者厉之阶，此其理之必至也。周勃之平诸吕，必藉南北军以诛之，乃令人告卫尉"毋纳吕产"，盖惧兵权之相敌。是汉之所恃以弭乱者，唯南北军为重耳。文帝之承大统，亦藉南北军以镇之。是夜即令代邸旧人宋昌为卫将军，兼领其权，是汉之所恃以服众者，亦惟南北军为重耳。（《古今源流至论·别集卷八·将权》）

吴仁杰： 高帝十年，戚鳃为中尉，孝惠五年卒，事见《百官表》，然不载继鳃者为何人。至孝文十四年，始有中尉周舍，中间二十余年阙而不书。仁杰按：吕后尝戒产、禄据兵卫宫，毋为人所制。其积虑如此，自鳃之卒，疑后已用其党，阴总兵柄矣。后因丞相言，遂用吕台居北军，而中尉之兵归吕氏。孝惠元年，以刘泽为卫尉，泽固吕党。至后之七年，以泽为琅邪王。太史公谓太后王诸吕，恐后刘将军为害，乃王泽以慰其心，非也。卫尉实主南军，后以为泽虽娶嬃女，要是刘氏宗，疑终不为己用，故外示尊宠，裂地而王之，其实自欲用诸吕持卫尉兵职耳。未几，果令产居南军。盖自戚鳃之卒，刘泽之王，卫尉、中尉不复授人，虽长乐卫尉，亦用吕更始为之，而中外兵柄皆为吕氏有矣。（《西汉刊误补遗》卷一《南北军二》）

又： 太后发丧，哭而泣不下，陈平如张辟彊计，以吕台、吕产为将，将兵居南北军，语在《吕后传》。仁杰按：惠之季年，刘泽为卫尉，至吕后七年乃封琅邪，若吕产当发丧之日便居南军，则泽岂应尚仍故官邪？《史记》于孝惠七年书吕产居南军，恐应在后之七年刘泽既王之后，然《高后纪》又云八年七月后令吕王产居南军，盖末命申饬之辞云尔。（《两汉刊误补遗》卷一《南北军三》）

又：丞相平令平阳侯告卫尉，毋内相国产殿门。产入未央宫，欲为乱，殿门弗内。仁杰按：未央卫尉寺盖在宫内，产既不得入殿门，则宫内之兵无容号召矣，遂为朱虚侯所诛。按：《百官表》自刘泽既王之后不载卫尉姓名，文帝二年始有卫尉兄而不书姓。《史记·高纪》有郦兄，疑卫尉兄即郦寄也。当泽之既去，兄之未授也，卫尉缺不书，不知平阳侯所告卫尉为何人？以《功臣表》考之，则闭殿门止产者刘揭也。揭时为典客。意平、勃使之兼行卫尉事以拒吕产。盖勃之将北军，大势既定，故揭得以举其职而南军惟揭之听。向使禄未解印，产方主兵于中，是乌能止其入殿门也哉？（《西汉刊误补遗》卷一《南北军四》）

又：南北军以卫尉、中尉分掌其事，胡广曰：卫尉徼巡宫中，执金吾徼巡宫外，相为表里。李揆亦曰：南北军本以相制，二者固不可总而一之也。文帝即位，拜宋昌为卫将军，领南北军，似未究当时置军之意。至二年，乃以郦兄为卫尉，总南军，而中尉不除人，岂昌以卫将军仍统北军耶？十四年纪书中尉周舍为卫将军，击匈奴。《百官表》亦载舍是年为中尉，然不载其自中尉为卫将军事，意中尉、卫将军名虽殊而职统北军则一，故史略其事耳。（《两汉刊误补遗》卷一《南北军五》）

⑫【汇注】

编者按：谓建策引诸吕入朝廷之中执掌政权，是为诸吕张目。中，朝廷之中。用事，执政，掌权。

⑬【汇校】

张文虎："心安"，中统、游本"心"作"必"。（《校刊史记集解索隐正义札记·吕太后本纪》）

⑭【汇注】

颜师古：脱，免也。（《汉书注·高后纪第三》）

【汇评】

梁玉绳：按：此所云丞相者，右丞相王陵乎，左丞相陈平乎？《汉传》明著之曰陈平是也，陵能持白马之议以折太后，其不肯用辟彊计明甚，然何以不面斥而力持之，亦不可解。辟彊此计，起诸吕之权，罪不容诛，不意留侯有此逆子。《唐文粹》有李德裕《辟彊论》深罪之，《评林》明徐祯卿曰："书留侯子，惜留侯也，而丞相竟从之，可怪。"宋胡寅《读史管见》论"平、勃阿意之罪甚大，自不可易，于辟彊童子何诛焉"。（《野客丛书》谓"辟彊智高陈平"，妄论也。）（《史记志疑》卷七）

程馀庆：留侯乃有此不肖子，岂非汉家杀运未休耶。（《历代名家评注史记集说·吕太后本纪第九》）

⑮【汇校】

王叔岷：按：《汉纪》亦明著曰陈平。《法言》则称"平、勃"，兼左丞相陈平、

绛侯周勃言之。(《史记斠证》卷九)

【汇注】

王观国：扬雄《法言》曰：或问甘罗之悟吕不韦，张辟彊之觉平、勃，皆以十二龄。《前汉·外戚传》曰：惠帝崩，太后发丧，哭而泣不下，留侯子张辟彊年十五，为侍中，谓丞相陈平曰：帝无壮子，太后畏君等，今请拜诸吕居中用事，则太后心安。《法言》云十二龄，而《汉书》云年十五者，观辟彊启陈平之语，殆非十二龄所能言，当从《汉书》年十五也。(《学林》卷二)

【汇评】

李德裕：扬子美辟彊之觉陈平，非也，若以童子肤敏，善揣吕氏之情，奇之可也，若以为反道合权，以安社稷，不其悖哉！授兵产、禄，几危刘氏，皆因辟彊启之。向使留侯尚存，必执戈逐之，将为戮矣。观高祖遗言吕后，制其大事，可谓谋无遗策矣。以王陵有廷诤之节，置以为相，谓周勃堪寄托之任，令本兵柄，况外有齐、楚、淮南磐石之固，内有朱虚、东牟肺腑之亲，是时产、禄皆匹夫耳。吕后虽心不在哀，将相何至危惧，必当忧伤不食，自促其寿，岂能为将相之害哉？高祖曰："非刘氏而王者，天下共击之！"此虑属吕宗矣，何可背之？厥后称制八年，产、禄之封殖固矣，若平、勃二人溘先朝露，则刘氏之业必归吕宗。及吕后之殁，劫郦商以绐吕禄，计亦窘矣。周勃虽入北军，尚不敢公言诛诸吕，岂不艰哉！赖产、禄皆徒隶之人，非英杰之士，傥才出于世，岂受其绐说哉？嗟乎！与其图之于难，岂若制之于易。由是而言，平、勃用辟彊之计，斯为谬矣！留侯破产以报韩，结客以狙秦，招四皓以安太子，所谓必仗义居正，由此知不尚权谲明矣！(《李卫公会昌一品集·外集卷一》)

黄　震：留侯子张辟彊年十五揣知吕后意，劝丞相拜诸吕将南北军，入宫居中用事，虽曰早慧，实留侯不肖子，使非汉方兴未艾，卖汉天下者尔！(《黄氏日抄》卷四六)

夏之蓉：时留侯子辟彊乃请拜吕台、吕产为将，将兵居南北军。曹参可谓有子若辟彊者，辱其先人者也。(《读史提要录》卷一《西汉》)

⑯【汇注】

牛运震："太后哭，泣不下"，"其哭乃哀"，前后照应，语甚奇，写吕后哭泣中政有杀机。(《史记评注·吕后本纪》)

程馀庆：又"说"又"哀"，中有杀机。应"泣不下"。(《历代名家评注史记集说·吕太后本纪第九》)

⑰【汇评】

程馀庆：紧关。吕后纵恣，在高帝崩后。诸吕纵恣，在惠帝崩后。逐层跌入。(《历代名家评注史记集说·吕太后本纪第九》)

牛运震：此句大有关键。(《史记评注·吕后本纪》)

⑱【汇校】

崔　适：九月辛丑，葬安陵（徐按：中华本无此二字）。按：各本脱"安陵"二字，今依《汉书·惠帝纪》补。(《史记探源·吕太后本纪第九》)

【汇注】

裴　骃：《汉书》云："葬安陵。"《皇览》曰："山高三十二丈，广袤百二十步，居地六十亩。"皇甫谧曰："去长陵十里，在长安北三十五里。"(《史记集解·吕太后本纪》)

张大可：九月辛丑，九月五日。(《史记全本新注·吕太后本纪》)

王叔岷：按：《汉纪》作"九月皇帝葬于安陵"。《通鉴》从《汉书》作"九月辛丑葬安陵"。《艺文类聚》三五引《楚汉春秋》云："吕后欲为惠帝高坟，使从未央宫坐而见之。东阳侯垂涕曰：'陛下日夜见惠帝冢，悲哀流涕无已，是伤生也。臣窃哀之！'太后乃止。"《御览》四五七亦引《楚汉春秋》云："惠帝崩，吕太后欲为高坟，使从未央宫而见之。诸将谏，不许。东阳侯垂涕曰：'陛下见惠帝冢，悲哀流涕无已，是伤生也。臣窃哀之！'太后乃止。"(参看沈钦韩《汉书疏证》)《考证》所称《艺文类聚》文较详，疑据《御览》补之。(《史记斠证》卷九)

⑲【汇注】

梁玉绳：按：此所称为少帝者也，《史》《汉》皆不言其名，盖孝惠后宫子，《正义》引刘伯庄谓"幸吕氏有身而入宫生子者"，妄。(《史记志疑》卷七)

王叔岷：按：《帝王略论》云："吕太后立后宫子为惠帝子，实吕氏子也。"与刘伯庄说合。(《史记斠证》卷九)

[日]泷川资言：愚按：张辟彊既曰"帝毋壮子"，其有子明矣。(《史记会注考证》卷九)

张大可：太子，孝惠帝皇后取后宫美人子养为己子，非真太子，故《史记》《汉书》都不记其名。(《史记全本新注·吕太后本纪》)

【汇评】

王志坚：吕太后为惠帝娶鲁元公主女，是令帝妻其甥也。霍光纳其少女于宣帝为后，是令上官太后妇其姨也。势之所在，不顾伦理，虽谓之夷房可也。(《读史商语》卷一)

⑳【汇注】

龚浩康：高后元年，即前187年。(见王利器主编《史记注译》卷九《吕太后本纪》)

【汇评】

陈 栎：惠帝嗣兴，柔弱早世，吕后临朝，遂王诸吕，几危刘氏，开万世母后窃权之端，实始于此，平、勃安刘，不得无过。北军一呼，卒诛诸吕。（《历代通略》卷一《前汉》）

太后称制①，议欲立诸吕为王，问右丞相王陵②。王陵曰："高帝刑白马盟曰③：'非刘氏而王，天下共击之。'今王吕氏，非约也④。"太后不说⑤。问左丞相陈平、绛侯周勃⑥。勃等对曰："高帝定天下，王子弟，今太后称制，王昆弟诸吕，无所不可。"太后喜，罢朝。王陵让陈平、绛侯曰⑦："始与高帝喋血盟⑧，诸君不在邪？今高帝崩，太后女主，欲王吕氏，诸君从欲阿意背约⑨，何面目见高帝地下⑩！"陈平、绛侯曰："于今面折廷争⑪，臣不如君；夫全社稷，定刘氏之后，君亦不如臣⑫。"王陵无以应之⑬。十一月⑭，太后欲废王陵，乃拜为帝太傅⑮，夺之相权⑯。王陵遂病免归⑰。乃以左丞相平为右丞相，以辟阳侯审食其为左丞相⑱。左丞相不治事，令监宫中，如郎中令⑲。食其故得幸太后，常用事，公卿皆因而决事⑳。乃追尊郦侯父为悼武王，欲以王诸吕为渐㉑。

①【汇注】
颜师古：天子之言，一曰制书，二曰诏书。制书者，谓为制度之命也，非皇后所得称。今吕太后临朝，行天子事，断决万机，故称制诏。（《汉书注·高后纪第三》）

【汇评】
刘知幾：吕后以妇人称制，事同王者，班氏次其年月，虽与诸帝同编，而记其事迹，实与后妃齐贯。（《史通》卷十七）

张 宁：高帝先几见远，妙达事变，非人所能测识。观其语戚夫人，不曰"太子真乃主"，而曰"吕氏真乃主"。又为赵王置贵强相以辅之，则其知吕后之必将专制，不待诏斩樊哙而后决。然既知之，卒不乘未发治绝者，盖以后无绝理，事或未然也。

故疾革时语后曰："安刘者必勃！""此后非乃所知"，是又灼知吕氏之变，终不至于失天下也。故惟茂建支系，廷植列侯，以制其变而安之。帝之虑后，何其明且远如此！（《方洲集》卷二八《读史录·惠帝七年》）

  杨一奇：此汉以母后临朝之始，则太后之专、大臣之殉互见矣。曰帝崩子幼，如何？曰：君薨，百官总己以听于冢宰，古制也。（《史谈补》卷之二《太后临朝》）

  程馀庆：制非太后所得称，故特书之。归到太后，是《吕太后纪》体。（《历代名家评注史记集说·吕太后本纪第九》）

② 【汇注】

  龚浩康：王陵，刘邦同乡。在陈胜首义后，他聚众数千人在南阳起兵反秦。楚汉战争时归附刘邦，曾先后被封为襄侯、安国侯，继曹参之后担任右丞相。（见王利器主编《史记注译》卷九《吕太后本纪》）

  张大可：汉将，继曹参为丞相，传附《陈丞相世家》。（《史记全本新注·吕太后本纪第九》）

【汇评】

  魏 礼：吕后之称制而王诸吕，议者曰：王吕则将帝吕也，吕王则刘亡，吕氏之必为武氏势也。虽然，吕氏之心，则固不肯为武氏也。何以知其不肯为武氏？武氏不难亲杀其子若女，吕后常欲杀赵王如意矣，惠帝左右之，而后不得间也。后不敢逆惠以杀如意，则欲其子孙之为帝王不得辨。高帝疾大渐，后曰："帝万岁后，谁可托国者？"帝举何参为言。夫何参诸人，帝之元勋旧臣，后所素畏也，帝死后欲危刘氏，将不用之矣。帝又曰："安刘氏者必勃。"后危刘氏，而用安刘氏之勃，吾则不信也。且后尝侯刘章，使人宿卫，其饮酒歌，及斩吕氏亡者，章之意气可畏也，后危刘氏，则必杀章，杀章易耳。吾故曰：后之心则固不肯为武氏也。后不肯为武氏，后之势必至为王氏。何以知其为王氏？王氏私诸王，尊宠莽，莽因势持柄，而篡有其位，后私诸吕，窃念我为帝，我之兄弟仅为通侯，无以尊我，于是王诸吕以尊己，而诸吕必凭己而危刘氏。引大盗入室中，欲其藏而不能尽有也，则必逐其主人，而专据其室，吾故曰：后不死则必至于为王氏者，势也。（引自《历代史事论海·吕后论》）

③ 【汇注】

  胡三省：高祖刑白马与群臣盟曰："非刘氏不王，非有功不侯。"（见《资治通鉴》卷一三"高后元年"注）

  吕思勉：高帝之世，异姓王者八国。卢绾之废，乃在高祖崩年，长沙则始终安存，白马之盟，不知竟在何时？果有其事，史安得绝无记载，而仅出诸王陵之口乎？平、勃等谓"高帝定天下，王子弟，今太后称制，王昆弟诸吕，无所不可"，此实持平之言。郦寄说吕禄曰："刘氏所立九王，吕氏立三王，皆大臣之议，事已布告诸侯，诸侯

皆以为宜。"此当时实在情形也。(《秦汉史》第四章《汉初事迹》)

韩兆琦：刑白马盟，古代订立盟约或宣誓时，往往宰杀牲畜以血涂口，是之谓"歃（shà）血"，以表盟誓的庄重。按：刘邦与群臣刑白马定盟事，本纪不载。《汉兴以来诸侯王年表序》云："高祖末年，非刘氏而王，若（或）无功上所不置而侯者，天下共诛之。"(《史记选注汇评·吕太后本纪》)

张大可：古人盟誓杀牲以血涂口，又称"啑血盟"，表示庄重。高祖临终杀白马与大臣约："非刘氏而王者，天下共击之。"这是防止诸吕篡国的措施。(《史记全本新注·吕太后本纪第九》)

【汇评】

柯茂竹：故天下不可无王陵声大义之勇，尤不可无平、勃济大事之谋。观其交欢兴辞于陆贾，诡辞遂决于郦生，于是入北军，握兵柄，效王孙贾讨淖齿之术，以左右袒定顺逆，不崇朝而吕氏无噍类，刘氏宗社果晏然有磐石之安，则其答王陵之言验焉矣。所谓迹相违而实相济者非邪？且不观高帝之论相乎，曰："王陵少戆，陈平可以助之；平智有余，然难独任；周勃重厚少文，然安刘必勃。"由是观之，则三人处吕后之事，高帝已洞见其微，故临崩数言，即为诸臣之定论。今必左平、勃而右王陵，是谓怀英之不忠于唐，子家羁之不忠于鲁，程婴、公孙杵臼不得以并称也，可乎哉？然则程子谓"人臣之义，当以王陵为正"何如？曰：此又致堂南轩立论之所本也。彼太史公者论王陵，初无意仕汉而安刘之功鲜，故作平、勃世家而不为陵立传，则程子之言亦非通方之论也。张融有言：鸿飞天首，越人以为凫，楚人以为雁。论王陵、平、勃者，宋儒越人，而太史公楚人也。若高帝之见其雁门之人乎？虽然，寓犹有说焉，平、勃之诛诸吕也，非有朱虚吕之运谋于中，齐王之连兵于外，则势或孤而难成。但朱虚侯以拟立齐王为文帝所不说，故赏功不举，而后之论者遂不及焉，愚故备言之以附阐幽义。郑贤评：不可无王陵声大义之勇，尤不可无平、勃济大事之谋，最高议论。(引自郑贤《古今人物论》卷七《王陵》)

贺　详：愤愤生曰：王陵守白马之盟而尊汉，平、勃制牝鸡之命而安汉，有平、勃不可无陵，有陵不可无平、勃，其有功于汉室一也。右陵可矣，因陵而遂左平、勃，实不其然。夫吕后者，巾帼而饶有须眉者也。使廷议之日，平、勃亦如陵言，恐罢相免归，平、勃又为陵续，而汉事去矣，平等能与抗乎？后丁高帝之世，而不难计灭功臣，而何有于平、勃，心涎汉鼎，势不剪其所忌，不止平等不足恤矣，如汉社稷何？淮南齐楚，虽磐石而在藩封，东牟、朱虚，虽肺腑而鲜事任。从来吕武，皆亘古挚悍妇人，武几歼唐子孙尽而吕又何难汉乎？故勃之言，迹类纵欲阿容，心同面折廷争，不显露面折廷争之迹而阴收安刘全社稷之功。何则？诸吕虽强而产禄庸才，并不及其家一吕媭，独恃后在耳。任一时苟得富贵，而异日可予可夺，勃等所深知也。一侯侍燕，军法行酒，诸吕目慑，后亦抚然，勃等所默快也。且后春秋高矣，所私仅一审食其，其何能为？彼东平淮楚辈，非刘氏离里乎，人情断不舍刘向吕，勃等所预料也。将取故与，先既得于辟疆之策，将相调和，后又得于陆贾之谋，又勃等所协筹也。是后在而诸吕已握掌中。逮后死而诸吕直如振落矣。灌婴连齐，曹窋驰告，不过顺风之呼。太尉劫商，襄平矫内，皆其转睫之智，卒使诸吕骈首就戮，而汉家社稷安如泰岱，拱若金瓯，而后知以重厚安刘者果周勃也，有余智而难独任者果陈平也，少戆而必需助者果王陵也，帝之言，不至是悉验耶？俗儒无知，乃谓平等畏死倖功，夫诚俱死矣，而从容就功者谁？又谓后死攘功。夫事偾而且不容，苟论成败，矧事济而又赘论生死者耶？即曰人臣之义，王陵为正，而在王陵一义，在平、勃又一义。济大事者，狄仁杰为法，夫污身善君之迹，恐狄较甚焉。惟取其皆能功成反正，又可以优劣论者耶？至曰人臣建策效计，当原其心为国，则策虽不就，君子予之；心不在国，假善以济其私，功虽倖成，君子不与也。夫自古误人家国天下者不少矣，而皆以心自解免焉，是又妇孺所窃笑也。（《留余堂史取》卷三）

安作璋、孟祥才：确实，"白马之盟"不见于《史记》的《高祖本纪》和《汉书》的《高帝纪》，而仅见于两书的《王陵传》《史记·吕太后本纪》《汉书·外戚传》等篇，而且都是由王陵、吕后口中说出，既没有明确指出其事出自何年何月，又与刘邦时还存在异姓诸侯王一事相抵牾。因为有以上矛盾，所以，对此事的真实性提出疑义并不是没有道理的。但是，我们在分析了当时的历史状况以后，觉得对于"白马之盟"，似乎宁信其有而不信其无道理更充分一些。其理由是：第一，司马迁与班固都是比较严肃的历史学家，他们相继在以上列举的篇章中写上此事，显然是经过了较为慎重的考虑。第二，刘邦从开始分封异姓诸侯王，就不是出于自愿，而是带有利用性质的权宜之计，如对韩信、英布、彭越等人的分封；或是承认既成事实，如对韩王信、燕王臧荼、赵王张敖等的分封。出于刘邦自愿分封的只有两人，一是长沙王吴芮，念其追随反秦之功，且势力弱小。二是燕王卢绾，念其与自己为同乡，又是同庚的密友。对前两类，刘邦一开始就怀有戒心，分封时就决定有朝一日将他们除掉。所以后来建国伊始，刘邦也就开始了清除异姓诸侯王的斗争。而且，每除掉一个异姓诸侯王，就代之一个同姓诸侯王（卢绾之代臧荼为一例外）。顺此推衍，后来发展到"白马之盟"，符合刘邦思想逻辑的演进过程。第三，卢绾的背叛对于刘邦无疑是一个巨大的刺激。因为在所有异姓诸侯王中，真正出于刘邦自愿分封者，也只有这个卢绾。可是连他居然也投降匈奴，向自己昔日挚友、今日的皇上杀了回马枪。至此，除了偏处江南一隅，势小力薄的吴姓长沙国还保持着对汉皇朝中央的君臣关系之外，其他七个异姓诸侯王都先后走上了反叛的道路。这种惨痛的历史教训，必然使刘邦产生对异姓诸侯王的极端不信任感，"白马之盟"在这个节骨眼上产生应该是顺理成章的。第四，上面吕思勉先生所引陈平、周勃的话，并非出自真心，而是为自己免祸，对吕后的虚与委蛇之词。至于郦寄对吕禄说的话，更属诓骗之词，显然不足为据。第五，在刘邦临终前的一个月，即公元前195年（汉十二年）三月的诏书中，有这样一段话："吾立为天子，帝有天下，十二年于今矣。与天下之豪士贤大夫共定天下，同安辑之。其有功者上致之王，次为列侯，下乃食邑。"（《汉书·高帝纪》）这个诏书看来似乎与"白马之盟"相悖谬。既然"白马之盟"存在，刘邦何必说这些话呢？既然刘邦将"豪士贤大夫""上致之王"，也就不该有"白马之盟"。其实，这个诏书，是刘邦在逝世前回顾自己对群臣的厚遇，他说的是过去的历史而不是今后的政策。而诏书的着眼点是"吾于天下贤士功臣，可谓亡负矣。其有不义背天子擅起兵者，与天下共诛之"。况且，自公元前202年汉朝建国，立卢绾为燕王之后，刘邦只是诛除，却再也没有立一个异姓诸侯王。这一事实也可以证明，刘邦在逝世之前不大可能重申封立异姓诸侯王的政策。第六，《史记·高祖本纪》《汉书·高帝纪》没有记载"白马之盟"，应该是一种疏忽，但似不应该作为"白马之盟"纯属子虚的证据。如果此事根本不存在，司马迁与班固何必在自己的著作中至少两处以上地方记载此事呢？至于"白马之盟"的具体时间，我们认为，在公元前195年（汉十二年）二月刘邦遣樊哙率兵进击叛降匈奴的卢绾之时可能性最大。因为卢绾的背叛使刘邦打消了对异姓诸侯王残存的最后一点幻想。在这种情况下，刘邦有鉴于同异姓诸侯王斗争的教训，刑白马而盟是可以理解的。当然，这些都是属于推论，至于是否确有其事，还可以再作进一步的研究。（《刘邦评传》）

④【汇评】

洪　垣：高帝刑白马盟，与诸将约曰："非刘氏而王，天下共击之！"将相大臣，持以必信，使不肯怃心谀狗，得尽如王陵也，吕氏能无惧乎？而以他日安刘必勃为辞遁矣。或曰：高帝知诸将之难制，故吕氏之悍不去，使诸将畏吕后，而吕后为诸将所制，故人有恶哙，欲灭戚氏者，立命平、勃斩之，是三者交相为防，恃智力以为维持之具也。夫惠帝昏愚，诚不有于诸将矣。斩一樊哙亦何足为吕戚轻重哉？教化不行，大纲未立，徒足为吕氏深憾耳！（《觉山洪先生史说》卷一《吕后》）

[日] 泷川资言：《汉兴年表序》云："高祖末年，非刘氏而王者，若无功上所不置而侯者，天下共诛之。"（《史记会注考证》卷九）

戴　璟：高帝白马之盟曰："非刘氏而王，天下共击之！"盖亦素忌吕后而预为此盟耳。为大臣者，正当申明先帝之约而严外家与政之防，使国政一无所与可也，奈何陈平用张辟彊之邪计，以产、禄将南北军，此逢迎君之恶也甚矣！夫北军以护京城，南军以卫宫禁，此莫大之兵权，尚委之于吕氏之手，然则封王之势殆有不可禁者矣。履霜坚冰，由来者渐，故愚谓王陵之谏，比平、勃固为正气，然亦昧于女壮勿取之义乎？考《史》陵是时为右丞相，岂不可以力阻陈平之计，而乃缄默杜口，置而勿问，盖亦陵有以许之矣！逮权势且灼，根节盘踞，亦将如之何？此所谓毫厘不伐而遂成斧柯也。然则人臣之义，王陵亦岂得为正哉？吾敢借孟子之言，断之曰薄乎云耳，恶得无罪！（《新编汉唐通鉴品藻》卷四《人臣之义以王陵为正》）

程馀庆：正论侃侃，千古不磨。（《历代名家评注史记集说·吕太后本纪第九》）

⑤【汇注】

胡三省：说读曰悦。（见《资治通鉴》卷一三"高后元年"注）

⑥【汇注】

龚浩康：陈平（？—前178），汉初大臣。阳武（今河南省原阳县东南）人。陈胜起义，他投靠魏王魏咎，任太仆。因说魏王不听，又受同僚排挤，从项羽入关，任都尉。不久归附刘邦，任护军中尉。屡设奇计，均被采纳，成为刘邦的重要谋臣。汉初封曲逆侯，历任惠帝、吕后、文帝时丞相。事详《陈丞相世家》。（见王利器主编《史记注译》卷九《吕太后本纪》）

又：绛（jiàng），县名。治所在今山西省侯马市东北。（同上）

又：周勃（？—前169），刘邦同乡。随刘邦起兵，后率军转战各地，是刘邦的重要将领。汉初以军功封绛侯，文帝时任右丞相。事详《绛侯周勃世家》。（同上）

张大可：两人均西汉开国功臣，诛除诸吕的主谋人。陈平事详《陈丞相世家》。周勃时为太尉，事详《绛侯周勃世家》。（《史记全本新注·吕太后本纪第九》）

⑦【汇评】

杨一奇：自已然论，王陵不如平、勃固也，使太后未崩，平、勃先死，则如此言何？故程子曰："汉祖与群臣以力相胜，而臣之非心悦诚服也。是以当此时无一人肯死节，其后成功亦幸耳。人臣之义，当以王陵为正。"旨哉言乎！（致堂胡氏补）（《史谈补》卷之二）

⑧【汇校】

王叔岷：按：《汉书·王陵传》啑作唼，师古注："唼，小歠也。"唼与啑同。作唶亦同，《平原君列传》："王当歃血而定从。"唶，或歃字。《说文》："歃，歠也。歠，歙也。"（歙，隶作饮。）（《史记斠证》卷九）

【汇注】

司马贞：啑，邹音，使接反。又云或作"唶"，音丁牒反。（《史记索隐·吕太后本纪》）

胡三省：啑，所甲翻，小啜也。（见《资治通鉴》卷一三"高后元年"注）

洪颐煊：《孝文本纪》"今已诛诸吕，新啑血京师"，颐煊按：《汉书·文帝纪》作"喋血"，师古曰：喋音大颊反，本字当作蹀，蹀谓履涉之耳。《吕氏春秋·期贤篇》"履肠涉血"，涉血即蹀血也。《吕后本纪》"始与高帝啑血盟"，啑血即歃血，《史记》

皆借啑血为之。(《读书丛录》卷十七)

程馀庆：喋，使接切。一作"歃"。(《历代名家评注史记集说·吕太后本纪第九》)

⑨【汇校】

张文虎："从欲"，南宋本"从"，各本作"纵"。(《校刊史记集解索隐正义札记·吕太后本纪》)

⑩【汇评】

李德裕：爰盎对文帝曰："绛侯所谓功臣，非社稷臣。夫社稷臣者，主在与在，主亡与亡。"盎见勃自德其功，有以激之也，非至理笃论。此言足以惑文帝聪明，伤仁厚之政，俾其君有薄宗臣之意，竟使周勃大功皆弃，非罪见疑，可为长叹息也！当吕后之世，惠帝已殂，少帝非刘氏，陈平用辟疆之计，权王产禄，绛侯若不与之同心而制其兵柄，必由此而阶乱矣，则刘氏安危，未可知也。(原注：盎曰：诸吕用事，擅相王，太尉本兵柄，弗能正也。)然磨而不磷，涅而不缁，未尝不心存社稷，志在刘氏。外虽顺逊，内守忠贞，得不谓之社稷臣乎？其后绛侯系请室，盎虽明其无罪，所谓陷之死地而后生之，徒有救焚之力，且非曲突之义，扬子称盎忠不足而谈有余，斯言当矣。善哉！贾生之说，喻堂陛之峻，高者难攀，卑者易凌。文帝感悟，养臣下有节，有以见贤人用心，致君精识。若爰公者，难与并为仁矣！盎惟有正慎夫人席，塞梁王求嗣，此二事守正不挠，忠于所奉，害错之罪虐，贯于神明，安陵之祸，知天道不昧矣。(《李卫公会昌一品集·外集卷一·爰盎以周勃为功臣论》)

程馀庆：责得严冷。(《历代名家评注史记集说·吕太后本纪第九》)

⑪【汇校】

王叔岷：按：《汉纪六》《长短经·是非篇》争并作诤，争、诤古今字。(《史记斠证》卷九)

【汇注】

陆唐老：争，侧送反。(《陆状元增节音注精议资治通鉴》卷二八)

胡三省：谓当朝廷而谏诤。(见《资治通鉴》卷一三"高后元年"注)

⑫【汇注】

王叔岷：按：夫犹如也，亦犹则也。《淮阴侯列传》："夫以交友言之，则不如张耳之与成安君者也。"夫亦与如同义。此文之"亦不如"，犹彼文之"则不如"也。(《史记斠证》卷九)

【汇评】

李　贽：有王陵之言，平、勃方得为此言。非圣人不可议此。(《史纲评要》卷五《汉纪·高皇后元年》)

邹　泉：吕氏欲王诸吕，而陵引高帝白马之盟以对，足以折其奸心矣。而平、勃乃从而定其邪志，遂其凶谋，盖畏死贪生，不知徇义，而猥曰用权以济事于后，非忠于谋国者也。迹其闲居深念，与劫郦寄入北军等事，亦窘迫侥倖甚矣。假令郦寄不可劫，北军不可入，吕媭之谋行，不亦殆乎？故人臣之义，当以王陵为正旨哉！南轩氏之言夫！（《尚论编》卷六）

又：昔人论周勃处事，煞有周章处，如既入北军，复问左右袒；迎文帝至渭桥，却欲入私谒，皆非召之不来，麾之不去，举动安刘事，特幸成耳。然司马迁、班固咸重其人，至褒之为汉伊周，则以高帝"安刘氏必勃"之言中也。其举动若彼者，夫亦椎朴使之哉！（同上）

范　槚：平勃交欢，于汉事最为得策，陆贾于此有大功焉。夫陈平以计智揣摩，其于利害之机，见之甚悉，至为身家之图，宁肯舍利而趋害哉？高帝论相，谓平难独任，固以察其心术之微矣。方帝末年，权归吕氏，陈平生致樊哙，以结其欢，虽违帝之命，弗顾也；诒王诸吕以中其欲，虽违汉之约，弗恤也。及独秉相权，诸凡所为，惟吕氏是听，少帝之立，二王之封，终侯就第，诸吕握兵，谓平不与谋不可也。迹其处心，岂汉之纯臣哉？迨夫太后既老，时事稍迁，将欲为吕乎，则太后如冰山不可倚，而禄、产辈皆庸碌，不足与图大计。且齐王灌婴，兵联于外，恐一旦内逼，而并及于难。将欲为刘乎，则上畏太后，且业已同之，而猜嫌之隙已积于汉廷之诸臣，恐归汉而汉人不信，故利害交战于胸中，而从违不能以自决，燕居深念，忧莫过于此者。陆贾灼见其隐，虑其一旦失图，委心吕氏以侥倖于目前，则木强之勃，孰与多智之平？吾恐吕禄不可绐，太尉不得入北军矣，汉事未可知也。故乘其忧疑之介，而用说以行吾忠惕之重忧，以发其隐，示之将权，以决其趋劝之交欢，以固其志，俾将相两无猜嫌，人心有所倚重，然后郦寄得以用其谖，朱虚得以奋其勇。人知安刘之功成于左袒之令，而不知交欢之谋，固汉鼎所由定也。若概以口舌之士目贾，岂足以知贾哉！（《洗心居雅言集》卷上《平勃交欢》）

戴　璟：高帝谓安刘必勃，厥后果能成左袒之功，帝可谓付托得人矣。以愚观之，勃乃至无能之人，特幸成焉耳。借使郦寄不可劫，产、禄不可绐，则刘其吕矣，而岂能成功乎？考《史记》勃以中涓从攻胡陵，下苋，取攻虞，破阿下，袭临济，击王离，绝河津，破臧荼，屠马邑，定雁门，诛燕绾，其于攻城略地之功，亦彰彰也。然天下岂可以马上治之哉？夫帝不曰安天下而曰安刘氏，此殆有激于吕氏之变，而豫为付托之计乎？何也？观帝以樊哙党氏，命陈平诛之，以周昌刚直，能制吕氏，使为赵王傅，然则帝也猜忌外家之意火炽于中久矣！愚以为若帝能奋乾纲之断，挺冯河之勇，使母后不专权，戚属不与政，播之敕令，职之大臣，则虽天下亦可安也，而岂但安刘氏乎？奈何夷韩信者吕后也，杀彭越者吕后也，朝廷威福之权柄多出宫闱，而人主莫之禁。

《书》曰："牝鸡司晨，惟家之索。"《诗》曰："妇有长舌，惟厉之阶。"其吕氏之谓矣，虽高帝亦奈之何哉！呜呼！与其付托得人，以为戡乱之计，不若先事有备，以为防微之策也。而太史谓勃虽伊周无以加，不亦诬乎！（《新编汉唐通鉴品藻》卷之四《安刘必勃》）

夏之蓉：宰相理阴阳之对，故属强词，吕后欲王诸吕，王陵固争，平独阿太后意，且云"全社稷、安刘氏之功，君不如臣"，则支饰更甚矣。夫平既知吕必危刘而故不谏，及诸吕相继为侯王，南北二军，环布左右，刘氏一脉，危如累卵，计此时已汹汹八年矣。倘不幸如高后所诫，据兵卫宫，将印不归，郦寄之绐说不行，襄平之符节未纳，二军合谋先发而劫廷臣，恐平一身且不自保，何有于安刘哉！且其言曰："高帝定天下，王子弟；今太后称制，王昆弟，无所不可。"此与田舍翁多收十斛麦之对同，其罪殆不容于诛也。（《读史提要录》卷一《西汉》）

韩兆琦："君亦不如臣"，按：此话恐是陈平等后来编造的自我粉饰之辞。史珥曰："曲逆尔时人品去长乐老（冯道）不远。"茅坤曰："使平、勃有徇国之忠，岂得动？"凌稚隆曰："周勃、陈平不以此时极谏，而顾阿意曲从，乃致酿成其祸，他日虽有安刘之功，仅足以赎今之罪耳。故曰人臣之义，当以王陵为正。"（《史记笺证·吕太后本纪》）

⑬【汇评】

程　颢：王陵廷争，不从则去其位。平自意复谏者，未必不激吕氏之怒，故承顺诸吕而不谏，直是畏死耳。盖汉之君臣，其时未有实为社稷者。平后令周勃先入北军，亦不是推功让能，只是占便宜，令勃先试难也。其谋甚拙，其后成功，亦幸耳。如大臣之义，当以王陵为正。（引自《袁王纲鉴合编》卷六《高后》）

张　栻：人臣之义，当以王陵为正。夫以吕氏之凶暴，欲王诸吕，其谁扼之？独问此三人者，盖亦有所惮也。非特惮此三人，盖实惮高帝之余威流泽之在天下也。陵引高帝白马之盟以对，其言明切，固足以折其奸心，如砥柱之遏横流也。使二子者对复如陵，吾知吕氏将悚焉，若高帝临之在上，且惧天下之变，或缩而不敢，未可知也。彼二子者，乃唯然从之，反有以安其邪志而遂其凶谋，既分王诸吕，而吕氏羽翼成就，气焰增长，然则吕氏之欲篡汉，二子实助之。予谓二子方对吕氏时，其心特畏死耳，未有安汉之谋也。退而闻王陵之责，顾高帝之眷，思天下后世之议，于是而不遑，则有卒安社稷之言耳。虽然，使二子未及施计，先吕氏而死，则是乃畔汉辅吕，不忠之臣，尚何道哉？抑二子安刘氏之计亦疏矣，不遏之于爪牙未就之初，而救之于搏击磔裂之后，观其闲居深念，与劫郦寄入北军等事，亦可谓窘迫侥倖之甚，夫岂全谋哉？郦寄不可劫，北军不可入，吕嬃之谋行，则亦殆矣。忠于人国者，顾如是哉！人臣之立朝，徇义而已，利害所不当顾也。功业之成，不必蕲出于吾身也。义理苟存，则国家可存矣。借使王陵以正对，平、勃又以正对，吕氏一日而尸三子于朝，三子虽死，而大义固已立，皎然如白日，轰然如震霆，天下之义士，将不旋踵四面并起而亡吕氏矣，安刘氏者岂独二子为能哉？使人臣当变故之际，畏死贪生，不知徇义，而曰吾欲用权以济事于后，此则国家何所赖焉？乱臣贼子所以接踵于后世也！其弊至于如荀彧、冯道之徒，而论者犹或贤之，岂不哀哉！夫所贵乎权者，谓其委曲以行其正也，若狄仁杰是已。其始终之论，皆以母子天性为言，拳拳然日以复庐陵王为事，然其所以纡余曲折而卒成其志者，则用功深矣。潜受五龙，夹日而飞，仁杰岂必功业于其身者哉！人臣之义，当以王陵为正；济大事者，当以狄仁杰为法。（《张南轩先生文集》卷十六《史论》）

胡　寅：自已然论之，王陵不如平、勃固也，使太后未崩，而平、勃先死，则如此言何？且平、勃何以知己之死在太后之后，而全社稷、安刘氏之功可必也，故愚亦谓其侥倖而已矣。太后有议，陵不可，平又不可，勃又不可，将相大臣皆不可，太后亦安能独行其意乎？平、勃既许之，犹且数月，再遣谒者张释之风谕大臣，乃后王诸吕，则知向者平、勃阿意，其罪甚大，而起太后心为多矣。自是而后，权归吕氏，地震山崩，桃李冬华，星辰昼见，伊、洛、汀、汉水溢流万数千家，日食昼晦，人谋弗臧，感动天地，阴盛阳微，汉祚几移，他日平、勃安刘之功，仅足以赎王诸吕之罪耳。先贤论之云：人臣之义，当以王陵为正，至哉言乎！（《读史官见》卷一）

又：《汉书》云：陵怒，谢病免。（同上）

袁　黄：程子谓王陵之争不听，陈平之谏无益。故不谏，此未深考也。按：《汉书·刘泽传》齐人田生为泽画策，说吕后所幸张卿风大臣请立吕产为吕王，因说泽于诸刘最长，请立为琅琊王，是后本欲私外家，特重发之，而刘泽欲王，田生利赙，张卿怙宠，平、勃等又咸欲固位，相与参合先后意而逢迎之，特重难王陵耳。其今后廷问陵，才发非刘氏弗王一语。即转问平、勃。二人同声傅会，遂逆折陵气而关之口，皆平策也。则王诸吕，平实成之，望其谏耶！不特此也，方惠帝崩，太后哭泣不下，平纳辟彊计，请拜吕台、吕产将南北军。夫王犹虚名，而将之为寄，特重耳。平犹希太后风旨，亟为之请，又何有于王？则当廷问王诸吕时，又何以冀平之谏也？程子以谏望平，过矣！（《袁王纲鉴合编》卷六《高后》）

于慎行：诸吕之王也，世多右王陵而少平、勃，此耳食也。平、勃为高帝元勋，才略冠世，何至模棱阿顺，不顾是非如此，盖亦筹之熟矣！诸吕之王，不以平、勃之言而成，亦必不以王陵之言而止。使三人接踵而谏者，俱死耳。三人无恙，诸吕既王，可图也。何也？当是时，太后春秋高矣，一旦捐宾客，则禄、产诸人一市竖耳，此平、勃之意也。或曰：有如太后延年，二君先朝露，则天下事不可知，二君负白马之盟，何以见高帝于地下？嗟嗟，胡不以武氏时事观之，武后在御，庐陵虽还，位号未正，狄公非能亲讨二张，而五王之勋皆狄公所遗也。世皆知狄公之功，而不知其用平、勃之智。使平、勃不亡，则为五王者有人；使狄公尚存，则取二张者有策，其道一也。平、勃之故智何如？曰：灌婴以大将军将数十万众，屯汉东门，与齐合从，吕后未死，而诸吕已为几上肉矣。狄公之树五王，用此策也。(《读史漫录》卷三)

戴　璟：陈平听陆生之言，与太尉勃交欢，是乎？曰将相不和，固非国家之福，然同心谋虑是也，而进币报施则非矣。故先儒谓一时之计，非所以为训也。就其相结而论之，则尤可议者，何也？与其相结而救之于终，曷若相结而制之于始乎？又曷相结而正之于中乎？所谓制之于始者，平以南北之权委禄、产，此嬴豕踯躅之渐也。《史》谓吕氏权由此起，盖不满于平者多矣。所谓正之于中者，吕后欲封诸吕为王，此国家大利害所关涉也，平、勃曷不相结以白马之盟，连章抗对，交口力谏，反助成之，曰"太后称制，王诸吕，无所不可"，此与后世许敬宗所谓"此陛下家事，何必问外人"殆同一奸邪也，岂所以望于平、勃乎？夫其始也，不惟不能制之，而且有以启其端。其中也，不惟不能正之，而且有以助其势，则欺君误国之罪昭昭矣。使二人即时而死，天下后世将谓何如人乎？逮其后也，自知吕氏不可易制，而相结以备之，甚至外以结齐王，内以结刘章，于是左袒一呼，军士响应，然亦幸成焉耳。吾闻之，同室有斗而披发缨冠以解之，孰若使之不至斗为尤善；邻舍失火而焦头烂额以救之，孰若使之不失火为尤高。然则平、勃安刘之功，安足赎逢君之罪哉？(《新编汉唐通鉴品藻》卷之四《平勃相结》)

又：观人者当观其大节，而知谋不与焉。王陵、陈平、周勃皆汉名臣也，胡氏谓已然之迹论之，王陵不如平、勃，则其意以王诸吕之谏，陵之微长耳。以愚言之，论其已然之迹，王陵优于平、勃多矣，岂但王诸吕之谏哉！人皆曰陈平出奇计，周勃成左袒，王陵殆不如也，呜呼！以王陵谏王诸吕之事观之，意陵平日之为人，必刚直而不阿私，中正而不委靡，才不足而德有余，有古大臣风节也。故高帝亦曰陵少戆。且王诸吕之谏不行，则谢病而归，杜门竟不朝请，进退之节，亦可尚也。平之出奇计，乃苏、张之风勃之著军功出韩、彭之下，而又何足取焉？要之，平、勃特斗筲之才，于王陵大有不如者矣！吾尝谓王陵其汉之褚遂良，平、勃其汉之李世勣欤！(《新编汉唐通鉴品藻》卷之四《王陵不如平勃》)

龙启瑞：吕后初临朝，平、勃与高帝诸臣，并列将相之位。方其欲王诸吕，先问王陵。陵不从，复问平、勃。夫亦自知不义，而惧为大臣之折也。假令平、勃附王陵之正，坚执高帝之约，吕氏安能重违大臣而恣行己意？且其时兵权尚不归吕氏，吕后欲假产、禄以王，实欲假以兵权之渐也。杜乱源者必自渐始，则莫如先使之勿王；产、禄不王，兵权不归吕氏，平、勃可安坐而弭其衅，何吕氏之能为？(《经德堂文集·陈平周勃论》)

郭嵩焘：按：是时吕后决意王诸吕，非王陵、平、勃所能争也；争则相与俱罢，而吕氏之祸益烈，无有能制其后者矣。诸吕之王无当汉氏之安危，而只益吕氏之祸，平、勃之不争，固自有见，非王陵所能及也。(《史记札记·吕后本纪》)

韩兆琦：按：郭氏所云（编者按：上文郭嵩焘所评），自是另一种做人原则，既可保永久富贵，日后倘投机成功，又可炫耀其先见之明。(《史记笺证·吕太后本纪》)

⑭【汇评】

牛运震："十一月……"云云，至"公卿皆因而决事"，按：上正叙议王诸吕，此处忽作歇顿，乃叙易置丞相。盖丞相不易，则诸吕不可得王，事情次序固尔，而叙次错综间隔之妙亦因之。(《史记评注·吕后本纪》)

⑮【汇注】

裴　骃：应劭曰："古官，傅者，覆也。"瓒曰："《大戴礼》云'傅之德义'。"(《史记集解·吕太后本纪》)

龚浩康：太傅，官名。职掌辅导君主施行政教。本为周初"三公"（太师、太傅、太保）之一，位极尊贵。汉代相沿，但大多有职无权。吕后拜王陵为太傅，名曰提升，实则夺其相权。(见王利器主编《史记注译》卷九《吕太后本纪》)

⑯【汇注】

王叔岷：按："之"犹"其"也。(《史记斠证》卷九)

⑰【汇校】

[日]**泷川资言**：枫山，三条本"病"上有"称"字。(《史记会注考证》卷九)

王叔岷：按：《汉书》《汉纪》"病"上并有"谢"字。"谢病"犹"告病"(《张耳陈余列传》"有厮养卒谢其舍中曰"，《集解》引晋灼云"以辞相告曰谢也")，与"称病"义近。(《史记斠证》卷九)

【汇评】

陈耆卿：诛诸吕事，是王陵者非平、勃；是平、勃者复非王陵，要皆一偏之见。大凡人才固要相济，高帝遗命必欲以平助陵，而又以平制勃，则平、勃之不可无陵，犹陵之不可无平、勃也。夫明大义当有正论，定大难当有沉几。诸吕之王，高后未敢专决，而以问三子，其心犹有所忌也。使三子者括囊阴拱，无一语略攻其非，则是吕后忌三子，而三子乃以无可忌示之，一决藩篱，封王者岂特四人而已！故陵奋不顾身以争之，高皇帝之神灵皦如天日，而吕后则窃者之夜行尔。陵死不恨，夺之相何足道哉！然陵之术可用于陵，而不可尽用于平、勃。夫樊哙之憾，吕婴之潜，吕氏磨牙于平、勃久矣，特未有以发尔，若又效王陵之争，则以旧郤杂新忿，宁免于诛？纵不显于此事诛，岂不能旁摭他故以诛之邪！夫二子诛，不辞也，为汉惜也；或谓举事，计是非不计成败，使王陵以死争，平、勃复以死争，吕氏一日尸三子于朝。三子虽死，而大义固已立，天下之义士将四面并起而亡吕氏矣。不知夫能死非难，处死实难，三子非不能死也，顾其时未可尔。盖君子之死，有以有益于国而死。有以智力已竭无可奈何而死，诸吕虽王，犹有可图，汉氏虽危，犹有可续，未画一计，未施一术，而俯首以死，是适以激变稔祸尔，安在其为能死哉？借使吕后未诛三子而姑夺之权，今日陵谢病免，明日平谢病免，又明日勃谢病免。一人去位，则以吕氏一人居之，回环四顾，尽在掌握，汉之事去矣。且陵争诸吕之后，退处十年，自杜门不朝请之外，有何巧哉！若二子效之，又可知矣。然则王陵未可非，而平、勃亦未为不是也。(《筼窗集》卷二《陈平周勃王陵论》)

陈廷敬： 王陵，贤人也。吕后欲王诸吕，问陵，陵曰："高皇帝刑白马而盟，非刘氏而王，天下共击之。"太后不说。问陈平、周勃，皆曰："王吕氏，无所不可。"太后喜。此王陵所以为贤者也。吕后迁陵为帝太傅，夺之相权，陵谢病免，杜门自绝，陵大节如此。陵既免，吕后徙平为右丞相，审食其为左丞相。食其幸于吕后，其人不足比数。若平，其奸人之尤者哉！平为丞相，吕媭以平前为高帝谋执樊哙，逸平不治事，日饮醇酒，戏妇人。平闻，日益甚。吕后闻之，私喜，面质吕媭于平前曰："儿妇人口不可用，顾君与我何如耳！无畏吕媭之谮。"盖吕后幸审食其，平以戏妇人，同其恶，故吕后私喜之。此平所以为奸人之尤者也。平以奇计称而秘不传，度平为人，必无甚奇计。当时人犹朴质，故平得以肆其欺诞鄙俚之术。术甚陋，亦戏妇人等比耳。史载平事《王陵传》中，以见陵之忠直如彼，而平之谲诡如此。陵坐谏王吕氏废，而平以此愈显，此史家深意，正所以愧平而见陵之贤也。故又载平之言曰："我多阴谋，道家所禁，吾世即废，亦已矣，终不能复起，以吾多阴祸也。"然则史家之意可见矣。(《午亭文编》卷三三《王陵》)

王懋竑： 王陵以争王诸吕，高后迁之为帝太傅，实夺之相权。陵怒，谢病免，杜门竟不朝请，七年卒，其卒当在高后之七年也。人臣之义，以王陵为正；而言不用，即以病归，不复出，亦得大臣之节。(《白田杂著》卷五)

⑱【汇注】

司马贞： 辟阳，按：韦昭云，信都之县名。(《史记索隐·吕太后本纪》)

胡三省： 此时尚右，故陈平自左丞相迁右丞相。(见《资治通鉴》卷一三"高后元年"注)

王世贞： 高帝崩，曲逆侯畏吕媭之谗也，舍军而驰，至宫，哭甚哀，因奏事丧前。太后哀之，曰："君劳，出休矣！"曲逆侯固请，得宿卫。太后乃以为郎中令，曰："傅教帝。"居久之。曲逆侯为人长白姣丽，时时与辟阳侯审食其并宿卫，其美踰辟阳侯，即辟阳侯亦自以弗如也，太后亦数目属之，劳備餐備，上尊相继。曲逆侯心恐，乃使其舍人谒辟阳侯曰："陈侯敬使使谒君侯，敢布腹心。陈侯虽幸早贵，然外臣也，岂敢以僭君侯，惟是长信之，目属焉，惧一旦之失身，以为君侯忧。帝长矣，无所事傅侯，请得辞宿卫，为外臣。"辟阳侯心然之耳，又多之也，曰："是能让。"乃请间于太后曰："曲逆侯何如臣也？"太后曰："是忠臣也，先帝信之而托肺腑。今其傅人主也，十日而不洗沐，早起宴罢，若忘其有家者。"辟阳侯起，避席曰："曲逆侯之为忠臣，天下莫不闻。然其美丽也，少而有佚行于嫂，天下亦莫不闻。今臣幸而得侍宿卫，以貌寝故无忾者。以曲逆侯之万一而波及臣也，臣何所逃死！"太后不怿，曰："若貌曲逆侯耳，吾何有也为出之。虽然，不可以不重。"乃拜安国侯右丞相，而曲逆侯为左丞相。（《史记短长说》卷下）

[日] 泷川资言：自左丞相迁右丞相，可见汉时尚右。赵翼曰：尚左、尚右，诸家之说纷纷。《老子》云"君子居则贵左，用兵则贵右"，又云"凶事尚右"。按：凶事、兵事之尚右，固有明证。《檀弓》："孔子拱而尚右，二三子皆尚右。孔子曰：'我则有姊之丧故也。'"此凶事之尚右也。《左传》："楚庄王乘左广以逐晋师，见右广，将从之乘，屈荡止之曰：'君以此始，亦以此终。'"自是楚之乘广尚左，则以偶王乘左广得胜，遂改从尚左，可见平时用兵亦已尚右也。此戎事尚右之证也。戎事、凶事既尚右，则非戎事、凶事自当尚左。《诗》《书》所载，凡言左与右，必曰左右，不曰右左，则左先于右可知。《觐礼》"诸侯朝于天子，同姓西面北上，异姓东面北上"，若论异姓为后之义，则朝仪固尚左。《檀弓》二三子因孔子有姊丧之言，遂改而尚左，则平时本亦尚左，此明证也。惟《乡饮酒礼》，主人就东阶，客就西阶，所谓宾西北，取天地尊严之气，主东南，取产悔以养人，此则别有取义，而后人习见夫宾位居右，以为尊敬，遂凡事皆尚右。《左传》：晋士蒍曰"分土而封之，是左之也"。王叔与伯舆争政，王右伯舆。《国策》：赵王以蔺相如为上卿，位在廉颇右。颇曰："相如徒以口舌位在我上，我必杀之。"苏代谓魏王曰："公孙衍将右韩而左魏，田文将右齐而左魏。"《说苑·君道篇》：郭隗曰："君将东面以求臣，则厮役之材至；西面以求臣，则朋友之材至。"此皆战国尚右之明证也。（信陵君从东骑，虚左，自迎侯生，则车中之制，与他处不同。《礼记》"乘君之乘车，不敢旷左"，注谓"车上御者在右，所以便作事，而君则在左，故乘车尊左也"。）《史记》鸿门之宴，项王东向坐，韩信得广武君，东向而师事之。则秦时亦尚右。汉承秦制，亦以右为尊。《史记》陈平愿以右丞相让周勃，帝乃以勃为右丞相，位次第一，平为左丞相，位次第二。武安侯召客，自坐东向，以为汉相尊当然。灌夫遇有势在己之右者必陵之，在己之左者则敬之。《汉书》黄霸初以入谷为吏冯翊，以其入财得官，不署右职。颜师古曰："右职，高职也。其有得罪下迁者，则曰左迁。"《史记》韩王信谓汉王曰："项王王诸将善地，而王独远居，是左迁也。"《汉书》高祖欲以周昌为赵相，昌不肯。高祖曰："吾极知其左迁。"又，《诸侯王表·序》云："武帝有衡山、淮南之谋，乃作左官之令。"服虔曰："侍于侯国者曰

左官,以不得仕王朝也。"是两汉尊右卑左,久为定制,至汉以后改从尚左,则不知始于何时。愚按:左右尊卑之说,又见吴仁杰《两汉刊误补遗》、王鸣盛《十七史商榷》、全祖望《经史问答》。(《史记会注考证》卷九)

龚浩康:审食其(yìjī),刘邦同乡。因长期侍奉吕后,深受宠信,汉初被封为辟阳侯。文帝时为淮南厉王刘长击杀。(见王利器主编《史记注译》卷九《吕太后本纪》)

【汇评】

唐顺之:审食其淫污吕后之事,史无明言,传者纷纷,以为无耶,何古今人士无有辨其非者?以为有耶,何在廷诸臣无有置诸喙者?千古而下,令人愤闷。解曰:好人而过者,多侈其美而增之;恶人之甚者,亦多侈其丑而张之。吕后所为,令人切齿,故以莫须有之事喜谈而乐道,谁复为之辨其真伪哉?以予观之,恐不然也。帷薄不修,恒人犹耻之,况英明如汉高,而肯容此鹑鹊乎?吕氏方欲自强以固宠,岂肯身蹈不韪,自甘淫媟乎?朝臣如萧、曹、良、平等,知无不言,何无一语相隐讽欤?矧樊哙刚直,于汉高恋秦宫美女则谏,于枕一宦者则谏,何独容忍一辟阳侯而无一言欤?且惠帝已长,以人彘事为非人所为,而肯任其母为此非人之事耶?即淮南王椎杀食其时,亦止为不救其母之死,未尝以淫乱为辞,何所指而必谓其为蒸淫也?或曰:以吕后之惨而子为之辨,非党恶与?曰:非也,特不欲启天下后世之渐也。(《两汉解疑》上《审食其》)

吴崇节:程子曰:人臣之义,以王陵为正。按:陈平直是畏死耳,故写大言以御陵,使果有全社稷之先谋,奚待借计于陆贾哉?观其燕居深念之时,此心已岌岌矣,惟恐前言之不副矣,而卒以交欢成功者,幸也,非万全之算也。(《古史要评》卷之一《人臣以王陵为正》)

⑲【汇注】

胡三省:言食其不董丞相职事,常监宫中,若郎中令。(见《资治通鉴》卷一三"高后元年"注)

龚浩康:郎中令,官名。皇帝的高级侍从官,负责守卫宫门及管理内廷事务,为"九卿"之一。(见王利器主编《史记注译》卷九《吕太后本纪》)

张大可:九卿之一,掌护卫皇宫,统属诸郎。(《史记全本新注·吕太后本纪第九》)

⑳【汇注】

[日]**泷川资言**:审食其尝从吕后在项羽军中,与同患难。(《史记会注考证》卷九)

【汇评】

朱权:高后姓吕名雉,单父人。高帝崩,临朝称制,背高帝之约,欲王诸吕,当时面折廷争，仅见王陵一人而已。王陵既不可，陈平不可，周勃不可，将相大臣皆不可，太后安能独行其意乎？后平、勃乃阿附而从之，反安其邪志而遂其凶谋。自后虿虐戚姬，鸩死如意，骇没嗣君，幽废少主，擅王吕氏，诛锄高皇帝诸子，居位僭窃，自有天地以来，所谓非常之变也。汉祚之危，如一发之引千钧。吕氏既王，地震山崩，桃李冬华，水溢日食，皆阴盛之应也。临朝八年崩。其太尉周勃、朱虚侯刘章入北军，捕诸吕斩之。厥后建武二年，赤眉入长安，发其冢，贼污辱其尸，岂非天之报欤？（《通鉴博论》卷一）

程馀庆：王诸吕中间，详写王陵正谏，王陵让平、勃，易置丞相，见丞相不易。则诸吕不可得王也。（《历代名家评注史记集说·吕太后本纪第九》）

㉑【汇评】

牛运震：按：此数段委曲层折，写得吕后心事如见，如《项羽纪》写羽"欲自立为王，先王诸侯将相"一段笔法。（《史记评注·吕后本纪》）

四月，太后欲侯诸吕①，乃先封高祖之功臣郎中令无择为博城侯②。鲁元公主薨，赐谥为鲁元太后③。子偃为鲁王。鲁王父，宣平侯张敖也④。封齐悼惠王子章为朱虚侯⑤，以吕禄女妻之。齐丞相寿为平定侯⑥。少府延为梧侯⑦。乃封吕种为沛侯⑧，吕平为扶柳侯⑨，张买为南宫侯⑩。

①【汇评】

牛运震：此数段中曰"欲侯诸吕""欲王吕氏"，曰"乃先封""先立"，曰"乃封"，亦在用数虚字揣写人情。（《史记评注·吕后本纪》）

程馀庆：欲王之，先侯之；欲侯之，先封高祖功臣。迤逦而进。（《历代名家评注史记集说·吕太后本纪第九》）

②【汇注】

裴　骃：徐广曰："姓冯。"（《史记集解·吕太后本纪》）

张守节：《括地志》云："兖州博城，本汉博城县城。"（编者按：点校本《史记》修订本："本汉博城县城"，上"城"字疑衍。按：唐博城县，本汉之博县。参见《元和志》卷一《河南道六·兖州乾封县》。《汉书》卷二八上《地理志上》，《后汉书·志第二十一·郡国志三》，博县皆属泰山郡。）（《史记正义·吕太后本纪》）

张　照：《正义》：《括地志》云："兖州博城，本汉博城县城。"二"城"字皆误。宜云：本汉博县，汉博县属泰山郡。（《史记考证·吕后本纪》）

　　王　恢：高帝论功定封，宽而能制；吕氏阿私，封爵浮滥。《惠景间侯者年表》，吕后侯者三十一人（失数胡陵）；又《高功表》二年封萧何夫人同为酂侯，少子延为筑阳侯；《本纪》四年封女弟媭为临光侯；刘信母不知何年封阴安侯，见《文纪》：实凡三十六人。今除王子、外戚十四人各附于其国外，其他二十二人，元二年侯者八人作为"先封"，四年以后封十四人人于"族党"。（《史记本纪地理图考·吕太后本纪》）

　　又：冯无择，以吕后兄泽郎中，从起丰，攻雍，击羽，奉泽出荥阳，侯。八年，子代坐吕氏事诛。博，春秋齐博邑，亦称博阳，田安为济北之都也。《田儋传》"田横走博阳"，《灌婴传》云"嬴、博"，《汉书》田横"走博"。是博即博阳也。武帝封齐王子就为博阳侯。而此《史》《汉·表》并作博成。后魏改名博平，隋初改汶阳，寻复名博城。故《括地志》云"兖州博城"，而曰"本汉博城县"则非。博之连城，盖时习称，如吕称吕城，宛称宛城。故城今山东泰安县东南旧县镇，宋移治岱岳镇，此城遂废。（同上）

　　龚浩康：即冯无择。他跟随刘邦起兵，力战有功，特别在荥阳之役中，曾保护吕后长兄吕泽杀出重围。后因诸吕事件牵连被杀。（见王利器主编《史记注译》卷九《吕太后本纪》）

　　【汇评】

　　王　恢：吕后欲侯诸吕，乃先封高帝功臣亲戚以示恩，实则冯无择辈吕氏私党。欲王诸吕，又先王惠帝后宫子强、不疑，并立外孙张偃为鲁王以厚其势；复风大臣请立郦侯吕台为吕王，割齐之济南郡为吕国。台死，子嘉，子产嗣。产徙王梁，梁改名吕；吕禄王赵，吕通王燕：吕氏三王，半天下矣。（《史记本纪地理图考·吕太后本纪》）

③【汇校】

　　郭嵩焘：《志疑》云："'鲁元公主薨'以下二十六字，当在'张买为南宫侯'句下，盖偃与孝惠子同王也。'封齐悼惠王'以下十七字，当在'二年，吕王嘉代立为王'句下，盖吕嘉以二年十一月嗣，章以五月封也。"按：如梁说，则章封在五月，常山王义封在七月，吕王嘉嗣在十一月，是"封齐悼惠王子"十七字当在"常山王薨"上，不当更出"吕王嘉"下也。（《史记札记·吕后本纪》）

　　【汇注】

　　崔　适：少帝元年，鲁元公主薨，赐谥为鲁元太后，子偃为鲁王。按：偃以母为太后之故而为王，太后以子王鲁之故而元太后得系之鲁。偃王鲁在元太后薨后七年，此于薨年即云赐谥为鲁元太后者，终言之，非谥元太后时即系之鲁也。（《史记探源·

吕太后本纪第九》)

韩兆琦：其实可能是先封张偃为鲁王，而后赐其母谥为"鲁元太后"。泷川引中井曰："既号'鲁元太后'，是为'鲁王'之母也，故封其子为鲁王，使谥号相称也。"按：中井依史文顺序以为先封其母，而后乃及其子，似不合封建程序。按：鲁元公主墓在今咸阳市渭城区之白庙南村，是汉惠帝安陵的陪葬墓之一⋯⋯张敖墓在今咸阳市渭城区之白庙南村，与其妻刘邦女鲁元公主同茔异穴⋯⋯是汉惠帝的陪葬墓之一。（《史记笺证·吕太后本纪》）

④【汇注】

[日]**泷川资言**：中井积德曰：既号鲁元公主，是为鲁王之母也，故封其子为王，使谥号相称也，是虽一时之事，而母主子客，其先时称王太后者，是假号，未有国也。（《史记会注考证》卷九）

龚浩康：张敖，汉初赵王张耳之子，鲁元公主之夫。原袭父爵为赵王，后因其臣下贯高等企图刺杀高祖而降为宣平侯。（见王利器主编《史记注译》卷九《吕太后本纪》）

⑤【汇注】

司马贞：虚音墟。琅琊县也。（《史记索隐·吕太后本纪》）

张守节：《括地志》云："朱虚故城在青州临朐县东六十里，汉朱虚也。《十三州志》云丹朱游故虚，故云朱虚也。"虚犹丘也，朱犹丹也。（《史记正义·吕太后本纪》）

张大可：刘章，齐王刘肥次子，刘襄之弟。（《史记全本新注·吕太后本纪第九》）

【汇评】

张　宁：高帝明于虑后，而不知削产、禄；吕后巧于植党，而不能去刘章。人之知识固有偏驳，然气数之来，亦恐非智力所能办也。（《方洲集》卷二八《读史录·高皇后二年》）

程馀庆：章有才武，故厚结之。伏。（《历代名家评注史记集说·吕太后本纪第九》）

⑥【汇校】

梁玉绳：按：齐寿，《史》《汉》表皆作"受"，疑以音同而误，犹张敖子乐昌侯寿，《史》《汉》表亦作"受"，《王子表》有榆邱侯刘寿福，《汉》表又作"受福"也。（《史记志疑》卷七）

【汇注】

裴　骃：徐广曰："姓齐。"（《史记集解·吕太后本纪》）

王骏图、王骏观：此乃齐之丞相，非姓齐也。因封齐悼惠王子章而并及之。⋯⋯

《将相表》，除诸侯丞相为相下，以寿为齐国丞相言，可见非姓齐也。（《史记旧注平义·吕太后本纪》）

陈　直：齐寿，《史记》《汉书·侯表》皆作齐受，西汉时受、寿二字通用，平帝元寿年号，瓦片又作元受是也。（见《关中秦汉陶录》卷二）（《史记新证·吕后本纪》）

龚浩康：寿，即齐寿。曾任齐王刘肥的丞相。（见王利器主编《史记注译》卷九《吕太后本纪》）

王　恢：齐受，以卒从起留，以家车吏入汉，以骁骑都尉击项羽，得楼烦将，用齐丞相侯。武帝元鼎四年（前113），玄孙昌有罪，免。

平定，《汉志》西河郡有平定县，在今陕西榆林县境，而其时为楼烦、白羊王所据，元朔二年（前127）始收复，四年置西河郡，当非是。《志疑》引赵氏《汉表举正》，据齐受玄孙安德为安平大夫，疑平定是涿郡安平之误。按：《汉志》安平有五，涿郡、豫章并有安平，菑川有东安平，辽东有西安平，辽西有新安平。受为齐相，如为安平，要当以菑川为近是。（《史记本纪地理图考·吕太后本纪》）

⑦【汇注】

裴　骃：徐广曰："姓阳城也。延以军匠起，作宫筑城也。"（《史记集解·吕太后本纪》）

陈　直：少府盖为将作少府之省文。延为阳成延。《十六金符斋印存·续百家姓谱》，十一页，有"阳成房"印，《汉书·王莽传》云："郎阳成修献符命。"足证汉代有此姓。（《史记新证·吕后本纪》）

龚浩康：少府，官名。九卿之一。掌管山海池泽的赋税和宫廷手工作品制造等事务，相当于皇家的财经总管。（见王利器主编《史记注译》卷九《吕太后本纪》）

王　恢：阳城延，元年四月乙酉（二十二日。下同，从略），以军匠从起郏，入汉，为少府，作长乐宫、未央宫，筑长城先就，侯（此应是汉代大建筑家）。武帝元狩五年（前188），曾孙戎奴坐使人杀季父，弃市。

梧，《汉志》楚国县，今地不详。（《史记本纪地理图考·吕太后本纪》）

⑧【汇注】

裴　骃：徐广曰："释之之子也。"（《史记集解·吕太后本纪》）

张守节：《括地志》云："徐州沛县古城也。"（《史记正义·吕太后本纪》）

钱　穆：案：故城今沛县东。《庄子》：孔子南之沛，见老聃。"（《史记地名考》卷十四）

龚浩康：吕种，吕后次兄建成侯吕释之之子。（见王利器主编《史记注译》卷九《吕太后本纪》）

⑨ 【汇注】

裴　骃：徐广曰："吕后姊子也。母字长姁。"(《史记集解·吕太后本纪》)

张守节：《括地志》云："扶柳故城在冀州信都县西三十里，汉扶柳县也。有泽，泽中多柳，故曰扶柳。"(《史记正义·吕太后本纪》)

[日] 泷川资言：徐广注依《惠景间侯年表》。中井积德曰：吕平，吕后姊子，则不当姓吕，是恐有谬。(《史记会注考证》卷九)

王　恢：吕平，元年四月庚寅，以吕后姊长姁子侯。八年，反，诛。

扶柳，《汉志》信都国县，今河北冀县西南六十里。《胶水注》说琅邪郡扶县，恐非。师古以为"平既吕氏所生，不当姓吕，盖史家惟记母族也"。《志疑》则谓"时太后方封吕氏，平冒母姓得封。此冒母姓之始"。(《史记本纪地理图考·吕太后本纪》)

【汇评】

梁玉绳：按：平封于琅邪之郏县，非扶柳也，说在《惠景侯表》。是时封三吕为侯，而此只叙吕种、吕平，不及吕产之封洨侯者，以误书于上文高祖时耳。(《史记志疑》卷七)

⑩ 【汇校】

梁玉绳：案：太后续封高祖功臣以为侯诸吕之渐，则是先封冯无择等四人，再封吕种等也。乃此纪书南宫一侯于二吕之后，已为失次，而博城侯下忽插入公主之薨、张偃之王、刘章之侯，更觉不伦。史公叙事，何若是之倒乱哉！余谓"鲁元公主薨"廿六字当在"南宫侯"句下，盖偃与孝惠子同王也。(《汉功臣表》言偃王在二年，误。)"封齐悼惠王子"十七字当在后文"二年吕王嘉代立为王"句下，盖吕嘉以二年十一月嗣位，刘章以五月封也。(《史记志疑》卷七)

施之勉：吴汝纶曰：封朱虚侯，《通鉴》在二年五月。《考异》云：《汉书·高后纪》在元年。今从《汉书·王子侯表》。案：《史记·惠景间侯者表》亦在二年五月，与《汉·表》同。温公未检《史·表》，殊疏。但此文纪表互异，不必改纪就表。本纪因事类证，不依年月先后。梁氏《志疑》乃妄语当在"吕王嘉代立"下，何其谬也。(《史记会注考证订补·吕后本纪第九》)

【汇注】

裴　骃：徐广曰："其父越人，为高祖骑将。"(《史记集解·吕太后本纪》)

[日] 泷川资言：中井积德曰：张买叙于诸吕下，岂吕之姻族乎？《年表》八年，买坐吕氏事诛。(《史记会注考证》卷九)

王　恢：南宫侯，武帝元光之年，偃孙生有罪，绝。三年（前132），生弟广（《汉·表》作广国）绍封睢陵侯。太初二年（前103），广子昌坐为太常乏祠，免。平帝元始二年（2），敖玄孙废忌绍封千户。睢陵，汉属临淮郡，今江苏睢宁县（《史·

表》误睢阳)。

《楚汉春秋》"南宫侯张耳",班固《十八侯铭》"南宫侯张敖",皆误。偃废为南宫侯也。徐广曰"改封信平","平""都"之误,盖以南宫县汉属信都国也。《志疑》误以徐谓"改封敖之国名"。《王补》又以"信"与"新"通,为淮阳之新平。更有以南宫乃张买封国,此未检《史·表》买于吕后八年,坐吕氏事诛,国除,文帝以封偃也;复未深究《汉·表》侯生一代,乃误以张偃之后错移于张买也。(《史记本纪地理图考·吕太后本纪》)

又:张买,元年(前187)四月丙寅(初三),以父越人为高帝骑将从军,以中大夫侯。八年,坐吕氏事诛。九月以封张偃。

南宫,《汉志》信都国县,见《浊漳水注》。河北今县西北三里。明时城为漳水所圮,迁于旧城东三里飞凤冈,即今治。(同上)

张大可:刘邦骑将张越人的儿子,阿附诸吕被大臣所杀。(《史记全本新注·吕太后本纪第九》)

【汇评】

程馀庆:两"乃"字接得好,两样意思,两样用法。(《历代名家评注史记集说·吕太后本纪第九》)

韩兆琦:泷川引中井曰:"张买叙于诸吕下,岂吕之姻族乎?"按:据年表之"买坐吕氏事诛"语,中井之说近是。(《史记笺证·吕太后本纪》)

太后欲王吕氏①,先立孝惠后宫子彊为淮阳王②,子不疑为常山王③,子山为襄城侯④,子朝为轵侯⑤,子武为壶关侯⑥。太后风大臣⑦,大臣请立郦侯吕台为吕王⑧,太后许之。建成康侯释之卒⑨,嗣子有罪⑩,废,立其弟吕禄为胡陵侯⑪,续康侯后。二年,常山王薨,以其弟襄城侯山为常山王,更名义⑫。十一月,吕王台薨,谥为肃王,太子嘉代立为王。三年,无事⑬。四年,封吕媭为临光侯⑭,吕他为俞侯⑮,吕更始为赘其侯⑯,吕忿为吕城侯⑰,及诸侯丞相五人⑱。

① 【汇评】
　　程馀庆：又接前，欲王吕乃先王后宫子。与前对写，节节入情。（《历代名家评注史记集说·吕太后本纪第九》）

② 【汇注】
　　裴　骃：韦昭曰："今陈留郡。"（《史记集解·吕太后本纪》）
　　周寿昌：如氏曰：《外戚恩泽侯表》曰：皆吕氏子也，以孝惠子侯。寿昌按：今表无此语，即宋本亦无之，久佚去。又按：颜注引如氏语，宜注在"宏为襄城侯，朝为轵侯，武为壶关侯"下。强与恒山王不疑径封王，未为侯，与"以孝惠子侯"语尤不合也。不疑于二年死，强于五年死，故皆未列表中，惟宏、朝、武三人在《恩泽侯表》，表称襄城侯义，后立为帝，仍改名宏。（《汉书注校补》卷二）
　　杨树达：如淳曰：《外戚恩泽侯表》曰：皆吕氏子也，以孝惠子侯。晋灼曰：《汉注》名长。韦昭曰：今陈留郡。周寿昌曰：如引《侯表》语，今表无之。又此注在壶关侯下，强与不疑径封王，未为侯，与"以孝惠子侯"语尤不合也。不疑于二年死，强于五年死，故皆未列表。惟弘、朝、武三人在《恩泽表》。表称襄城侯义，后立为帝，仍改名弘。树达按：钱大昭云：韦昭注"陈留"，"留"字衍。按：钱说是也。又按：此文称孝惠后宫子者，据当时诏令之文也。诸表则强、不疑列《异姓诸侯王表》，而云高后所诈立孝惠子。弘、朝、武列《外戚恩泽侯表》，而云皆吕氏子（据《如注》引，今表脱去）。于武、朝之诛也，亦云"以非子诛"。此非班氏自相违伐，乃史家互文以征实之例也。周氏乃谓强、不疑早死，故不列表，疏矣。又按：弘初名山，后改名义，又改名弘。下文注引晋灼云："《汉书》一之，书弘以为正。"是也。（《外戚传》《异姓王表》及《恩泽侯表》仍作"义"。）周云仍改名弘，亦非。（《汉书窥管》卷一《高后纪第三》）
　　王骏图、王骏观：初王都陈，后为淮阳郡。即今陈州府淮宁县地也，非陈留郡也。（《史记旧注平义·吕太后本纪》）
　　龚浩康：这里所说的"后宫子"，是指宫中一般妃嫔和美人所生之子，以与皇后所生者相区别。（见王利器主编《史记注译》卷九《吕太后本纪》）

　　【汇评】
　　程馀庆：曰"欲"，曰"先"，两言之，亦费心矣。（《历代名家评注史记集说·吕太后本纪第九》）

③ 【汇校】
　　王叔岷：按：《汉书·高后纪》《汉纪》《通鉴》常皆作恒。《汉书》如淳注："今常山也。因避文帝讳，改曰常。"是所见正文本作"常"。作"恒"者，后人回改也。《通鉴考异》引此亦改作"恒"，下同。（《史记斠证》卷九）

【汇注】

张守节：《括地志》云："常山故城在恒州真定县南八里，本汉东垣邑也。"（《史记正义·吕太后本纪》）

胡三省：惠帝元年，淮阳王友徙王赵，今以封强。恒山郡本属赵国，今割以封不疑。（见《资治通鉴》卷一三"高后元年"注）

钱　穆：常山，《汉志》"常山郡上曲阳县，恒山在西北"，是也。后世以为在山西浑源，非是。《汉志》："常山郡，高帝置。"然项羽已封张耳为常山王；又其前李良略定常山；是常山为一政区，似自秦已尔。全祖望疑秦灭燕，沿边置上谷、渔阳、右北平、辽西、辽东郡，而独燕本土不闻设郡，因据《水经注》补广阳郡。然郦说不知所起。恐秦先灭赵，后定燕，燕南赵北之地，盖有常山郡，《张耳陈馀传》可证，不必别采郦说。（《史记地名考》卷十五）

王　恢：常山国故秦邯郸郡地，楚汉之际为赵歇国，寻分为常山国，项羽以封张耳，都襄国。耳降，陈馀自代迎还赵歇，复属赵。汉三年（前204）十月，韩信斩陈馀、赵歇，立为常山郡。四年，复属赵国张耳；后又属赵王如意。

吕后元年分置常山国，四月辛卯立惠帝子不疑。二年十月卒，弟襄城侯义嗣。义入为帝，四年五月，复立义弟轵侯朝。八年，以非惠帝子，诛，国除为郡，复还赵王遂，景帝二年以过削。

刘义本名山，三年为常山王，改名义，四年五月入为帝，又改名弘。（《史记本纪地理图考·吕太后本纪》）

龚浩康：常山，汉初封国。辖今河北省西南部部分地区，都城在元氏（今河北省元氏县西北）。（见王利器主编《史记注译》卷九《吕太后本纪》）

④【汇校】

王叔岷：按：《御览》八七引"山"作"弘"，"城"作"成"。《汉书》《汉纪》"山"亦并作"弘"，下同。此文仍当作"山"，此时未更名也。与《汉书》《汉纪》同书"弘"者有别（参看《汉书·高后纪》"五月丙辰立恒山王弘为皇帝"晋灼注）。景祐本、黄善夫本"城"亦并作"成"（景祐本、黄善夫本、殿本《惠景侯表》亦皆作"成"），《通鉴》同。城、成古通，"成"非讹字。下文"吕忿为吕城侯"，景祐本南宋补版、黄善夫本"城"并作"成"（景祐本、黄善夫本、殿本《惠景侯表》亦皆作"成"），与此同例。又按：《索隐》引下文"改名弘农"，今各本皆作"更名曰弘"，无"农"字。（《史记斠证》卷九）

【汇注】

司马贞：按：下文更名义，又改名弘农。《汉书》襄城侯唯云名弘，盖史省文耳。按《志》，襄城属颍川也。（《史记索隐·吕太后本纪》）

龚浩康：襄城，县名。即今河南省襄城县。（见王利器主编《史记注译》卷九《吕太后本纪》）

⑤【汇注】

司马贞：按：韦昭云河内有轵县，音纸也。（《史记索隐·吕太后本纪》）

张守节：《括地志》云："故轵城在怀州济源县东南十三里，七国时魏邑。"（《史记正义·吕太后本纪》）

钱　穆：轵，今河南济源县南三十里。《秦本纪》昭十七，以垣易蒲坂、皮氏；十八，又攻垣。秦兵及轵，必经垣曲，秦先以垣曲易蒲坂、皮氏；既得蒲坂、皮氏，即再攻垣曲。《秦纪》言"攻垣"，举其最主要者言之；《六国表》言"轵"，举其远者言之。自山西蒲坂以往，至轵，大小六十一城，而垣曲其最主要者。（《史记地名考》卷十三）

龚浩康：轵，县名。治所在今河南省济源县东南。（见王利器主编《史记注译》卷九《吕太后本纪》）

⑥【汇注】

张　熷：元年五月，封孝惠子强淮阳王，不疑恒山王，宏襄城侯，朝轵侯，武壶关侯。按：《表》俱在四月。（《读史举正》卷一）

梁玉绳：按：孝惠后宫子凡六人，而所谓太子为帝者不与焉，强与不疑之薨皆无嗣，即以弟襄成侯为常山王，壶关侯为淮阳王。其后常山王立为帝，又以轵侯朝为常山王，此五人《纪》《表》所书并同，而《纪》独不及平昌侯大何哉？考大封于四年二月，比五人为后，想以其甚幼耳。至七年因吕王嘉废，吕产徙王梁，立大为吕王，更名吕曰济川，梁名曰吕。迨吕氏既平，徙济川王大封于梁，未几灭。《纪》之失载，当以封侯在后之故，是以《汉·本纪》亦缺。《经史问答》只缘大封吕王，直指大为吕氏之子，独不考此《纪》下文明云"立皇子平昌侯为吕王"乎？《史》《汉·表》并云大以孝惠子侯，与五人一例，安得因偶尔失书，遂别生异论也。若以其见于《汉·异姓表》，便断大非孝惠子，则《异姓表》岂独一平昌耶？（《史记志疑》卷七）

[日]泷川资言：据《表》，孝惠又有后宫子大，四年二月封曰平昌侯，后为济川王。（《史记会注考证》卷九）

王　恢：《汉志》上党郡县，今山西长治县东南十六里壶口山下。（《史记本纪地理图考》）

龚浩康：壶关，地名。在今山西省长治市北。今址在长治市东南。（见王利器主编《史记注译》卷九《吕太后本纪》）

⑦【汇校】

丁　晏："封"字误。王、柯本作"风大臣"，是。（《史记毛本正误》）

【汇注】

龚浩康：风，通"讽"。用含蓄的语言暗示。（见王利器主编《史记注译》卷九《吕太后本纪》）

【汇评】

牛运震："风"字亦得情。（《史记评注·吕后本纪》）

⑧【汇注】

张守节：初吕台为吕王，后吕产王梁，更名梁曰吕。（《史记正义·吕太后本纪》）

张大可：指陈平、周勃等被迫曲从太后之意，请立诸吕为王以安其心，徐图诸吕。此权宜之计。（《史记全本新注·吕太后本纪第九》）

【汇评】

程馀庆：前"乃"字，此"风"字、"请"字。侯尚轻，故趁势独断；王是创，故示意待请也。（《历代名家评注史记集说·吕太后本纪第九》）

⑨【汇注】

韩兆琦：吕释之被封为建成侯，死后谥曰康，故云。（《史记选注汇评·吕太后本纪》）

【汇评】

邵泰衢：吕雉佐定天下，醢越斩信，其刚毅亦非常也，高祖敢以爱子易元储乎？又敢以爱弛年色衰易储子等于姬媵乎？况夫涕泣承间，妇女之能技也；良、平、吕后、太子之羽翰也，岂俟皤皤四老而始知乘间始成羽翼耶？至曰"吕后真而主矣"，夫岂亦欲其不为主与？谈何易也！况四老者，既无令名于天下分争之日，又无经济于孝惠为帝之年，逃匿山中而辨士可请，不为汉臣而吕后可要，急请间泣唯知柔媚之乞怜，延颈欲死，剿习游谈之浮说，即有是，人品奚足重？至于九年泽死，台已袭封，十一年夜见之，吕泽又胡为乎来哉？况建成、吕泽名爵互差，禁卫森严，安得夜呼禁闼，直入后宫而告之哉？易储重典，既不见之《高纪》，大臣争谏，又不闻是何人，角里、夏、黄，皆为乌有，爱弛废储，尽属子虚者矣！善乎，杨铁崖之言！曰子房之所呼者，老人之赝者也，高误为真耳。然沛公不知有君，以乡老言而始丧义帝，不知有父，以家令言而始尊太公，此二人者，知君父之纲常者也。太史公不能博访而著其名，并鲁两生之能以礼乐扶世教者，皆不得其姓氏，徒有党子拒父四皓之姓名留于残简，令后世之误以为贤。噫！正人而不得名，邪人而反奸于正，诚不能不为之抚卷太息矣！（《史记疑问》卷上）

⑩【汇注】

龚浩康：嗣子，指嫡生的长子。按照古代礼制，爵位一般传给嫡生的长子。（见王利器主编《史记注译》卷九《吕太后本纪》）

⑪【汇注】
　　裴　骃：徐广曰："释之少子。"（《史记集解·吕太后本纪》）
　　张守节：胡陵，县名，属山阳，章帝改曰胡陆。（《史记正义·吕太后本纪》）
　　王　恢：吕禄。元年五月丙寅侯。《汉志》山阳郡县，今山东鱼台县东南六十里。《汉·表》误汉阳。（《史记本纪地理图考·吕太后本纪》）
　　龚浩康：吕禄，建成侯吕释之最小的儿子。（见王利器主编《史记注译》卷九《吕太后本纪》）
　　又：胡陵，县名。治所在今山东省鱼台县东南。（同上）

⑫【汇校】
　　梁玉绳："常山王薨"至"更名义"，按：此十八字当在"吕嘉代立为王"之下，盖吕王之一薨一立在十一月，常山王之一薨一立在七月也。（《史记志疑》卷七）
　　[日]泷川资言：张文虎曰："案：如梁说，当以朱虚次吕嘉，以常山次朱虚。"（《史记会注考证》卷九）

⑬【汇注】
　　裴　骃：《汉书》云："秋，星昼见。"（《史记集解·吕太后本纪》）
　　王叔岷：按：《汉纪》于三年，亦书"秋星昼见"。《通鉴》同。（《史记斠证》卷九）

⑭【汇注】
　　黄　生：吕媭之为临光侯也，萧何夫人同之为酂侯也，以吕氏称制故，然实高祖为之作俑。按：《功臣表》奚涓死事无子，高祖乃封其母疵为鲁侯。（《义府》卷下《女子封侯》）
　　施之勉：《考证》：吕后女弟，樊哙妻。妇人封侯自此始。按《功臣表》，鲁侯奚涓，死事，无子。高祖六年，封其母泚为重平侯。《汉书·萧何传》，是日悉封何父母兄弟十余人。此承鄂千秋封为安平侯而言。据《功臣表》，安平侯鄂千秋，高祖六年八月甲子封。是何母之封，亦当在是日也。《绛侯世家》，亚夫为何内守，许负相之。《索隐》应劭曰：河内温人老妪也。姚察按《楚汉春秋》，高祖封负为鸣雌亭侯。是知妇人亦有封邑。《类聚》五十一引《陈留风俗传》曰：高祖与项氏战，厄于延乡。有翟母者，免其难。故以延乡为封丘县，封翟母焉。《御览》二百二引同。是妇人封侯，有封邑，非始于此矣。（《史记会注考证订补·吕后本纪第九》）
　　王　恢：吕媭，以吕后女弟，樊哙夫人，四年侯。如淳、韦昭《注》作林光。应劭云："甘泉宫在云阳，一名林光。名号侯也。"（《史记本纪地理图考·吕太后本纪》）
　　韩兆琦：吕媭，吕后之妹，舞阳侯樊哙之妻。泷川曰："妇人封侯自此始。"（《史记选注汇评·吕太后本纪》）

【汇评】

王若虚：《吕后纪》先云封吕媭为临光侯，不言媭之为谁，而后乃云太后女弟吕媭，失其次矣，岂前所称者别为一人耶？（《滹南遗老集》卷一一《史记辨惑三》）

程馀庆：分茅胙土，及于妇人，封赏之妖。（《历代名家评注史记集说·吕太后本纪第九》）

⑮【汇校】

梁玉绳：按：媭乃樊哙妻也，此及《哙传》作"临光"，《汉书》亦然。而如淳《文帝纪注》作林光。考《后书·光武纪》"建武二年临邑侯让"，《耿纯传》作"林邑"，疑古通借字。盖媭以妇人封侯，且为吕氏谋主，未必远封他所，亦不闻有地名"临光"者。《三辅黄图》云：林光宫在云阳县界，得毋以媭主林光宫而食邑云阳耶？俞侯当作"鄃"，说在《表》。（《史记志疑》卷七）

王叔岷：按：《史》《汉·樊哙传》媭并作须，古字通用。《离骚》："女媭之蝉媛兮。"洪兴祖《补注》："《说文》云：'媭，女字也。贾侍中说：楚人谓女曰媭。'（岷按：今《说文》作'谓姊为媭'。）前汉有吕须。"字亦作须。梁氏疑临、林古通借字，是也。下文"太后女弟吕媭"，《索隐》引韦昭云："吕媭为樊哙妻，封林光侯。"临亦作林。《左·定八年传》："林楚御桓子。"《公羊传》林楚作临南，亦临、林通用之证。《惠景侯表》俞字同。梁氏《志疑》："清河郡鄃县，《史》《汉》多省作俞，其实当作鄃也。《史·景纪》《河渠书》《汉书·沟洫志》《栾布传》皆作鄃。"俞、鄃盖古今字，作俞未为非也。（《史记斠证》卷九）

又：按：《惠景侯表·索隐》："更始，吕氏之族。"窃疑此文为下脱"滕侯吕胜为"五字。盖吕更始为滕侯，吕胜为赘其侯，《侯表》可证也。黄善夫本、殿本《索隐》并作"按《表》，赘其在临淮"。《表》，亦当作《志》。（《侯表·索隐》作"〔赘其，〕县名，属临淮"。）（同上）

【汇注】

司马贞：他音陁。俞音输。（《史记索隐·吕太后本纪》）

张守节：《括地志》云："故鄃城在德州平原县西南三十里，本汉鄃县，吕他邑也。"（《史记正义·吕太后本纪》）

王　恢：吕他，父媭，以连敖从高祖破秦，入汉，以都尉定诸侯，功比朝阳侯。媭死，子他袭功，用太中大夫侯。《汉志》清河郡县，见《河水注》，今山东平原县西南，故河西岸。《志疑》："功比朝阳侯语最可疑。高后欲侯吕氏，空张其功，希旨之臣，谬为此语。史公作表，仍而不去，未可为信。"（《史记本纪地理图考·吕太后本纪》）

龚浩康：吕他（tuō），吕媭之子。俞，即鄃（shū）县。治所在今山东省平原县

西南。(见王利器主编《史记注译》卷九《吕太后本纪》)

韩兆琦："吕他为俞侯"三句，吕他为吕媭之子，吕更始、吕忿皆为吕后之侄。据《惠景间侯者年表》，吕更始为滕侯，赘其侯是吕胜。(《史记选注汇评·吕太后本纪》)

⑯【汇校】

裴　骃：徐广曰："《表》云，吕后昆弟子淮阳丞相吕胜为赘其侯。"(《史记集解·吕太后本纪》)

司马贞：按：《表》赘其在"临淮"。(编者按：点校本《史记》修订本："按《表》赘其在临淮"，原作"按《表》作临淮也"，据耿本、黄本、彭本、柯本、凌本、殿本改。按：本书卷一九《惠景间侯者年表》"赘其"，《索隐》："县名，属临淮。"又，泷川资言《史记会注考证》引张文虎曰："表作"当作"志属"。)(《史记索隐·吕太后本纪》)

施之勉：《考证》然赘其不入侯相之列。水泽利忠曰：按泷本，例，列讹。(《史记会注考证订补·吕后本纪第九》)

【汇注】

杭世骏：按：赘其，侯名。似应从《年表》作胜侯。更始，自属滕侯之名，本文偶误耳，否则同时受封者有两吕更始，未必然也。滕侯与赘其皆诸侯相。赘其、吕侯昆弟子。滕侯不详支属，而皆以八年坐吕后事诛，则其为同宗可知，然赘其不入侯相之例，而滕侯不附诸吕之中，其以亲疏别欤！(《史记考证·吕后本纪》)

梁玉绳：按：《侯表》是年四月封吕氏侯者四人，此失书吕更始为滕侯，而以赘其侯吕胜为吕更始，岂不误哉！(《史记志疑》卷七)

[日]**泷川资言**：中井积德曰：《年表》有滕侯吕更始，而赘其侯为吕胜，是必有一误。(《史记会注考证》卷九)

王　恢：吕更始，为舍人，郎中，以都尉屯霸上，用楚丞相侯。八年，坐吕氏事诛。(自注：长乐卫尉，朱虚侯斩之。见本纪。)《汉志》"沛郡公丘县"，《注》："故滕国。"今山东滕县西南十四里。汉初夏侯婴为滕公，武帝封鲁共王子顺为公丘侯，始改名也。(《史记本纪地理图考·吕太后本纪》)

又：吕胜，四年四月丙申，以吕后昆弟，用淮阳丞相侯。八月，坐吕氏事诛。《汉志》临淮郡县，今安徽盱眙县西。《本纪》"更始"下脱"滕侯吕胜为"五字。(同上)

⑰【汇校】

梁玉绳：附按：《水经注》三十一卷作"吕恕"，与《史》《汉》异，疑"恕"字讹。(《史记志疑》卷七)

【汇注】

张守节：《括地志》云："故吕城在邓州南阳县西三十里，吕尚先祖封。"(《史记

正义·吕太后本纪》）

龚浩康： 吕城，《惠景间侯者年表》作"吕成"，故城在今河南省南阳市西。（见王利器主编《史记注译》卷九《吕太后本纪》）

王　恢： 吕忿，以吕后昆弟子侯。八年，坐吕氏事诛。《洧水注》疑为南阳宛县西南三十里之吕城；又谓新蔡县有大吕、小吕亭，未知孰是？《王补》以为即楚国之吕县，在今江苏徐州北。似较《郦注》为安。（《史记本纪地理图考·吕太后本纪》）

张大可： 吕忿，与吕更始、吕胜皆为太后之侄。（《史记全本新注·吕太后本纪第九》）

⑱【汇校】

　　[日] **泷川资言：** "及"下"侯"字据古钞、三条本补。（《史记会注考证》卷九）

【汇注】

裴　骃： 徐广曰："中邑侯朱通、山都侯王恬开、松兹侯徐厉、滕侯吕更始、醴陵侯越。"（《史记集解·吕太后本纪》）

梁玉绳： 按：《侯表》是年四月丙申封侯者，朱通、卫无择、王恬开、徐厉、周信及越六人，非五人也。六人中卫无择是卫尉，周信是河南守，皆非诸侯相也，此误。徐广注亦谬。徐不数卫无择、周信而牵入吕更始为五人，岂未检《侯表》乎？（《史记志疑》卷七）

施之勉： 按：《侯表》，是年四月丙申封侯者，吕胜、朱通、卫无择、王恬开、徐厉、周信、吕它、吕更始、越、吕忿，十人也。十人中，卫无择是卫尉，周信是河南守，吕它是大中大夫，吕忿是吕后昆弟子，其余六人皆诸侯相也。吕胜，淮阳丞相。朱通，吕相。王恬开。梁相。徐厉，常山相。吕更始，楚相。越，长沙相。《侯表》，吕更始为滕侯，吕胜为赘其侯。此《纪》误以更始为赘其侯，合二人为一人，故云诸侯丞相五人，实则有六人也。梁说非。（《史记会注考证订补·吕后本纪第九》）

程馀庆： 中邑侯朱通、山都侯王恬开、松滋侯徐厉、滕侯吕更始、醴陵侯越。五人附序。数段连写诸吕事，令人不堪。（《历代名家评注史记集说·吕太后本纪第九》）

王　恢：（中邑侯）朱通（自注：《汉·表》作进），以执矛从入汉，以中尉破曹咎，用吕相侯。景帝后三年（前141），子悼有罪，免。《汉志》勃海郡县，今河北沧县东南四十里。（《史记本纪地理图考·吕太后本纪》）

又：（山都侯）王恬开（自注：《汉·表》作启）汉五年为郎中柱下令，以卫将军击陈豨，用梁相侯。武帝元封元年（前110），曾孙当坐与奴阑入甘泉、上林，免。（甘泉据《汉·表》增）（同上）

又：（松兹侯）徐厉，以舍人从起沛，以郎中入汉，还，得雍正章邯家属，用常山丞相侯。文帝后六年，厉子悼军棘门以备胡，武帝建元六年（前135）孙偃有罪，免。

《汉志》庐江郡县，今安徽宿松县北五十里。《汉书》纪、表、传并祝误作兹。（同上）

龚浩康：指做过诸侯王丞相的五个人。这五个人，《集解》引徐广语，认为是"中邑侯朱通、山都侯王恬开、松兹侯徐厉、滕侯吕更始、醴陵侯越"。但《史记志疑》认为，"是年四月丙申封侯者朱通、卫无择、王恬开、徐厉、周信及越六人，非五人也。六人中卫无择是卫尉，周信是河南守，皆非诸侯相也"。（见王利器主编《史记注译》卷九《吕太后本纪》）

张大可：另有五人以诸侯丞相为侯，即：赘其侯吕胜，以淮阳丞相侯；中邑侯朱通，以吕相侯；山都侯王恬开，以梁相侯；松兹侯徐厉，以常山丞相侯；醴陵侯越，以长沙相侯。按：据《惠景间侯者年表》，高后四年四月丙申封十侯，还有乐平侯卫无择，成陶侯周信，及上文之吕他、吕更始、吕忿，共十侯。（《史记全本新注·吕太后本纪第九》）

　　宣平侯女为孝惠皇后时①，无子，详为有身②，取美人子名之③，杀其母，立所名子为太子④。孝惠崩，太子立为帝⑤。帝壮，或闻其母死⑥，非真皇后子⑦，乃出言曰："后安能杀吾母而名我⑧？我未壮，壮即为变。"太后闻而患之，恐其为乱，乃幽之永巷中⑨，言帝病甚，左右莫得见。太后曰："凡有天下治为万民命者⑩，盖之如天，容之如地，上有欢心以安百姓，百姓欣然以事其上，欢欣交通而天下治。今皇帝病久不已，乃失惑悟乱，不能继嗣奉宗庙祭祀，不可属天下⑪，其代之⑫。"群臣皆顿首言⑬："皇太后为天下齐民计所以安宗庙社稷甚深⑭，群臣顿首奉诏。"帝废位，太后幽杀之⑮。五月丙辰⑯，立常山王义为帝，更名曰弘⑰。不称元年者，以太后制天下事也⑱。以轵侯朝为常山王。置太尉官⑲，绛侯勃为太尉⑳。五年八月，淮阳王薨㉑，以弟壶关侯武为淮阳王。六年十月，太后曰吕王嘉居处骄恣，废之，以肃王台弟吕产为吕王㉒。夏，赦天下。封齐悼惠王子兴居为东牟侯㉓。

① 【汇校】

张文虎：旧刻无"时"字。（《校刊史记集解索隐正义札记·吕太后本纪》）

王叔岷：按：景祐本南宋补版、黄善夫本、殿本皆有"时"字，《御览》引同。（《史记斠证》卷九）

【汇注】

薛福成：《汉旧仪》曰：聘皇后黄金万斤。吕太后为惠帝纳鲁元公主女，故优其礼，为二万斤。《王莽传》云：莽以女配平帝为皇后，有司奏故事聘皇后黄金二万斤，为钱二万万，有司所指，亦即孝惠故事也。大抵汉四百年中，惟孝惠张后、孝平王后、孝桓梁后以聘入中宫，其余皆自妃嫔得立。（《庸庵文外编》卷二《书〈汉书·外戚传〉后三》）

张大可：即张敖女，鲁元公主所生，吕太后为了固吕氏根本，强纳为孝惠帝皇后，使弟为姐之女婿。（《史记全本新注·吕太后本纪第九》）

【汇评】

班　固：惠帝四年十月乙亥，未央宫凌室灾；丙子，织室灾。刘向以为元年吕太后杀赵王如意，残戮其母戚夫人。是岁十月壬寅，太后立帝姊鲁元公主女为皇后。其乙亥，凌室灾。明日，织室灾。凌室所以供养饮食，织室所以奉宗庙衣服，与《春秋》御廪同义。天戒若曰，皇后亡奉宗庙之德，将绝祭祀。其后，皇后亡子，后宫美人有男，太后使皇后名之，而杀其母。惠帝崩，嗣子立，有怨言，太后废之，更立吕氏子弘为少帝。赖大臣共诛诸吕而立文帝，惠后幽废。（《汉书·五行志上》）

薛福成：惠帝立姊女为皇后，荀悦以为乖于礼而忒于人情。其说当矣。然以余考之，后盖非鲁元公主所生也。《汉书》高帝二年败于彭城，道逢孝惠、鲁元载之以行，马疲，虏在后，尝蹶两儿，欲弃之。滕公尝下收载之，徐行面雍树乃驰。苏林注：南方人谓抱小儿为雍树，计是时，惠帝方六岁，公主亦十岁左右耳。迨五年秋，张敖嗣为赵王，鲁元公主为王后，其年尚幼。计其生女，当已在高帝七八年。惠帝四年立后，七年帝崩，若后果为公主之女，其寡居之年不过十二三耳。《外戚传》云，太后欲其生子，万方终无子，虽曰以重亲故，不亦太早计矣乎？且惠帝年二十始行冠婚礼，太后欲早得嫡孙以系人望，吾意其时后年当已及笄，故太后亟望其生子。以此蘩之，后盖张敖前妇之女，非公主所生明矣。或者公主素贤，抚如己出，故太后视之亦无异公主所生耳。又按：高后八年，以鲁王偃早失父母，年少孤弱，乃封张敖前妇子侈为信都侯，寿为乐昌侯，以辅鲁王偃。太后之于公主，用情可谓挚矣。公主既薨，则怜外孙而及其异母之兄；公主尚在，必因怜婿而及其前妇之女。椒房之亲，尊宠无匹，与其使他族得之，毋宁使张氏得之。公主之子虽孤立无助，而有姊在中宫，有兄为夹辅，庶足庇赖于无穷，此太后之隐情也。《史记·外戚传》云：吕后长女为宣平侯张敖妻，敖女为孝惠皇后，固未明言后为公主所生。《汉书》采录《史记》旧文，辞义过简，乃云敖尚帝姊鲁元公主，有女。若后即公主所生者。盖传闻稍远，渐失其实矣。然其误不自班孟坚始，汉杜邺对哀帝曰：吕太后权私亲属，以外孙为孝惠后，盖太后专宠之私，为诸大臣所深疾。后既被废，或竟诬后为公主所亲生，以著惠帝渎伦蔑礼，即以明后之当废。沿讹既久，莫察其实，不知惠帝守文良主，而叔孙通以知礼自命者也。复道之筑，帝且因通言而惧，岂有亲为姊女而毅然娶之，叔孙通不据礼以争者哉？然则惠帝之纳后为合于礼乎？曰后与公主有母女之名矣，则亦与帝有舅甥之嫌，惠帝惟不知远嫌，故被之以渎伦失礼之名而无可解免。然固不至若是之甚也。是故礼莫先于远嫌。（《庸庵文外编》卷二《书〈汉书·外戚传〉后二》）

又：余于前汉得贤后二人焉：一曰孝惠张皇后，一曰孝哀傅皇后。……张后能自全于北宫幽废之时，傅后能自免于椒房默处之日。其守身安命有足尚者。乌乎！女德莫先于无过，前史所称贤后妃者，未必尽能无过也；不能无过，且以为贤，而况无非无议者乎！（《庸庵文外编》卷二《书〈汉书·外戚传〉后八》）

② 【汇校】

张文虎："有身"，《御览》引作"娠"。（《校刊史记集解索隐正义札记·吕太后本纪》）

王叔岷：按：《御览》引"身"作"娠"，义同。（《史记斠证》卷九）

③ 【汇注】

颜师古：名为皇后子。（《汉书注·高后纪第三》）

张守节：刘伯庄云："诸美人元幸吕氏，怀身而入宫生子。"（《史记正义·吕太后本纪》）

徐孚远：本言张皇后无子，不言惠帝无子。美人子，即后宫所生，非必吕氏，言怀身而入宫者非也。（《史记测议·吕后本纪》）

何　焯：名之，名为皇后所产子也，是少帝非刘氏，乃大臣既诛诸吕，从而为之辞耳。以其能匡汉祚，立太宗，功既大，故后世不之求备。（引自《汉书窥管·高后纪第三》）

张　照：徐孚远曰：本言张皇后无子，不言惠帝无子。美人子，即后宫所生，非必元幸吕氏，怀身而入宫者。臣照按：《年表》孝惠后宫子，在吕后时为王者，至孝文时，并以非皇子诛。此《纪》云，夜有司分部诛灭梁、淮阳、常山王及少帝于邸。如果孝惠子，则古今儒者能不议绛、灌为篡弑耶？且孝文宽仁，岂有诛戮孝惠子孙之理？刘伯庄语岂为无据？徐孚远驳之非也。（《史记考证·吕后本纪》）

陆锡熊：《汉书·高后纪》取后宫美人子名之，以为太子。何屺瞻云：名之，名为皇后所产子也，是少帝非刘氏，乃大臣既诛诸吕从而为之辞耳。以其能匡汉祚，立太宗，功既大，故后世不之求备，云云。按：何氏此说未审据本纪，此所谓后宫美人子名为太子者，乃吕氏先立为帝，至四年以母死出怨言，被废幽死，其余称孝惠后宫子者尚有六人。吕后二年所载立强为淮阳王，不疑为恒山王，宏为襄城侯，朝为轵侯，武为壶关侯者是也。不疑先卒，即以宏为恒山王，少帝废后，遂立为帝，而朝继为恒山王。强亦先卒，而武继为淮阳王，嗣又立皇子平昌侯太为济川王。当平、勃诛诸吕时，所称孝惠子者，尚有宏、朝、武、太四人，故本纪谓大臣相与阴谋，以为少帝及三弟为王者，皆非孝惠子，复共诛之，此少帝乃指宏，与吕氏名为太子先立为帝旋被废死者非一人。且《诸侯王表》内班氏亦已明言强、不疑皆高后所诈立孝惠子矣。何氏谓当时大臣从而为之辞，非也。（疑先立之少帝，或实孝惠后宫子，而名为张皇后子，至其余诸子，则皆吕氏子，而诈以为后宫子耳。）（《炳烛偶钞》）

  周寿昌：按：《外戚传》：美人视二千石，比少上造。是称美人已有秩矣。太子名卒不传，止称为太子而不名也。《纪》初云年幼即位，四年被幽死，然已能恨吕后杀其生母，出怨言，当七八岁矣。惠帝在位不取名，不立为太子，俱不可解。《五行志》上云：其后皇后亡子，后宫美人有男，太后使皇后名之，而杀其母。惠帝崩，嗣子立，有怨言，太后废之，更立吕氏子宏为少帝。按：《志》明曰有男，曰嗣子，下又云更立吕氏子宏，益可证太子为孝惠所生也。《燕灵王传》云：有美人子，太后杀之，绝后。正言燕王美人子即王子也。此可类推。（《汉书注校补》卷二）

  王荣商：荣商按：此太子本惠帝子，但非张皇后所生耳。其后所立少帝则吕氏子。《史》文及旧注甚明，而说者乃谓两少帝皆吕氏子，或云皆惠帝子，胥失之矣。（《汉书补注》卷二，引自徐蜀编《两汉书订补文献汇编》）

  杨树达：（引何焯、周寿昌二人说）树达按：周说是也，此子吕后四年已见幽于永巷矣（《史记》作"幽杀之"）。大臣所指少帝非刘氏者，乃指初为恒山王名弘者言，非谓此子也。王氏兼采二说，不加裁断，则于何氏之误会，尚未灼知尔。《南越传》载《文帝与南越王书》云"乃取他姓子为孝惠皇帝嗣"，它亦为之辞者邪？（《读汉书札记》卷一，引自徐蜀编《两汉书订补文献汇编》）

  韩兆琦：按：徐（编者按：孚远）说是也，《汉书·五行志》云："皇后亡（无）子，后宫美人有男，太后使皇后名之而杀其母。惠帝崩，嗣子立。"其文甚明。（《史记笺证·吕太后本纪》）

  又：美人，西汉时妃嫔的称号之一，其等级相当于二千石。（《史记选注汇评·吕太后本纪》）

【汇评】

  牛运震："名"字下得不轻不重，妙；"所名子"奇峭；"名我"，尤妙。（《史记评注·吕后本纪》）

牟　庭：美人子者，孝惠后宫美人所生子。本谓张皇后无子耳，非孝惠帝无子也。惠帝子四人……前少帝废而幽死，强、不疑皆前薨，高后崩年，而真子惟少帝宏一人。所名子三人，《本纪》书之曰：济川王太、淮阳王武、常山王朝。名为少帝弟，谓此三人非真惠帝子，而名之以为少帝弟，然则少帝为真子也明矣。既诛诸吕，而大臣相与谋曰："少帝及梁、淮阳、常山王，皆非真孝惠子也，吕后以计诈名他人子，杀其母，养后宫，令孝惠子之，立以为后及诸王，以强吕氏，今皆以夷灭诸吕而置所立，即长用事，吾属无类矣。不如视诸王最贤者立之。"于是定策，迎立孝文帝。孝文帝入，立，乃夜令有司，分部诛灭梁、淮阳、常山王及少帝于邸。呜呼！诸大臣之阴谋酷矣哉！既自除其患，又克全其名，使天下淡然忘其弑君之恶，而使孝惠种类绝于孝文圣仁之手，酷矣哉！试思当日诸大臣，谁能为此谋者？曰陈平为之。而谓之诸大臣，何也？曰：诸大臣被陈平愚弄久矣，诛诸吕大功也，然而将兵入未央宫门，无诏斩相国，夺节，斩卫尉，其事太横，平不敢处也，而使刘章处之。当代王乘传而来也，少帝俨然尚在，而周勃手绾天子玺符，立渭桥上，威震天下，此又平所不敢处，而属之勃也。清宫之使，直前谓少帝："足下非刘氏，不当立。"此语欺天诬祖而惊人，平所以不敢出诸口，而使刘兴居、夏侯婴。故平之言曰："诛诸吕，臣功不如勃，愿以相让勃。"彼平非以相让勃，乃其以废立之首恶让勃也，而勃等不知，反扬扬焉各自以为得大功。平之谲智，颠倒诸公，如弄小儿。是以阴谋出于平，而不敢自以为谋主，乃推而与诸大臣共之。诸大臣不知为分其恶也，而反喜于同其智，亦各自以为吾等阴谋云尔。且夫诸大臣何足道，即孝文帝亦复为平所籍而不能自脱也。夫平既造为非子之狱，谋为废立，固宜先废少帝，而后迎代王，有君求君，危疑非常，是以代王犹豫不敢即至。……彼陈平既诬帝以非子而行其诛，必不肯正告天下，曰："吾畏其长用事，而吾属无类！"故设阴谋以诬之也，必且曰"吾等为刘氏除其非种者，非为身也"。当时人虽知其诬而不敢言，后世则浸远而不能知，乃遇司马迁作《史记》，尽著其曲折，立案如山，而阴谋始昭彰而不可掩。故迁为良史，虽古之董狐不能过也。奈何后儒读《史记》而更不悟，复造为美人元幸吕氏入宫生子之说，而助平自欺也哉。（见《历代名家评注史记集说·吕太后本纪第九》）

杨树达：何焯曰：名之，名为皇后所产子也。是少帝非刘氏，乃大臣既诛诸吕，从而为之辞耳。以其能匡汉祚，立太宗，功既大，故后世不之求备。周寿昌曰：《五行志》云："皇后亡子，后宫美人有男，太后使皇后名之而杀其母。惠帝崩，嗣子立，有怨言，太后废之，更立吕子弘为少帝。"按：《志》明曰有男，曰嗣子，下又云更立吕氏子弘，可证太子为孝惠所生也。《燕灵王传》云"有美人子，太后杀之，绝后"，正言燕王美人子即王子也。此可例推。树达按：周说是也。此子吕后四年见幽于永巷。（《史记》作幽杀之。）大臣所指少帝非刘氏者，乃指吕氏子弘言，非谓此子也。王氏兼采二说，不加裁断，则于何氏之误未之知耳。《南越传》载文帝与南越王书云："乃取他姓子为孝惠皇帝嗣。"此岂亦为之辞邪！（《汉书窥管》卷一《高后纪第三》）

④【汇校】

　　王叔岷：《通鉴·汉纪四》"为"上亦有"以"字。（《史记斠证》卷九）

【汇注】

　　胡三省：惠帝张皇后，鲁元公主之女。太后以其无子，使阳为有身，取后宫美人子名之，而杀其母。少帝及义、朝、彊、不疑皆是也。（见《资治通鉴》卷一三"高后四年"注）

【汇评】

　　印鸾章：太子，他人之子，故即位不书名，所以著其非正统也。太后之专，大臣之徇，不贬而自见矣。（引自《袁王纲鉴合编》卷六《惠帝》）

⑤【汇注】

　　黄　震：惠帝立七年，名惠帝子者，践阼复二人，史迁皆系之吕后，意者，示女后专制之变也。然吕氏尽杀高帝子孙在内者，欲夺天下而归之吕，大逆无道，汉之贼也，岂止专制而已，而可纪之哉？迁为汉臣子，特微辞见意尔。

　　吕后欲王诸吕，王陵力争，可谓社稷臣矣。平、勃阿意王之，勃虽卒诛诸吕、安刘氏，然已功不赎罪；若平又何以赎之，而反受赏邑三千户、金二千斤耶？平平生教帝诈，无益成败之数，天下既定，误帝伪游，叛者九起，卒死于兵，今复负帝于身后，如此平真汉之罪人哉！（《黄氏日抄》卷四六）

　　钱大昭：他纪皆云，某日太子即皇帝位，此处书法不同。盖吕后临朝称制，与自立无异，且太子是后宫美人之子，非孝惠子，不旋踵而为吕后幽废，与恒山王无异，故变文书之。（《汉书辨疑》卷一）

【汇评】

　　赵　翼：《汉书·吕后纪》孝惠帝张后无子，取后宫美人子，杀其母，名之，立为太子。惠帝崩，太子立，太后称制，立孝惠后宫子强为淮阳王，不疑为恒山王，弘为襄城侯，朝为轵侯，武为壶关侯。四年……更立恒山王宏为帝。太后崩，大臣以宏及三弟皆非孝惠子，共诛之。（《恩泽表》《五行志》并云皆吕氏子，《周勃传》亦云吕后以计诈名他人子，杀其母，令孝惠子之。）由前所书，则强等孝惠后宫子也。由后所书，则皆非孝惠子也。此已属岐互。且先所书恒山王，则不疑也，宏则襄城侯也，后忽云立恒山王宏为帝，更不明晰。据《史记》，则襄城侯本名山，因常山王（即恒山王）不疑薨，以山改封常山王，更名义，后立为帝，又名宏，始觉了了。此虽小节，亦见《史记》之密。（《廿二史札记》卷二《汉书书恒山王》）

　　乔松年：少帝及其三弟，孝惠子耶？吕氏子耶？疑莫能明，恐平、勃迎立新君，

概诬为吕氏子而杀之耳。曲逆无后，亚夫饿死，或天道欤！（《萝藦亭札记》卷三）

⑥【汇校】

张文虎：" 帝壮 "，" 壮 " 字疑衍。（《校刊史记集解索隐正义札记·吕太后本纪》）

韩兆琦：帝壮，张文虎曰：" ' 壮 ' 字疑衍。"（《校勘记》）按：张说是。后文有帝曰："我未壮，壮即为变。"可知此时帝犹未壮也。（《史记选注汇评·吕太后本纪》）

王叔岷：" 壮 " 上疑有脱文，或脱 " 寖 " 字。《通鉴·汉纪五》作 " 少帝寖长 "。（《史记斠证》卷九）

⑦【汇校】

王叔岷：《御览》引 " 子 " 上有 " 之 " 字。（《史记斠证》卷九）

【汇注】

汪　越：高后之时，自王而为帝者，少帝义由常山王立。常山始哀王不疑，少帝入立，改封轵侯朝。淮阳封怀王强，皆非真惠帝子。（《读史记十表》卷五《读汉兴以来诸侯年表》）

王先谦：周寿昌曰：自知非后子，其不云非帝子，可知。（《汉书补注·外戚传》）

⑧【汇校】

王叔岷：《汉书·外戚传》" 后 " 上亦有 " 太 " 字。（《史记斠证》卷九）

⑨【汇校】

王叔岷：《御览》引作 " 恐其后为乱，于是乃幽之于永巷中 "。《汉纪》" 永巷 " 上亦有 " 于 " 字。（《史记斠证》卷九）

【汇注】

如　淳：《列女传》："周宣姜后脱簪珥，待罪永巷。" 后改为掖庭。（见《汉书注·高后纪第三》）

颜师古：永，长也，本谓宫中之长巷也。（《汉书注·高后纪第三》）

【汇评】

郭嵩焘："宣平侯为孝惠皇后时，无子……乃幽之永巷中"，按：《汉书·惠帝纪》，帝年五岁，高帝初为汉王立为太子。惠帝四年，立皇后张氏，时年二十，后又四年崩，张后取美人子为子，亦当在惠帝五六年。惠帝崩，太子即位，年三岁耳；立四年而太后废之，其年不过六七岁。是时太后称制，张后之杀其母，何由使之闻之？吕后妒忌怙私，因鲁元而爱及张后亦人情也，太子立或不得于张后，亦当明著其事，而据此一二言以为之罪，何也？太后称制，张后处宫中，而忧六岁稚主之为乱乎？既废之，幽之，又复杀之，吕后忮毒其亲子孙不应如此之惨，此必当时大臣故为之辞，以证太子少帝之非惠帝子也，而遂传疑至今，吾不敢信谓然也。（《史记札记·吕后本纪》）

⑩【汇校】

裴　骃：徐广曰："一无此字。"（《史记集解·吕太后本纪》）

李景星："治为万民命"，按：《汉书·吕纪》无"为"字、"命"字。（《史记评议·吕后本纪》）

[日] 泷川资言：张文虎曰："《汉书·吕纪》无'为'字、'命'字，皆衍。"李笠曰："《史记》以'有天下治'与'为万民命'对举，'治'字实用，谓天下治权也，与《汉书》'治万民'不同。《史》《汉》不妨互异。张说未然。"（《史记会注考证》卷九）

王叔岷："治"字疑后人据《汉书》所加。徐氏称"一无'命'字"者是也。此盖本作"凡有天下为万民者"，为犹治也，《小尔雅·广诂》："为，治也。"（《史记斠证》卷九）

龚浩康：《集解》引徐广语，说一本无"命"字。《汉书·高后纪》作"凡有天下治万民者"。（见王利器主编《史记注译》卷九《吕太后本纪》）

⑪【汇校】

王先谦：《官本考证》云：监本"也"字下衍"也"字，今去。（《汉书补注·高后纪第三》）

【汇注】

颜师古：属，委也。音之欲反。（《汉书注·高后纪第三》）

⑫【汇校】

[日] 泷川资言：《汉书》"其"下有"议"字。（《史记会注考证》卷九）

【汇注】

龚浩康："其代之"，《汉书·高后纪》作"其议代之"，意思是希望大家讨论一下换了他。（见王利器主编《史记注译》卷九《吕太后本纪》）

⑬【汇校】

[日] 泷川资言：枫、三本"臣"下有"皆"字。（《史记会注考证》卷九）

【汇注】

龚浩康：顿首，叩头，古代"九拜"之一。下文的"顿首"则用于下对上的敬语。（见王利器主编《史记注译》卷九《吕太后本纪》）

⑭【汇注】

龚浩康：平民百姓彼此地位相等，所以称为"齐民"。（见王利器主编《史记注译》卷九《吕太后本纪》）

⑮【汇注】

[日] 泷川资言：此汉废帝之始。（《史记会注考证》卷九）

【汇评】

刘　沅：少帝吕氏所立，不书弑，非刘氏子，不成其为帝，后言群臣莫不然之，汉廷之无人可叹。（《槐轩全书》卷七《史存》）

⑯【汇注】

韩兆琦：五月丙辰，五月十一日。（《史记选注汇评·吕太后本纪》）

⑰【汇校】

王叔岷：上文《索隐》引此作"改名弘农"，今各本皆无"农"字。《汉书·高后纪》晋注，《御览》引此并作"更名弘"。既无"曰"字，亦无"农"字。（《史记斠证》卷九）

【汇注】

钱大昕：按：《高后纪》恒山王三见，《外戚传》恒山王二见，《周勃传》恒山一见，《郊祀志》恒山字四见，《五行志》恒雨、恒旸、恒奥、恒风字屡见（亦有易为"常"字者），犯文帝讳。《韦贤传》"实绝我邦，我邦既绝，瘝其外邦，于异他邦"，犯高帝讳。《刑法志》"杀人盈城"，犯惠帝讳。《文帝纪》"夏启以光"，《武帝纪》"见夏后启母石"，《古今人表》有漆彫启，犯景帝讳。《景帝纪》"省彻侯之国"，《贾谊传》"列为彻侯而居"，《百官公卿表》彻侯字两见，犯武帝讳。《楚元王传》歆以建平元年改名秀，犯光武讳。《高帝纪》有庄贾、项庄，《地理志》"庄公破西戎"，《艺文志》有庄子、庄夫人、庄助、庄安、庄忽奇，《陈胜传》有庄贾，《申屠嘉》《田蚡传》皆有庄青翟，《郑当时传》庄字三见，《南粤传》庄字一见，《西南夷传》庄字三见，《叙传》庄字一见，犯明帝讳。（《廿二史考异》卷六）

⑱【汇评】

牛运震：此处用疏解，奇，一篇中最紧要语，正照应"吕后本纪"四字。（《史记评注·吕后本纪》）

⑲【汇注】

韩兆琦：太尉，官名，秦汉时为三公（丞相、太尉、御史大夫）之一，掌管全国军事。按：此处所以称"置太尉官"者，乃因汉代建国以来此职时设时废。（《史记选注汇评·吕太后本纪》）

⑳【汇校】

梁玉绳：按：《绛侯世家》云："孝惠帝六年置太尉官，以勃为太尉，十岁，高后崩。"《汉书·百官公卿表》云："孝惠六年，绛侯周勃复为太尉。十年迁。"夫自惠帝六年至吕后八年崩，正合十年之数。若谓吕后四年始置太尉，则止五年耳。此与《功臣》及《将相表》皆误。《汉书·惠纪》七年书太尉灌婴，亦误。（《史记志疑》卷七）

【汇注】

[日] 泷川资言：《汉书·百官公卿表》云："太尉，秦官，掌武事。"（《史记会注考证》卷九）

张大可：西汉太尉时置时废，前后五次，汉武帝时彻底废除。太尉，掌最高军政。（《史记全本新注·吕太后本纪第九》）

龚浩康：太尉，官名。西汉时为全国最高军事长官，与丞相、御史大夫合称"三公"。汉初，这一官职时设时废。（见王利器主编《史记注译》卷九《吕太后本纪》）

㉑【汇注】

点校本《史记》修订组："淮阳王薨"，毛利本作"淮阳怀王薨"。本书卷一七《汉兴以来诸侯王年表》：淮阳怀王名弦。（点校本二十四史之修订本《史记》卷九）

㉒【汇校】

施之勉：《考证》：吕产为吕王，《汉兴年表》《惠景表》作七月，《汉书》作十一月，恐误。按：嘉废在十月，产为吕王，亦当在是月也。下文接书夏赦天下，则不应在七月。《史·表》七月，《汉书》十一月，当是"十月"之讹。（《史记会注考证订补·吕后本纪第九》）

王叔岷：梁玉绳云：产为吕王，《吕后纪》在十月，是也。《汉诸侯王表》与《惠景表》作七月，同；《汉·表》作十一月，亦误。按：梁说是也。十、七相乱，其例习见。夏、周、秦、高祖各本纪已有说。《汉·表》作十一月，"一"字衍。《通鉴》从《汉·表》作十一月，非。（《史记斠证》卷九）

㉓【汇注】

司马贞：韦昭云："东莱县。"（《史记索隐·吕太后本纪》）

张大可：刘章之弟。齐王六郡七十三县，最为大国。吕太后封齐王二子为侯，既是笼络，也是人质。（《史记全本新注·吕太后本纪第九》）

龚浩康：东牟，县名。治所在今山东省牟平县。（见王利器主编《史记注译》卷九《吕太后本纪》）

七年正月①，太后召赵王友②。友以诸吕女为后，弗爱，爱他姬，诸吕女妒③，怒去，谗之于太后，诬以罪过，曰"吕氏安得王！太后百岁后，吾必击之"。太后怒，以故召赵王。赵王至，置邸不见④，令卫围守之⑤，弗与食。其群臣或窃馈⑥，辄捕论之⑦。赵王饿，乃歌曰⑧："诸吕用事兮刘氏危⑨，迫胁王侯兮强授我妃。我妃既妒兮诬我以恶，谗女乱国兮上曾不寤⑩。我无忠臣兮何故弃国⑪？自决中野兮苍天举直⑫！于嗟不可悔兮宁蚤自财⑬。为王而饿死兮谁者怜之⑭！吕氏绝理兮託天报仇⑮。"丁丑⑯，赵王幽死⑰，以民礼葬之长安民冢次⑱。

① 【汇注】
　　张大可：公元前181年。（《史记全本新注·吕太后本纪第九》）
② 【汇注】
　　胡三省：惠帝元年，友自淮阳徙王赵。（见《资治通鉴》卷一三"高后七年"注）
　　王　恢：惠帝元年（前194）冬十二月，吕后杀赵王如意，徙淮阳王友来王，吕后七年正月以幽死，二月，徙梁王恢来王，六月自杀，所谓"吕后杀三赵王"也。七月，乃立胡陵侯吕禄为赵王。八年九月，诛。（《史记本纪地理图考·吕太后本纪》）
③ 【汇校】
　　王叔岷：按：《御览》一五一引"妒"作"妬"，下同。《汉纪》亦作"妬"。妬与妒同。（《史记斠证》卷九）
④ 【汇注】
　　胡三省：言置之赵邸也。师古曰：郡国朝宿之舍在京师者率名邸。邸，至也，言所归至也。（见《资治通鉴》卷一三"高后七年"注）
⑤ 【汇校】
　　王叔岷：按：《御览》引"令"作"命"，义同。（《史记斠证》卷九）
⑥ 【汇注】
　　龚浩康：其群臣，指随赵王来京的臣属。（见王利器主编《史记注译》卷九《吕太后本纪》）
⑦ 【汇注】
　　胡三省：捕其馈者，以罪论之。（见《资治通鉴》卷一三"高后七年"注）
⑧ 【汇校】
　　王叔岷：按：《御览》引"乃"作"迺"。（《史记斠证》卷九）
　　【汇评】
　　牛运震：直叙事情而抑郁悲咽，《楚骚》之遗。（《史记评注·吕后本纪》）
⑨ 【汇校】
　　王念孙："诸吕用事兮刘氏危，迫胁王侯兮强授我妃"，念孙按："危"本作

"微",谓刘氏衰微也,今作"危"者,后人以意改之耳。微字古今同音,故与妃为韵,若危字则古音鱼戈反,不得与妃为韵。《逸周书·本典篇》"其上乃不危"与宜和为韵,宜古者俄(说见《唐韵正》)。《管子·形势篇》"虽安必危"与和为韵,《小问篇》"不得则危"与"禾"为韵。《淮南·说林篇》"谗贼间之而父子相危",与"和"为韵,皆在歌部,不在脂部。又《管子·侈靡篇》"重子之官而危之",与"随"为韵。《版法解篇》"虽高不危",与"堕"为韵。《墨子·小取篇》"行而异,转而危"与"离"为韵。《说苑·说丛篇》"非所言勿言,以避其患;非所为勿为,以避其危",言、患为韵,为、危为韵。《太元·释测》"失下危也",与"为"为韵。《庄子·渔父篇》"苦心劳形以危其真",《释文》"危或作伪",随、堕、离、为、伪五字古音亦在歌部也。(说见《唐韵正》。又按:《晋语》"直不辅曲,明不规阇,俪木不生危,松柏不生埤",曲阇非韵,则危埤亦非韵。《荀子·解蔽篇》引《道经》"人心之危,道心之微",危、微亦非韵。《唐韵正》危音鱼葵反,引此二条为证,其说疏矣。)《汉书·高五王传》正作"刘氏微"。(《读书杂志·史记·吕后本纪》)

  施之勉:《考证》:《汉书·五王传》:危作微,微妃韵。王念孙曰:危,古音鱼戈反,不与妃为韵。张森楷曰:按古今转韵,必有其端,决无彼此沟绝而忽混合者。如以鱼戈反之危,不能与妃通,而朱骏声之《说文通训定声》:履部、随部皆合今文,古微歌韵为一,何也?王说恐不足据。但如以《书》"人心惟危,道心惟微"之有韵言之,则将以伪《孔》见抵。故舍古而言今,亦以矛攻盾意也。(《史记会注考证订补·吕后本纪第九》)

⑩【汇注】

  [日]泷川资言:恶、寤韵。(《史记会注考证》卷九)

  张大可:指赵王妃吕氏。(《史记全本新注·吕太后本纪第九》)

  龚浩康:寤,通"悟"。觉悟;了解。(见王利器主编《史记注译》卷九《吕太后本纪》)

⑪【汇注】

  韩兆琦:何故,同"何辜",有何罪过。(《史记选注汇评·吕太后本纪》)

⑫【汇校】

  裴　骃:徐广曰:"举,一作'与'。"(《史记集解·吕太后本纪》)

  梁玉绳:附按:"举"字徐广作"与",《汉书·高五王传》同,此讹也。而《五王传》"决"作"快",师古以"快意自杀"解之,似"决"字意胜。(《史记志疑》卷七)

  施之勉:吴汝纶曰:举,当依《集解》一本作"与","与""举"通借字。举,犹与也。直,如《楚辞》"命咎繇使听直"。(《史记会注考证订补·吕后本纪第九》)

王叔岷：《集解》："徐广曰：举，一作与。"《考证》："颜师古曰：举直，言己之理直，冀天临鉴之。"按：《汉书·高五王传》"举"作"与"，古字通用。师古似未得"与直"之义（《考证》引颜注，改"与"为"举"），"与直"犹"为正"（与、为同义，《经传释词》一有说）。《楚辞·九章·惜诵》："非所忠而言之兮，指苍天以为正。"此文之"苍天举直"，犹言"苍天为正"耳。《离骚》"指九天以为正兮"，取义亦同。（《史记斠证》卷九）

【汇注】

　　[日]**泷川资言：**愚按：国、直韵。（《史记会注考证》卷九）

⑬【汇校】

　　梁玉绳：附按：《考要》云："财、裁通。《汉书》改'自贼'。师古注：'害也。'并谬。"余谓《考要》专主《史记》，以古韵支、灰通用，故依此歌"财"字，叶下句"之""仇"二韵也（仇音奇），但"贼"字与上"国""直"两韵亦叶。所传异词，不得便谓《汉书》谬。（《史记志疑》卷七）

　　王叔岷：《考证》："钱大昕曰：'财'与'裁'同。'宁早自财'，悔不早自引决也。《汉书》作'贼'，颜师古训为害，义亦通。方东树曰：'财与之、仇韵。'梁玉绳曰：'仇音奇。'又曰：'《汉书》财作贼，贼字与上国、直韵叶。所传异词，不得便谓《汉书》谬。'"按：财，疑本作"则"，与上国、直为韵。则乃贼之借字（《说文》："贼，从戈，则声。"故"则"可借为"贼"）。《汉书》作"贼"，易借字为本字耳。作"财"，疑后人所改。（《史记斠证》卷九）

【汇注】

　　钱大昕：财与裁同，悔不早自引决也。《汉书·高五王传》财作贼，小颜训为害，义亦通。（《廿二史考异》卷一）

　　瞿方梅：宁蚤自财，方梅案：财读为裁。《易》：财成天地之道。亦财为裁也。（《史记三家注补正·吕太后本纪第九》）

　　[日]**泷川资言：**方东树曰：财与之、仇韵。（《史记会注考证》卷九）

⑭【汇注】

　　王叔岷：按：者犹其也。《大戴礼·哀公问于孔子篇》："礼者政之本与？"《礼记·哀公问篇》"者"作"其"（裴学海《古书虚字集释》九有此例），即二字同义之证。（《史记斠证》卷九）

⑮【汇评】

　　李元春：孝惠观人彘，请太后曰：此非人所为。直以子骂母矣。（《诸史间论及其他两种》）

　　又：赵王《困饿歌》曰："诸吕用事兮刘氏危……为王而饿死兮谁者怜之。"词畅

而意悲，诸选诗者多不选，何也？（同上）

  程馀庆：歌辞抑郁倔强，楚声也。（《历代名家评注史记集说·吕太后本纪第九》）

⑯【汇注】

  韩兆琦：丁丑，正月十八日。（《史记选注汇评·吕太后本纪》）

⑰【汇注】

  班　固：高后元年五月丙申，赵丛台灾。刘向以为是时吕氏女为起王后，嫉妒，将为谗口以害赵王。王不寤焉，卒见幽杀。（《汉书·五行志上》）

  杨树达：树达按：友以吕氏女为后，友不爱，吕女谗之于后，后怒而幽之。（《汉书窥管》卷一《高后纪第三》）

  韩兆琦：幽死，被关闭困饿而死。（《史记选注汇评·吕太后本纪》）

【汇评】

  杨一奇：屡杀诸臣，擅于用刑也，况也刑非其刑乎？欲王诸吕，擅于封爵也，况也爵非其爵乎？（《史谈补》卷之二《太后欲王诸吕》）

⑱【汇注】

  张大可：按普通老百姓的葬礼埋葬赵王，即废赵王为庶人。（《史记全本新注·吕太后本纪第九》）

【汇评】

  程馀庆：插赵王事。（《历代名家评注史记集说·吕太后本纪第九》）

  己丑①，日食，昼晦②。太后恶之，心不乐，乃谓左右曰："此为我也③。"

  二月，徙梁王恢为赵王。吕王产徙为梁王，梁王不之国④，为帝太傅。立皇子平昌侯太为吕王⑤。更名梁曰吕，吕曰济川⑥。太后女弟吕媭有女为营陵侯刘泽妻⑦，泽为大将军⑧。太后王诸吕，恐即崩后刘将军为害，乃以刘泽为琅邪王⑨，以慰其心⑩。

①【汇注】

  张大可：正月三十日。（《史记全本新注·吕太后本纪第九》）

②【汇校】

  梁玉绳：按：《汉书》作"己丑晦，日有食之"。（司马光《通鉴目录》七年正月

庚申朔，则己丑是晦日。)(《史记志疑》卷七)

郭嵩焘："己丑，日食，昼晦"，按：《汉书》作"己丑晦，日有食之"。《札记》云："颛顼术、殷术皆三月庚寅朔。"《汉书》是也。(《史记札记·吕后本纪》)

王叔岷：按：《汉纪》亦作"己丑晦，日有食之"。《汉书·高后纪》"食"作"蚀"(古字通用)。梁氏从此文引之。(《史记斠证》卷九)

③【汇评】

胡一桂：南宫氏曰：太后酖死赵王，人彘戚姬，使帝昆弟之义不全，过爱鲁元，纳甥女以为后，使帝夫妇之伦不正。因张后无子，杀后宫美人，取其子以为嗣，使帝父子之亲不白。惜哉，高皇后吕氏雉临朝称制八年，迹其杀戚姬子母，骇殁嗣君，幽辱少主，擅王吕氏，诛锄高皇帝诸子，居位僭窃，自有天地以来，所谓非常之变也。(《十七史纂古今通要》卷七《西汉》)

④【汇注】

钱　穆：吕，案：吕县故城，今江苏铜山县北，春秋宋邑。《左》襄公：晋伐郑，楚救郑，侵宋吕、留。杜注："吕、留，二县。"汉更名曰吕，吕曰济川，则此吕取名，本于彭城之吕，非南阳之吕也。济川即后陈留郡。(《史记地名考》卷十二)

张大可：指吕产不就国，留京师执朝政。(《史记全本新注·吕太后本纪第九》)

⑤【汇校】

胡三省：四年，封太为昌平侯；班《表》亦作"昌平"，此误以"平"字在上。(见《资治通鉴》卷一三"高后七年"注)

梁玉绳：附按：《汉书·异姓》《恩泽》二表，此王之名皆作"大"，师古无音，则《史记》纪、表并讹为"太"也。下同。(《史记志疑》卷七)

点校本《史记》修订组："昌平侯太"，"昌平"原作"平昌"，据毛利本改。按：本书卷一九《惠景间侯者年表》云太封昌平侯，《索隐》："县名，属上谷。"《汉书》卷一八《外戚恩泽侯表》亦作"昌平"，《汉书》卷二八下《地理志下》上谷郡有"昌平"，无"平昌"。(点校本二十四史之修订本《史记》卷九)

【汇注】

王　恢：刘大，四年二月以惠帝子侯。七年，为济川王。(全氏《经史问答》九，以大为吕氏子，而未考下文及《表》明云孝惠子也。全氏《问答》史地多疏误，远不及《汉志》稽疑之精审。)

《史》《汉·表》俱作昌平，但《本纪》《汉书·异姓王表》又俱作平昌。《索隐》谓昌平属上谷，在河北今县东南，其时皇子必不远封之极边。如为平昌，一属平原，在山东德平县西南；一属琅邪，在山东安邱县南，疑大国除，文帝以封齐王肥子卬者也。

八年，诸吕既诛，迎立代王。徙大王梁。诸大臣以"少帝及梁、淮阳、常山王，皆非真孝惠子，吕以计诈名他人子，杀其母，养后宫，令孝惠子之，立以为后及诸王，以强吕氏"。遂诛梁、淮阳、常山王及少帝，并废鲁王张偃为南宫侯。（《史记本纪地理图考·吕太后本纪》）

龚浩康：据《惠景间侯者年表》与《外戚恩泽侯表》，刘太为"昌平侯"，此处言"平昌侯"，记载不一。（见王利器主编《史记注译》卷九《吕太后本纪》）

⑥【汇注】

王鸣盛：其下又叙至八年七月，太后崩，诸吕欲为乱，之下则云"当时是，济川王太、淮阳王武、常山王朝名为少帝弟"，以下又叙至诸吕诛后，大臣谋曰"少帝及梁、淮阳、常山王皆非真孝惠子也。吕后以计诈名他人子，杀其母，养后宫，令孝惠子之，立以为后，及诸王"云云，其下叙立代王后，兴居、滕公除宫，谓少帝曰："足下非刘氏，不当立。"载之出。代王入宫，夜，分部诛梁、淮阳、常山王及少帝于邸。一则曰非孝惠子，再则曰非刘氏，其文甚明。所诛梁王即前封吕王更名梁王亦更名济川王名太者也，所诛淮阳王即前封壶关侯更封淮阳王名武者也，所诛常山王即前封轵侯更封常山王名朝者也，所诛少帝即前封襄成侯更封常山王又立为帝，初名山，改名义，又改名弘者也（据《索隐》，改名弘农，今本无"农"字）。张守节《史记正义》引刘伯庄云："诸美人皆先幸吕氏，怀身而入宫生子。"而《汉书·高后纪》于元年既书并封二王三侯事，其作表乃以二王入《异姓诸侯王》，且注云："皆高后所诈立孝惠子。"又于八年武、朝下皆注云："以非子诛。"又以义、朝、武及太入《外戚恩泽侯表》，且注云："皆吕氏子也。"（此句今本脱，如淳《高后纪》注引之。）又《五行志》云："惠帝崩，嗣子立，有怨言，太后废之，更立吕氏子弘为少帝。"则诸子非刘氏甚明。何氏《读书记》谓少帝非刘，乃大臣既诛诸吕，从而为之辞，误也。（《纲目·书法》《发明》皆云少帝非刘氏。）（编者按：校点者黄曙辉于"少帝诸王皆非刘氏"条目后有校读记：李慈铭曰："此说非也。孝惠崩后，所立者固是孝惠子，特非张后所生耳。近时黟人俞正燮《癸巳类稿》中辩之极详。"又于"从而为之辞"后注云"见（何氏）《读书记》卷十五"。）（《十七史商榷》卷二《少帝诸王皆非刘氏》）

钱大昕：按：吕后二年，割齐之济南郡为吕王奉邑；及吕产徙王梁地，改吕国曰济川，以王孝惠之子，则济川即济南也。诸吕既诛，先徙济川王于梁，乃告齐王，令罢兵，盖仍以济南还齐矣。（《廿二史考异》卷一）

施之勉：胡三省曰：济川，即济南。济北之地，盖割齐封之。（《史记会注考证订补·吕后本纪第九》）

王　恢：元年，割齐之济南郡置吕国，四月辛卯，立兄子郦侯台（为吕王）。梁国，都东平陵（济南东七十多里）。二年十一月台卒，子嘉嗣。六年嘉废，十月,王台弟浈侯产。七年(前181)二月,徙梁王恢王赵,徙产王梁,梁改名吕,吕改名济川,王惠帝子昌平侯大。八年,文帝徙大王梁,国除,还齐仍为济南郡。

梁当四达之冲,与赵为犄角,吕氏夺之而不守,而图掌南北军,不然,吕氏之祸,甚于七国之乱也矣。

郦,高帝九年(前198)封。《汉志》南阳县,即下郦,见《湍水注》,故城在河南内乡县东北十里。《汉·表》《传》"郦"字脱"麗"头,后人误以为"郧"。《志疑》谓古字通,谬也;盖竹简木版,隶楷传书,难免脱讹,直说即今陕西郧县者尤妄。(《史记本纪地理图考·吕太后本纪》)

张大可:高祖五年改砀郡为梁国,都睢阳,在今河南省商丘南。(《史记全本新注·吕太后本纪第九》)

又:吕后二年割齐国济南郡为吕国,都历城,即今山东省济南市。(同上)

⑦【汇注】

司马贞:韦昭云:"樊哙妻,封林光侯。"(《史记索隐·吕太后本纪》)

胡三省:班《志》,营陵县属北海郡,或曰营丘。应劭曰:师尚父封于营丘。陵亦丘也。臣瓒曰:营丘,即临淄、营陵,《春秋》谓之缘陵。师古曰:临菑、营陵皆故营丘地。《括地志》:营陵故城,在青州北海县南三十里。(见《资治通鉴》卷一三"高后七年"注)

龚浩康:营陵,县名。治所在今山东省昌乐县东南。(见王利器主编《史记注译》卷九《吕太后本纪》)

又:刘泽,刘邦的堂兄弟。汉初为郎中,因军功封营陵侯。文帝时被封为燕王。(同上)

⑧【汇注】

龚浩康:大将军,官名。是将军的最高称号,职掌统兵征战,大多由贵戚担任。后来还以大司马(太尉)为大将军所兼官号,成为朝廷中最高军政长官。(见王利器主编《史记注译》卷九《吕太后本纪》)

⑨【汇注】

司马光:泽者,高祖从祖昆弟也。齐人田生为之说大谒者张卿曰:"诸吕之王也,诸大臣未大服。今营陵侯泽,诸刘最长;今卿言太后王之,吕氏王益固矣。"张卿入言太后,太后然之,乃割齐之琅邪郡封泽为琅邪王。(《资治通鉴》卷一三"高后七年")

王 恢:刘泽,高帝从祖昆弟,以击项羽、陈豨,十一年(前196)十一月,封营陵侯。《汉志》北海郡营陵县,故城在今山东昌乐县东南。吕后七年二月,从田生说,分齐之琅邪郡十余县立营陵侯泽为琅邪王,以慰其心而固诸吕。泽虽刘氏支族,而实党附吕氏。王二年,与诸将相共立代王为帝;文帝德之,徙为燕王,乃复以琅邪予齐。

（《荆燕世家》）琅邪都东武，今山东诸城县。（《史记本纪地理图考·吕太后本纪》）

龚浩康：琅邪，汉初封国。辖今山东半岛南部地区，治所在东武（今山东省诸城县）。（见王利器主编《史记注译》卷九《吕太后本纪》）

⑩【汇评】

程馀庆：曲写太后心事。（《历代名家评注史记集说·吕太后本纪第九》）

梁王恢之徙王赵，心怀不乐①。太后以吕产女为赵王后。王后从官皆诸吕，擅权，微伺赵王，赵王不得自恣。王有所爱姬，王后使人酖杀之。王乃为歌诗四章，令乐人歌之②。王悲③，六月即自杀④。太后闻之，以为王用妇人弃宗庙礼⑤，废其嗣⑥。

宣平侯张敖卒⑦，以子偃为鲁王⑧，敖赐谥为鲁元王⑨。

秋，太后使使告代王，欲徙王赵。代王谢⑩，愿守代边⑪。

太傅产、丞相平等言，武信侯吕禄上侯⑫，位次第一⑬，请立为赵王。太后许之，追尊禄父康侯为赵昭王⑭。九月，燕灵王建薨⑮，有美人子，太后使人杀之，无后，国除⑯。八年十月，立吕肃王子东平侯吕通为燕王⑰，封通弟吕庄为东平侯⑱。

①【汇评】

程馀庆：间接。（《历代名家评注史记集说·吕太后本纪第九》）

②【汇评】

程馀庆：歌暗写，变。（《历代名家评注史记集说·吕太后本纪第九》）

③【汇评】

牛运震：两赵王幽死事，叙得悲咽激怆，哀怨如结。（《史记评注·吕后本纪》）

又：按："王悲"二字顿住，哽塞，不必更载诗词矣。（同上）

④【汇注】
　　杨树达：树达按：恢娶吕产女为后，恢有爱姬见杀，王悲思，遂自杀。(《汉书窥管》卷一《高后纪第三》)
【汇评】
　　徐孚远：赵王自杀，非但为悲哀爱姬也，惧有前幽王之祸耳。(《史记测议·吕后本纪》)
⑤【汇注】
　　胡三省：诸侯王有国，所以奉宗庙也。今恢以爱姬之故，至于自杀，故以弃宗庙礼罪之。(见《资治通鉴》卷一三"高后七年"注)
　　龚浩康：弃宗庙礼，背弃了宗庙的礼仪。指刘恢因爱姬被鸩杀而自杀这件事。(见王利器主编《史记注译》卷九《吕太后本纪》)
⑥【汇评】
　　程馀庆：间插梁王恢事。(《历代名家评注史记集说·吕太后本纪第九》)
⑦【汇校】
　　施之勉：张森楷曰：按：敖谥武侯，见本传及《汉·表》。若如此文，则无所为谥武矣。疑敖以六年卒，本谥武，至此乃追改耳。《史》遂并书敖卒于此年，以致没武之谥不见，非事实也。(《史记会注考证订补·吕后本纪第九》)
　　王叔岷：《考证》："梁玉绳曰：敖卒于吕后六年。此在七年，误……"按：《通鉴》"宣平侯张敖卒"，书在六年。《考异》云："《史记·吕后本纪》，敖卒在明年六月。按：《史记·功臣表》，高后六年敖卒。《汉书·功臣表》，敖以高祖九年封，十七年薨。盖《本纪》之误。"(《史记斠证》卷九)
【汇注】
　　崔适：七年，宣平侯张敖卒，以子偃为鲁王，敖赐谥为鲁元王。按：元者妻谥，王者子爵，此假妻谥子爵以称敖，非赐敖谥也。唐时有官梓州鄠县令者，自谑云："州称子号，县带妻名，由来皆属妇儿，不是老夫官职。"彼犹戏语，此乃实事矣。(《史记探源·吕太后本纪第九》)
【汇评】
　　梁玉绳：按：敖卒于吕后六年，此在七年，误。公主食邑于鲁，其卒也谥元，张敖以赵王降侯宣平，其卒也谥武，今因妻称鲁元，子为鲁王，别赐敖谥为鲁元王，可怪也。《大事记》曰：敖尚无恙而封偃鲁王者，继公主之后也。敖死，始从公主之谥追封鲁元王。不使子继父而继母，不使妇从夫而从妇，悖于三纲甚矣。(《史记志疑》卷七)

⑧【汇评】

王　恢：《汉志》："故秦薛郡，高后元年为鲁国。"按：薛郡高帝以封楚元王交。《汉书·楚元王传》景帝三年，不云"削东海与薛郡"乎？吕后何尝夺之以封张偃。不过郡国，公主列侯颇食邑其中，即如鲁，高帝六年封奚涓母疵四千八百户，吕后五年，疵卒，无后，国才除。是鲁既为薛郡治，又为疵与公主食邑也。

惠帝二年（前193），史称"公主乃食数城"，数城何处不可考。齐王肥为脱险取悦吕后，乃上城阳一郡为公主汤沐邑。吕后元年四月，公主卒，乃立外孙张偃为鲁王。吕后以偃孤弱，复封其父敖前姬子寿为乐昌侯，侈为信都侯。（《史记本纪地理图考·吕太后本纪》）

⑨【汇评】

程馀庆：夫从妻谥爵，奇事。（《历代名家评注史记集说·吕太后本纪第九》）

⑩【汇评】

张大可：刘恒谢绝内迁，自为韬晦避祸。（《史记全本新注·吕太后本纪第九》）

韩兆琦：茅坤曰："文帝不愿徙赵，便有畏吕后而自远之意。"（《史记钞》）按：文帝深明韬晦之术。（《史记选注汇评·吕太后本纪》）

⑪【汇评】

［日］泷川资言：茅坤曰：文帝不敢徙赵，便有畏吕后而自远之识。（《史记会注考证》卷九）

⑫【汇注】

裴　骃：徐广曰："吕后兄子也。前封胡陵侯，盖号曰武信。"（《史记集解·吕太后本纪》）

韩兆琦：吕禄前被封为胡陵侯，今曰武信侯者，大约是有过改封之事。上侯，上等侯爵。（《史记选注汇评·吕太后本纪》）

⑬【汇注】

裴　骃：如淳曰："功大者位在上，《功臣侯表》有第一、第二之次也。"（《史记集解·吕太后本纪》）

［日］泷川资言：中井积德曰：武信盖尝改封耳，非虚号。（（《史记会注考证》卷九）

张大可：吕太后二年重新排定侯爵位次，以吕禄第一。（《史记全本新注·吕太后本纪第九》）

【汇评】

梁玉绳：附按：吕禄封胡陵侯，此云"武信"者，徐广以为号是也，高祖定侯位，萧何第一，曹参第二。其后吕后录第，虽曲升张敖为第三，而萧、曹之位，确然不易，彼无功续封之吕禄，安得称上侯第一乎？《大事记》谓吕后二年定位时萧、曹皆死，必递迁第三之张敖为第一，敖既死，遂以禄补其处，或当然耳。盖陈平阿意顺之。（《史记志疑》卷七）

龚浩康：在爵位的等第中名列第一。高祖定侯位时，萧何本为第一，但这时萧何已死，所以陈平等为迎合吕后之意，尊吕禄为首位。（见王利器主编《史记注译》卷九《吕太后本纪》）

⑭【汇注】

龚浩康：康侯，即建成侯吕释之。（见王利器主编《史记注译》卷九《吕太后本纪》）

⑮【汇注】

韩兆琦：刘邦子刘建在燕共十五年。据《金史·蔡珪传》，前海陵王欲扩大京城，发现在计划的城圈内有两座西汉墓，经蔡珪考察，一座是刘邦子燕灵王刘建墓，一座是燕康王刘嘉墓。金世宗大定九年二月，诏改葬二燕王于城东。约当今顺义县之燕王庄一带。见《北京考古集成》第十五册第三编第一章第四节《大葆台西汉墓》引。（《史记笺证·吕太后本纪》）

龚浩康：燕灵王，即刘建。"灵"是他的谥号。（见王利器主编《史记注译》卷九《吕太后本纪》）

⑯【汇注】

龚浩康：国除，取消封国。（见王利器主编《史记注译》卷九《吕太后本纪》）

【汇评】

程馀庆：插燕王建事。高帝八男，除孝惠外，吕后杀其三，杀其嗣国除者一，备写惨酷。（《历代名家评注史记集说·吕太后本纪第九》）

⑰【汇校】

梁玉绳：按：吕通封锤侯，非东平也。此与《诸侯王表》并误。而东平之封，《史》《汉·表》在五月，则当书于后文"吕荣为祝兹侯"句下，而衍去封事，盖祝兹等四侯以四月封（或曰"封"字当作"吕"字，宜云"吕通弟"也）。此叙在十月，误矣。又东平侯之名，《纪》作"庄"，《表》作"壮"，而《汉·表》作"庀"，师古曰"匹履反"，则作"庄"与"壮"者并误。不然，《汉书》当改作"严"字，何以别作"庀"耶？或曰此侯有二名。（《史记志疑》卷七）

王叔岷：按：吕通封锤侯，见《惠景侯表》。东平侯之名，景祐本、黄善夫本、殿本《表》皆作"莊"，梁氏所据本作"壮"，莊、壮古通，当从《汉书》作"庀"。莊，俗书作"庄"，"庀"误为"庄"，复易为"莊"或"壮"耳。此侯非有二名也。（《史记斠证》卷九）

【汇注】

钱大昭：通，《后纪》七年及《外戚传》并作"建"。四王，台为吕王，产为梁王，禄为赵王，通为燕王。（《汉书辨疑》卷一）

王　恢：吕通，以吕台子六年（前182）四月侯。《汉志》东莱郡县，今山东文登县西。（《史记本纪地理图考·吕太后本纪》）

龚浩康：东平，地名。在今山东省东平县东南。（见王利器主编《史记注译》卷九《吕太后本纪》）

【汇评】

李　翰：或称汉祖建五等封异姓，其计得乎？高后立四王非刘氏，其事顺乎？尝试论之。曰夫思治恶乱，体国之常理，去危就安，宅生之大域，然而制业图远，随化会机，是非较于毫厘，得失差于兴灭，可不谓然乎？搂夫高祖造汉，殷鉴亡秦，宗族无尺寸之封，子弟立虚空之地，故众枝莫助而孤根易拔，封建之心，肇于此矣。又谓大业可以力取，神器推于命归，思得包四海以独富，举百郡以从欲，而外诱异端，内疑成计。及见群心交阻，偶语间兴，适悟天下不可独理，专欲不能盖众，分利推恩，乃先封雍齿，然后将士敛手，不怀反覆，豪俊息虑，知难于动，五等之制，于是行焉。既而銮辂龙旂，皆王室昭穆，黼衣朱黻，即功臣子孙。君利世祚，人安定主，上敦子爱之情，下结体信之志，群后因犬牙之势，匹夫绝乌合之举，此所以为计之是也。何创五等之议，不遵三代之典，境土逾溢，堤防漏下，权敌上都，制方偶国，过当启陵僭之端，怙强连交争之兆。贾谊痛其将乱，晁错忧其必危，卒使诸侯失节，朝廷忿忌，此所以为计之非也。且夫中兴之主，不让肇基之勋，成务之臣，有高佐命之力，故礼乐大备，取惟新之格言，琴瑟不调，除仍旧之弊法。观乎孝惠既崩，高后称制，侯王诸吕，何不可哉！当若卑署禄、产之位，宜序亲疏之节，小其国以图全，薄其势以远害，而陈平、周勃，亦分茅锡土，将相之后，誓同山河，舅甥之国，穆若唇齿。预闭觊觎之心，不践嫌猜之路，克复明辟，决自我躬，高谢寿陵，无负先帝，安有齐兵之观变，代邱之危疑哉？此所以为计之得也。神害久盈，物无两大，以吕氏之盛，跨汉朝之权，专禁兵以候疑，秉大政以速谤，趋趄异姓，蓄奸侯隙，刺促大臣，侧目相视，自投机阱，实履忧虞，此所以为计之失也。呜呼！物有益之而损，损之而益。凡人临事多惑，视往则明。向使高祖、吕后观既往之势，析当时之疑，断必然之策，杜未萌之祸，则惠文之间，无刘吕之难，哀平之末，有晋郑是依。况复周陈诸家休戚连汉，黎献思德，讴歌未改，虽天命兴废，孰能明之？然人谟协密，必无悔矣！（引自《历代史事论海·汉祖吕后五等论》）

⑱**【汇校】**

陈　直：吕莊，《汉书·侯表》作吕庀，前人注《汉书》者，疑吕莊又名吕庀，其实不然。汉代写"莊"字，有作"庄"者，"庄氏一石"陶瓮可证（见《关中秦汉陶录》卷一）。《汉·表》经后人传抄时，因形近遂误为"庀"字。（《史记新证·吕后本纪》）

【汇评】

张　恕：吕太后几灭刘氏，大臣莫敢谁何。及太后崩，始得反正，想见太后毒焰灼人，廷臣畏于高祖。（《汉书读》卷一二）

　　　三月中，吕后祓①，还过轵道②，见物如苍犬，据高后掖③，忽弗复见。卜之，云赵王如意为祟④。高后遂病掖伤⑤。

① **【汇注】**

颜师古：祓者，除恶之祭也，音废。（《汉书注·高后纪第三》）

张守节：祓，芳弗反，又音废。后同。（《史记正义·吕太后本纪》）

程馀庆：祓，禊也。三月上巳，于东流水上洗濯、祓除，去宿垢疢也。（《历代名家评注史记集说·吕太后本纪第九》）

张大可：祓，祈求免灾的祭祀，又称"祓除""祓祭"，通常在正月、三月于宗庙、社坛或水边举行。（《史记全本新注·吕太后本纪第九》）

② **【汇校】**

王叔岷：《考证》："《汉书·五行志》作'祓霸上还'。颜师古曰：除恶之祭。"按："吕后"疑本作"高后"，与下文一律。"高"之作"吕"，涉上文三"吕"字而误。《汉书·五行志》作"高后"，是也。《五行志》轵作枳，王先谦《补注》引钱大昭云："枳道即轵道。"（《史记斠证》卷九）

【汇注】

韩兆琦：轵道，古亭名，在今陕西省西安市东北。（《史记选注汇评·吕太后本纪》）

③ **【汇校】**

张文虎："高后"二字疑后人所增。（《校刊史记集解索隐正义札记·吕太后本纪》）

【汇注】

裴　骃：据，徐广曰："音戟。"（《史记集解·吕太后本纪》）

梁玉绳：据音戟。《潏南集·辩惑》曰："'吕后''高后'，似是两人，但云'据

其掖'可矣。"(《史记志疑》卷七)

[日]泷川资言： 愚按："据"，依据之据，不必改字。王若虚曰："'吕后''高后'似是两人，但云'据其掖'可矣。"愚按："掖"读为"腋"。(《史记会注考证》卷九)

施之勉： 吴汝纶曰：据字，徐音戟，则据本是撠，与《汉书》同。作据者，误字也。然《通志》已作据音戟，则此字南宋已讹矣。(《史记会注考证订补·吕后本纪第九》)

王叔岷： 按：《汉纪》作"撠后腋"。(《水经·渭水下》注，据作戟，疑撠之省；或撠之坏字。)《通鉴》据亦作撠。《论衡·死伪篇》作"噬其左腋"。掖，正作亦，《说文》："亦，人之臂亦也。"掖，借字。腋，俗字。(《史记斠证》卷九)

龚浩康： 据，这里是"击""撞"的意思。(见王利器主编《史记注译》卷九《吕太后本纪》)

④【汇注】

张大可： 祟，古称神鬼害人。(《史记全本新注·吕太后本纪第九》)

【汇评】

丁南湖： 吕后明杀赵王，而赵王阴杀吕后，施报之道若此，其严且速邪！按：后之罪有五：灭刘宗一也，王诸吕二也，私食其三也，戕妃嫔四也，醢将相五也。小司马赞之曰："祸盈斯验，苍犬为灾。"信矣夫！(见《袁黄纲鉴合编》卷六《高后》)

⑤【汇注】

班　固： 高后八年三月，祓霸上，还过枳道，见物如仓狗，橶高后掖，忽而不见。卜之，赵王如意为祟。遂病掖伤而崩。先是高后鸩杀如意，支断其母戚夫人手足，摧其(服)〔眼〕以为人彘。(《汉书·五行志中之上》)

【汇评】

刘　沅： 此等事近荒怪，然《大易》言吉凶，《洪范》言休咎，圣人欲人知祸福生于善恶，用垂劝惩，孔子言畏天命，体物不遗矣，不修德于平日，而徒听命于鬼神者固非，然以鬼神为荒渺，而犹能戒慎于隐微者尤少。吕氏之恶稔矣，死将至而祟生焉，非理之常乎？故书以警世。(《槐轩全书》卷七《史存》)

程馀庆： 吕后杀其子孙而王母家，使母家无少长皆斩，而身亦死于祟祸，史备著之，以为万世女后戒。(《历代名家评注史记集说·吕太后本纪第九》)

韩兆琦： 彭生的鬼魂报仇齐襄公事，见《左传》庄公八年。(《史记笺证·吕太后本纪》)

高后为外孙鲁元王偃年少①，蚤失父母，孤弱，乃封张敖前姬两子②，侈为新都侯③，寿为乐昌侯④，以辅鲁元王偃。及封中大谒者张释为建陵侯⑤，吕荣为祝兹侯⑥。诸中宦者令丞皆为关内侯⑦，食邑五百户⑧。

① 【汇校】
梁玉绳： 按：敖从公主别赐谥鲁元王已属悖理，而其子偃又称鲁元王，不尤悖乎？考《汉书·张耳传》无"元"字，是也。此《纪》及《耳传》并是误增之。下同（下文别有"废鲁王偃"句，固不误）。（《史记志疑》卷七）

张文虎： 《志疑》云："《汉书·张耳传》无'元'字，是也。此《纪》及《耳传》并误增。下文'废鲁王偃'句不误。"按：《通鉴》作"鲁王偃"。（《校刊史记集解索隐正义札记·吕太后本纪》）

李景星： "高后为外孙鲁元王偃年少"，按：《汉书·张耳传》无"元"字，此《纪》及《耳传》皆误。（《史记评议·吕后本纪》）

王叔岷： 按：《通鉴》亦无"元"字，盖从《汉书·张耳传》。（《史记斠证》卷九）

龚浩康： "元"为张偃之父张敖的谥号，按理不应用来称张偃；《汉书·张耳传》无"元"字，可知这里的"元"字为衍文。下文"以辅鲁元王偃"中的"元"字，同此。（见王利器主编《史记注译》卷九《吕太后本纪》）

② 【汇评】
徐孚远： 吕后妒甚。移妒于吕氏诸女，以杀两赵王，而封张敖两姬子，何也？将鲁元主特贤耶？（《史记测议·吕后本纪》）

③ 【汇校】
张　照： 《年表》"新都"作"信都"，"寿"作"受"，《张耳陈余传》云：寿为乐昌侯，与此同。侈为信都侯，与《年表》同。三处互异。（《史记考证·吕后本纪》）

梁玉绳： 按：《史》《汉》表、传并作"信都"，而此作"新都"，误也。但新、信二字，《史》《汉》互用处甚多。颜师古云："新、信同音故耳。"（见《汉书》九九卷上信乡侯佟注。）王莽改十一公号，以"新"为"心"，后又改"心"为"信"，亦因古字通借，转相改易也。（《史记志疑》卷七）

【汇注】
施之勉： 按：《通鉴》亦作新都。胡注、班《志》：新都县，属南阳郡。（《史记会注考证订补·吕后本纪第九》）

龚浩康：新都，《惠景间侯者年表》作"信都"。故城在今河北省冀县。古代"新""信"二字，同音假借。（见王利器主编《史记注译》卷九《吕太后本纪》）

④【汇校】

王叔岷：《集解》："徐广曰：乐昌侯，食细阳之池阳乡。"梁玉绳云："……乐昌侯之名，《史》《汉·表》又作受，说见前。"按：梁氏既知新、信古字通借，则不得以此作"新都"为误。《通鉴》新字、寿字，并从此《纪》。《考异》云："《史记·惠景间侯者表》'新都'作'信都'，'寿'作'受'，今从本纪。"注引徐广曰："乐昌，今细阳之池阳乡。"黄善夫本、殿本徐注，食亦作今；景祐本作"食"，上并无"乐昌侯"三字。（《张耳陈余列传》集解引徐注亦作"食"。）（《史记斠证》卷九）

【汇注】

裴　骃：徐广曰："食细阳之池阳乡。"（《史记集解·吕太后本纪》）

王　恢：乐昌，《汉志》东郡县，今河北南乐县西北三十五里。（宣帝封王武）（《史记本纪地理图考·吕太后本纪》）

⑤【汇校】

梁玉绳：附按：下文及《惠景侯表》作"张泽"，《燕王世家》作"张子卿"，又作"张卿"，《汉书·高后纪》作"张释卿"，《匈奴传》作"张泽"，而《恩泽表》及《周勃传》作"张释"（宋祁曰：别本作"张释卿"）。盖张名释字子卿，人或并呼之，或单称之，故各不同，而"泽"与"释"古通也。（《史记志疑》卷七）

洪颐煊：封中大谒者张释为建陵侯，《集解》徐广曰：一云张释卿。颐煊按：《年表》作张泽，《荆燕世家》大谒者张子卿，《汉书·高后纪》作张释卿，《燕王泽传》作张卿，《周勃传》作张释，《文选·宦者传论》李善注：张释字子卿。字从文省，并是一人。（《读书丛录》卷十七）

王叔岷：按：《燕王世家》："吕后所幸大谒者张子卿。"（《御览》一五〇引无"子"字。）《集解》徐广曰："名泽。"骃按：如淳曰：阉人也。《正义》："张子卿，《汉书》作'泽卿'，音释。《高后纪》《周勃传》作'释'。子卿，字也。"《汉书·燕王泽传》："吕后所幸大谒者张卿。"颜师古《周勃传》注引作"张择"（《通鉴》四《考异》引颜注同），王先谦《补注》引宋祁曰："南本、浙本并作'张泽卿'，或作'释卿'。"《汉纪》亦作"张释卿"。《通鉴》四及五并作"张释"。释、泽、择古并通用。《张耳陈余列传》："使张黡、陈泽往让陈余。"《汉书》《汉纪》一"陈泽"并作"陈释"，是"泽"可通"释"；《韩非子·五蠹篇》："布帛寻常，庸人不释。"《论衡·非韩篇》"释"作"择"，是"择"可通"释"矣。又按：《汉书·高后纪》如淳注及《通鉴·汉纪五》注引如淳注，"奄人"并作"阉人"，奄、阉古通。（《史记斠证》卷九）

安作璋、孟祥才：（《汉书·荆燕吴传》有张卿）关于张卿其人，史载不一，《史记·荆燕世家》作"大谒者张子卿"，又作"张卿"，《汉书》同。《史记·吕太后本纪》作"大谒者张释"，《汉书》作"张释卿"。（《刘邦评传》）

【汇注】

裴　骃：徐广曰："一云张释卿。"骃按：如淳曰："《百官表》'谒者掌宾赞受事'，灌婴为中谒者。后常以奄人为之，诸官加'中'者多奄人也。"（《史记集解·吕太后本纪》）

杨树达：齐召南曰：按：张释卿《恩泽侯表》作张释，无卿字。《燕王刘泽传》作张卿，无释字。先谦曰：释，其名也，卿盖美称，若言某甫矣。树达按：王说非也。古人二名，《史记》每只称一字。如鲁隐公名息姑，只称息，闵公名启方，讳启只称开，是也。班于此皆改史而兼称之，表与传改之未尽耳。说详本书卷五《晁错传》"丞相青翟"条下。又按：此以释卿说大臣请王吕产，故吕后德而封之，事见《刘泽传》。（《汉书窥管》卷一《高后纪第三》）

陈　直：《汉书·百官公卿表》有谒者，《灌婴传》有中谒者，无"中大谒者"之名，此为汉初之官制，当与谒者仆射相类。犹崔寔《四民月令》，标题官名为大尚书也。（《史记新证·吕后本纪》）

王　恢：张释，寺人，以大谒者劝王诸吕，与祝兹侯同日封。九月，免。建陵，《汉志》东海郡县，侯国。并见《沭水注》。后景帝封卫绾，宣帝封刘遂。今江苏沭阳县西北。（《史记本纪地理图考·吕太后本纪》）

施　丁：中谒者，官名。掌宫中传达事务，多为宦官担任。（《汉书新注》卷三《高后纪第三》）

又：张释卿，人名。姓张，名释，字卿。这里"卿"为衍字。（同上）

张大可：中大谒者，谒者，主管皇帝文办及接待宾客，加"中"字，系宦官任谒者。（《史记全本新注·吕太后本纪第九》）

【汇评】

顾炎武：吕后封大谒者张释为建陵侯，此封宦官之始。（《菰中随笔·官人久于其职》）

［日］泷川资言：愚按：宦官为列侯，始于此，以其劝王诸吕赏之也。（《史记会注考证》卷九）

施之勉：按《始皇纪》后附《秦纪》：赵高为丞相安武侯。《李斯传》：二世曰：夫高，故宦人也。则宦官封侯，非始于此矣。嫪毐诈为宦者，封长信侯，犹在赵高前。（《史记会注考证订补·吕后本纪第九》）

⑥【汇校】

梁玉绳： 附按：《汉书·外戚表》独以"荣"为"莹"，疑非。（《史记志疑》卷七）

王叔岷： 梁玉绳云："《汉书·外戚表》独以'荣'为'莹'。疑非。"按：荣、莹古通，"莹"非误字。《吕氏春秋·振乱篇》："且辱者也而荣。"高诱注："荣，光明也。"荣训"光明"，则为"莹"之借字。（朱骏声《说文通训定声》有说。）是荣、莹古通之证。（《史记斠证》卷九）

【汇注】

裴　骃： 徐广曰："吕后昆弟子。"（《史记集解·吕太后本纪》）

杭世骏： "吕荣为祝兹侯"，臣世骏按：《年表》祝兹侯吕荣注：《索隐》曰：《汉书》作琅琊、松兹侯。徐厉注：徐广曰，"松"一作"祝"。广盖以《文帝纪》云祝兹侯军棘门，而《绛侯世家》亦云祝兹侯徐厉军棘门也。徐厉封于高后四年，在吕荣前，中间未尝失封，则荣不得封于祝兹明矣。似应从《汉书》为是。但上年方以刘泽为琅邪王，而荣复为琅邪侯，岂琅邪有王国，又侯国耶！（《史记考证·吕后本纪》）

王骏图、王骏观： 吕荣之祝兹属琅邪，徐厉之祝兹属庐江，地名适同，无容以为疑也。且厉封在前，荣封在后，而并列侯国，其非一地可知。或以两国同名为嫌，故改庐江祝兹为松兹耳。考景帝分封王子时，于元鼎元年，以胶东康王子延为祝兹侯，可见先时属琅邪无疑。且《年表》索隐注曰：祝兹在琅邪。《王子侯表》注曰：《表》在琅邪，杭公疑为即琅邪，此其所以误也。（《史记旧注平义·吕太后本纪》）

编者按： 陈苏镇《汉文帝"易侯邑"及"令列侯之国"考辨》一文亦有考证：《史记》卷十九《惠景间侯者年表》有"松兹夷侯徐厉"，又有"祝兹侯吕荣"。松兹侯条《集解》引徐广曰："松，一作祝。"《索隐》曰："《汉表》作祝。"《汉书》卷十六《高后功臣表》有"祝兹夷侯徐厉"，但又说"祝兹，在《恩泽外戚》"。同书卷十八《外戚恩泽侯表》却有"祝兹侯吕荣"。对这些记载上的混乱，前人已经考证清楚。王先谦《汉书补注》"祝兹夷侯徐厉"条引陆锡熊云："厉以吕后四年封，十一年薨。又吕荣以吕后八年封祝兹。二侯不应同时并封一地。班于《表》末已明言祝兹在《恩泽外戚》，则《功臣表》之徐厉从《史表》作松兹为是，盖传写误耳。"（王先谦《汉书补注》卷十六《高惠高后文功臣表》）钱大昕也认为："当以庐江之松兹为徐厉国，琅邪之祝兹为吕荣国也。"（钱大昕《廿二史考异》）今案：汉初庐江郡属淮南国，故松兹侯的封邑也在淮南国内。

王　恢： 吕荣，八年四月，以吕后昆弟子侯。九月，坐吕氏事诛。祝兹，《胶水注》："胶水北迳祝兹县故城东，汉武帝封胶东康王子延年为侯国。"今山东胶县西南。（《史记本纪地理图考·吕太后本纪》）

⑦【汇校】

　　［日］泷川资言：《汉书·吕纪》"中"下有"官"字。颜师古曰：诸中官，凡阉人给事于中者皆是也。宦者令丞，宦者署之令丞。（《史记会注考证》卷九）

【汇注】

　　程馀庆：写吕后施恩善后之计。（《历代名家评注史记集说·吕太后本纪第九》）

　　施　丁：宦者令丞，官名。宦者专署的令丞。关内侯，地位低于列侯，有封号而无封国。（《汉书新注》卷三《高后纪第三》）

　　龚浩康：诸中宦者令丞，指宫中的各宦官头目。令为正职，丞为副手，二者都为少府属官。（见王利器主编《史记注译》卷九《吕太后本纪》）

　　张大可：关内侯，有侯爵而无封地，食邑京师者。（《史记全本新注·吕太后本纪第九》）

⑧【汇注】

　　裴　骃：如淳曰："列侯出关就国，关内侯但爵其身，有加异者，与关内之邑，食其租税也。《风俗通义》曰：'秦时六国未平，将帅皆家关中，故称关内侯。'"（《史记集解·吕太后本纪》）

　　龚浩康：食邑，也叫"采邑"。指天子封给诸侯收取赋税以供衣食之用的封地。一般为世袭，但受封者在食邑里只能收取民户赋税，没有行政统治之权。（见王利器主编《史记注译》卷九《吕太后本纪》）

　　七月中，高后病甚，乃令赵王吕禄为上将军①，军北军②；吕王产居南军③。吕太后诫产、禄曰④："高帝已定天下，与大臣约，曰'非刘氏王者，天下共击之'。今吕氏王，大臣弗平。我即崩⑤，帝年少，大臣恐为变。必据兵卫宫，慎毋送丧，毋为人所制⑥。"辛巳⑦，高后崩⑧，遗诏赐诸侯王各千金⑨，将相列侯郎吏皆以秩赐金⑩，大赦天下⑪。以吕王产为相国⑫，以吕禄女为帝后⑬。

①【汇注】

　　龚浩康：上将军，官名，掌管军政的最高武官。（见王利器主编《史记注译》卷九《吕太后本纪》）

【汇评】

钟　惺：吕后病甚，部署后事，令赵王吕禄为上将军，军北军，吕王产居南军，仍诫曰："我即崩，帝年少，大臣恐为变。必据兵卫宫，慎勿送葬，毋为人所制。"主意如此，虽百郦寄何为哉！及寄绐说吕禄归将印，以兵属太尉，吕嬃闻之大怒曰："若为将而弃军，吕氏无处矣！"乃悉出珠玉宝器散堂下，曰："毋为他人守也！"以此观之，吕氏独有两女子，禄、产辈奴耳。吕雉死后，诸吕中有一人如嬃者，汉危矣哉！愚尝谓嬃封临光侯，自是爵赏之妖，然嬃之雄略，消得一侯，胜吕氏数王耳。(《史怀》卷五)

丘　濬：吕氏与高祖同创汉业，高祖临终又亲受其付托，既而杀其爱子，使惠帝因是不得正命而终。是时高祖诸子故无恙，乃舍之而别求他人之子立之，以继汉统，揆之《春秋》莒人灭鄫之例，吕氏之罪大矣；况又渎男女人伦之化而相其嬖臣，违"非刘不王"之誓而王其外族，其于高祖大义已绝，故去其太后之称而书以死，以为世戒。(《丘濬集·世史正纲》)

牛运震：按：此点南北军，正为后文伏案。(《史记评注·吕后本纪》)

② 【汇校】

张文虎："军北军"，上"军"字应作"居"，《汉书》正作"居北军"，《通鉴》同。(《校刊史记集解索隐正义札记·吕太后本纪》)

【汇注】

周　祈：汉南军，卫尉主之，掌宫门屯卫兵；北军，中尉主之，巡徼京师，即周虎贲氏之职也。武帝增八校，改中尉为执金吾。唐南衙禁兵即汉南军，领以左右卫府上将军，宋为殿前司官，曰都检点，宋祖由此受禅，改称都指挥使。北衙卫兵即汉北军，领以左右羽林军大将军。宋为武德司，后改皇城司，官曰皇城使，又改为武功大夫，今锦衣卫实兼其职也。(《名义考》卷七《南北军》)

胡三省：班《表》：中垒校尉掌北军垒门。外又有中尉掌徼循京师，属官有中垒、寺互等令、丞。至后汉始置北军中侯，掌监五营。刘昭《注》曰：旧有中垒校尉，领北军营垒之事；中兴，省中垒，但置中侯以监五营。又据班《表》：中垒以下八校尉，皆武帝置。意者武帝以前，北军属中尉，故领中垒令、丞等官；南军盖卫尉所统。班《表》：卫尉掌宫门卫屯兵。周勃之入北军也，尚有南军。乃先使曹窋告卫尉毋入吕产殿门，然后使朱虚侯逐产，杀之未央宫郎中府厕中，以此知南军属卫尉也。(见《资治通鉴》卷一三"高后八年"注)

③ 【汇注】

[日] **泷川资言**：俞正燮曰：汉初南北军，《刑法志》云："高祖天下既定，京师有南北军之屯。"语惟见此，《百官表》无之，他纪传亦不说。今案：高祖时之南北军，

以卫两宫。汉五年治长乐宫，八年治未央宫，皆有卫。长乐在东，为北军，未央在西南，为南军。高帝初居长乐宫，七年长乐宫成，朝十月，帝辇出房，是也。八年治未央，而十一年吕后杀淮阴侯于长乐钟室，则帝居未央，后居长乐，所谓"戚姬常从，吕后希见，上益疏"是也。至太子位定，帝始居长乐，十二年崩于长乐宫是也。惠帝居未央，太后居长乐，帝以数朝跸烦民是也。少帝亦居未央宫，后使吕禄领北军，吕产为相领南军是也。知两军初是两宫卫者，吕后崩时诫禄、产，必据兵卫宫，毋送葬是也。知北军是长乐者，周勃入北军，问为吕右袒，为刘左袒，北军卫吕后，故两问也。知南军是卫未央者，南军相国吕产，不知北军已失，乃入未央宫，周勃分北军卒千人予朱虚侯，令入宫卫帝，乃杀产，帝劳之。又杀吕更始，乃还，驰入北军报周勃。又代王至未央宫，谒者拒代王曰"天子在"，是少帝居未央，吕产领南军相少帝，俱在未央也。至文帝时，乃合南北军，夜拜宋昌为卫将军，镇抚南北军，以张武为郎中令行殿中，是也。其后中垒掌北军，郎中掌南军，宫室日增，南军名没，而北军名存，戾太子白皇后于未央宫，而发长乐宫卫，则北军犹众也。（《史记会注考证》卷九）

又：吴仁杰曰：汉之兵制，常以北军为重，周勃一入北军，而吕产、吕更始辈束手就戮。戾太子不得北军之助，而卒败于丞相之兵，两军之势大略可睹矣。吕后初从大臣之请，用吕台居北军，而南军则用刘泽如故。泽妻，后女弟吕媭女，后意以两军惟北军为重，既得其柄，南军又婴子婿居之，宜无足患。至七年，乃复长虑却顾，使泽之国，而以南军付吕产。《史记》于八年载后病困，乃以吕禄居北军，非也。吕台卒于后之二年，禄盖代台者，则其居北军，非始于后病困之日。（同上）

【汇评】

王夫之：汉聚劲兵于南北军，而兵积强于天子之肘腋，以是为竞王室、巩部畿、戒不虞之计焉。然天子岂能自将之哉？必委之人。而人不易信，则委之外戚，委之中官，以为昵我而可无虞者，乃吕禄掌北军，吕产掌南军。吕后死，且令据兵卫宫，以遂其狂逞，而刘氏几移于吕。其后窦、梁、何进与中官迭相握符，而恣诛杀以胁天子者，喋血相仍。即其未乱也，人主之废立，国事之措置，一听命于大将军，而丞相若其府史。使利器不操于其手，则三公九卿持清议于法宫之上，而孰敢恣睢以逞乎？天下散处而可以指臂使者也。兵者，卫四夷而听命于帅者也，近在肘腋而或掣之矣。周勃侥得而成，窦武侥失而败，人主赘立于上，而莫必其操纵，则亦危矣。（《读通鉴论》卷二）

郭嵩焘：按：吕禄、吕产分典南、北军，在吕后病时，特以兵属之，使据守宫卫，不至受制于人。上文惠帝始崩，丞相为言使分典南、北军者，必非事实。（《史记札记·吕后本纪》）

程馀庆：南北军所系甚重，而二吕将之，故篇中屡屡提掇。（《历代名家评注史记

集说·吕太后本纪第九》)

梁玉绳：按：吕产之将南军，当在七年封刘泽琅邪王时，盖泽将南军者也，泽就国琅邪，必以产代将矣。吕禄之将北军，当在二年吕台死后，盖台将北军者也。台死而禄必继之矣。《汉书·外戚传》与此同误。《高后纪》又书禄为上将军于七年，亦误。或谓惠帝崩时，丞相依张辟彊计，请以吕台、吕产为将，居南北军，似产与台并时为将，不待七年始将南军，抑岂丞相虽请之，而未尝用产欤？曰：吴斗南云："汉南北两军相表里，其实南军非北军比也。高帝发中尉卒之万人，王温舒为中尉，请覆中尉卒，得数万人。北军尺籍亦云盛矣。若盖宽饶为卫司马、卫卒之数，不过数千人而已。故汉之兵制，常以北军为重，周勃一入北军，而吕产、吕更始辈束手就戮。戾太子不得北军之助，而败于丞相之兵，两军大略可睹矣。吕后初从大臣之请，用吕台居北军，而南军则用刘泽如故。泽妻，后女弟吕嬃女，后意以两军惟北军为重，既得其柄，南军又嬃子婿居之，宜无足患。至七年，乃复长虑却顾，使泽之国，而以南军付吕产。《史记》于八年载后疾困，乃以吕禄居北军，非也。吕台卒于后之二年，禄盖代台者，则其居北军非始于后病困之日。"斗南此辨甚核。(《史记志疑》卷七)

④【汇校】
　　王叔岷：按：《通鉴》无"吕"字，疑涉上文两"吕"字而衍。(《史记斠证》卷九)

⑤【汇注】
　　王叔岷：按："即"犹"若"也。下文"即长用事，吾属无类矣"，又云"即立齐王，则复为吕氏"，两"即"字亦并与"若"同义。(刘德汉学弟《史记虚字集释》亦有此说。)(《史记斠证》卷九)

⑥【汇校】
　　[日]泷川资言：李笠曰：下"毋"字疑衍。《汉书·外戚传》无。(《史记会注考证》卷九)
　　王叔岷：按：《通鉴》亦无下"毋"字。(《史记斠证》卷九)

【汇评】
　　马廷鸾：汉自高帝有天下以来，常有疑将相大臣之心，吕后习闻久矣。至是，再经大丧，其畏忌诸公，诚有如疆之计者。当高帝时，后诛韩、彭如杀狐兔。高帝崩时，且欲尽诛诸将而后发丧。今惠帝折夭，国无冢嗣，彼将诛大臣以逞，固优为也。大臣姑为自全之计，以待此媪之老且死，禄、产庸人，平、勃取之有余也。大概欲存汉祚，则平、勃不可亡；欲诛诸吕，则太后不可存。今诸公以计存，而后以老死，则汉氏安矣。(《碧梧玩芳集》卷二一《吕后》)
　　程馀庆：吕后部署后事如此，虽百郦寄何益！(《历代名家评注史记集说·吕太后

本纪第九》)

⑦【汇校】

　　张文虎：《志疑》云："《通鉴目录》辛巳是八月朔，当日历法疏，安知不以为七月晦？"按：八年八月辛巳朔，与《通鉴》合，《汉书》书七月，承《史》误。梁因下文书八月而致疑，实则"八"乃"九"之讹。(《校刊史记集解索隐正义札记·吕太后本纪》)

　　[日] **泷川资言**：愚按：《将相年表》亦以辛巳属七月。(《史记会注考证》卷九)

⑧【汇校】

　　王叔岷：按：《御览》八九引高后作"太后"，《通鉴》同。(《史记斠证》卷九)

【汇注】

　　陆唐老：在位八年，寿年不载。(《陆状元增节音注精议资治通鉴》卷二八)

　　梁玉绳：按：《通鉴考异》据《长历》言高后八年七月无辛巳，则此与《汉纪》并误。《通鉴目录》辛巳是八月朔，当日历法阔疏，安知不以为七月晦乎？(《史记志疑》卷七)

　　朱孔阳：高祖吕皇后讳雉，字娥姁。父吕公，单父人也，好相人，高祖微时，吕公见而异之，妻以女。吕后为人刚毅，佐定天下。高祖崩，惠帝立，吕后为皇太后，召赵王如意酖之。断戚夫人手足，去眼、煇耳，饮瘖药，使居厕中，命曰人彘。命惠后张氏阳有身，取后宫子名之，杀其母，立为太子。惠帝崩，太子立为少帝，遂临朝称制，王诸吕，持天下。八年辛酉二月，吕后祓还，过轵道，见物如苍犬，据掖，忽弗复见。卜之，云赵王如意为祟，遂病掖伤。七月辛巳，崩于未央宫，合葬长陵。(《历代陵寝备考》卷一〇《汉》)

　　又：《关中记》曰：高祖陵在西，吕后陵在东。汉帝后同茔则为合葬，不合陵也。诸陵皆如此。(同上)

　　杨树达：病掖伤崩，见《五行志》。《史记·外戚传》云："薄后以吕后会葬长陵，故特自起陵。"则吕后为与高帝合葬也。又按：赤眉发掘汉陵，污辱吕后尸，见《后汉书·刘盆子传》。(《汉书窥管》卷一《高后纪第三》)

　　陈　直："吕后陵，在高祖陵东。按《史记·外戚世家》，高后合葬长陵。注云：'汉帝后同茔则为合葬，不合陵也。'"直按：《史记·高后本纪·集解》引《皇览》曰："高帝、吕后山各一所也。"《外戚世家·集解》引《关中记》曰："高祖陵在西，吕后陵在东，汉帝后同茔则为合葬，不合陵也。诸陵皆如此。"《秦汉瓦当文字》卷一第三十二页，有"长陵东𦥑"瓦当，则为吕后陵上之物。又有"长陵西神"瓦当，则为高祖陵上之物。又见残画瓦筒上印有"西神"二字，大如核桃．用龟蛇体，文字尤精。(《三辅黄图校证》卷六)

刘庆柱：高祖与吕后合葬长陵。长陵位于今咸阳市秦都区窑店乡三义村附近。陵墓附近曾经出土过属于西汉时代的"长陵东当""长陵西当"和"长陵西神"文字瓦当，证实了这里的陵墓确为长陵。

长陵东西并列着两座陵墓，应该是高祖和吕后的陵墓。清代陕西巡抚毕沅曾为长陵树立两通碑石，把东边陵墓作为高祖陵，西边陵墓当成吕后陵。我们认为，就目前已有的材料来看，毕沅把两座陵墓弄颠倒了，因为历史文献明确记载，高祖陵在西，吕后陵在东……吕后陵在高祖陵东南280米，封土形状与高祖陵相同。其封土底部东西150米、南北130米，顶部东西50米、南北30米，封土高30.7米。（《西汉十一陵·高祖长陵》）

又：长陵不仅有高祖的原庙，还有吕后庙，吕后庙亦在长陵旁。（同上）

⑨【汇注】

裴　骃：蔡邕曰："皇子封为王者，其实古诸侯也。加号称王，故谓之诸侯王。王子弟封为侯者，谓之诸侯。"（《史记集解·吕太后本纪》）

⑩【汇注】

编者按：汉代实行三公九卿制度，三公指丞相、御史大夫、太尉，九卿指太常、光禄勋、卫尉、太仆、廷尉、大鸿胪、宗正、大司农、少府。此时按官阶、级别赐予黄金（黄铜）。

⑪【汇评】

程馀庆：广施死后恩泽，以收服人心，长王诸吕，此老媪奸甚。（《历代名家评注史记集说·吕太后本纪第九》）

⑫【汇校】

梁玉绳：按：产为相国，当在七年七月。盖审食其免，即以产嗣相位也。《汉书·高后纪》固言七年产为相国，但误书于五月以前耳。此及《将相表》书于八年七月，《惠景侯表》书于八年九月，并误。食其免相在七年七月，见《百官公卿表》。（《史记志疑》卷七）

王荣商：（《汉书·高后纪第三》：七年春正月，以梁王吕产为相国，赵王禄为上将军。）荣商案：产为相国，乃八年事，以《史记》考之，是时徙梁王恢为赵王，吕王产为梁王，六月，赵王恢自杀，始封禄为赵王。此证产为相国云云，乃徙梁王、吕王二事之讹也。（《汉书补注》卷二，引自徐蜀编《两汉书订补文献汇编》）

施之勉：按：吕王产以高后崩后为相国，故《汉书·文帝纪》元年十月诏曰：前吕产自置为相国。此及《将相表》《惠景侯表》书于八年七月、九月是也。产为相国，在七年，则皇帝诏书，何谓诬为自置相国耶？上文云，七年二月，徙梁王恢为赵王，吕王产徙为梁王。梁王不之国，为帝太傅。梁王恢之徙王赵，心怀不乐，六月即自杀。

秋，太傅产、丞相平等言：武信侯吕禄，上侯，位次第一，请立为赵王。是七年秋，产尚未太傅，非为相国也。食其免相，当依此纪及《将相表》，在八年七月辛巳。（按：刘义叟《长历》：八月辛巳朔。七月当改作八月为是。）即高后崩之日也。产为相国，故食其免耳。（《史记会注考证订补·吕后本纪第九》）

龚浩康：以吕产为相国事在高后七年七月，以吕禄女为帝后则在高后四年少帝弘即位之时，这里叙于吕后死后，恐误。（见王利器主编《史记注译》卷九《吕太后本纪》）

【汇评】

凌稚隆：按：非刘氏而王，即负白马之约，奚系汉室存亡哉？其失在于以兵柄授吕氏，则曰帝而帝，曰王而王，太阿在手，人不得而婴其锋耳。（《汉书评林》）

韩兆琦：按：汉初设相国一人，萧何任之；萧何死，曹参任之；曹参死，乃命王陵为右丞相，陈平为左丞相，至此则一人任相国之制度改矣。今有陈平为右丞相，审食其为左丞相，忽又生出吕产为"相国"事，则吕后欲抛开陈平，用旧制独任吕产之意甚明。（《史记选注汇评·吕太后本纪》）

⑬【汇校】

梁玉绳：按：禄女为后，当在四年少帝宏即位之时，《汉书·外戚传》可证。此叙于高后死后，亦误也。（《史记志疑》卷七）

王叔岷：《考证》：禄女为后，当在四年少帝弘即位之时，《汉书·外戚传》可证。此误。按：《考证》说本梁氏《志疑》。《通鉴》从《史记》书在八年七月。（《史记斠校》卷九）

【汇注】

程馀庆：此亦遗诏中事。（《历代名家评注史记集说·吕太后本纪第九》）

高后已葬①，以左丞相审食其为帝太傅②。

①【汇注】

裴骃：皇甫谧曰："合葬长陵。"《皇览》曰："高帝、吕后，山各一所也。"（《史记集解·吕太后本纪》）

刘安国：吕后陵在县东四十里红旗北二里。《史记·外戚世家》：高后崩，合葬长陵。《关中记》：高祖陵在西，吕后陵在东。汉帝后同茔则为合葬，不合陵也。诸陵皆如此。（《重修咸阳县志》卷一《陵墓》）

② 【汇校】

梁玉绳：按：事在七年七月，《公卿表》甚明。此书于八年七月高后葬后，与《将相表》同误矣。(《史记志疑》卷七)

【汇评】

申涵煜：食其，吕后幸臣，秽迹久著，文帝三年犹逭天诛，当时可谓失刑。淮南王报母仇，始以铁锥锥杀之。殆宗庙之灵，假手于长也，然柄已下移矣。(《通鉴评语》卷一《审食其》)

程馀庆：此却非太后意。此纪作三大段看，以上序太后称制是第一大段。(《历代名家评注史记集说·吕太后本纪第九》)

长陵

长陵附近发现的吕后玉玺——皇后之玺　　皇后之玺印文

朱虚侯刘章有气力①，东牟侯兴居其弟也，皆齐哀王弟②，居长安③。当是时④，诸吕用事擅权，欲为乱⑤，畏高帝故大臣绛、灌等⑥，未敢发⑦。朱虚侯妇，吕禄女⑧，阴知其谋⑨。恐见诛⑩，乃阴令人告其兄齐王⑪，欲令发兵西，诛诸吕而立⑫。朱虚侯欲从中与大臣为应⑬。齐王欲发兵⑭，其相弗听。八月丙午⑮，齐王欲使人诛相，相召平乃反，举兵欲围王，王因杀其相，遂发兵东⑯，诈夺琅邪王兵⑰，并将之而西。语在《齐王》语中⑱。

齐王乃遗诸侯王书曰⑲："高帝平定天下，王诸子弟，悼惠王王齐⑳。悼惠王薨，孝惠帝使留侯良立臣为齐王㉑。孝惠崩，高后用事，春秋高，听诸吕，擅废帝更立，又比杀三赵王㉒，灭梁、赵、燕以王诸吕㉓，分齐为四㉔。忠臣进谏，上惑乱弗听㉕。今高后崩，而帝春秋富㉖，未能治天下，固恃大臣诸侯㉗。而诸吕又擅自尊官㉘，聚兵严威，劫列侯忠臣，矫制以令天下，宗庙所以危㉙。寡人率兵入诛不当为王者㉚。"汉闻之，相国吕产等乃遣颍阴侯灌婴将兵击之㉛。灌婴至荥阳㉜，乃谋曰："诸吕权兵关中㉝，欲危刘氏而自立。今我破齐还报，此益吕氏之资也。"乃留屯荥阳㉞，使使谕齐王及诸侯，与连和㉟，以待吕氏变，共诛之㊱。齐王闻之，乃还兵西界待约㊲。

① 【汇校】
王叔岷：按：《齐悼惠王世家》云："朱虚侯年二十，有气力。"《汉书·高五王传》云："章年二十，有气力。"《通鉴》同。(《史记斠证》卷九)
【汇注】
沈 约：朱虚侯，汉时城阳国人，以刘章有功于汉，为之立祠。青州诸郡，转相放效，济南尤盛。魏武帝为济南相，皆毁绝之。(《宋书·礼志》)
韩兆琦：气指慷慨有志节，力指勇武。(《史记选注汇评·吕太后本纪》)
张大可：齐王刘肥次子，吕太后封为朱虚侯，又妻以吕禄女，用以笼络刘氏诸王。吕太后崩，诸吕欲为乱，刘章从其妻口中知其谋，遂与诸大臣先发难，除诸吕，立了头功。(《史记全本新注·吕太后本纪第九》)
【汇评】
范 槷：刘章为吕氏婿，故得察吕氏之隐，且以壮健得备宿卫，当沉几不露，以需时变。观其《耕田》之歌，佐酒之事，圭角太著，可为寒心。使以才见忌而先剪之，则北军之节不可夺。如刘氏何故善处大事者，宁过于忍，无过于激。(《洗心居雅言集》卷上《朱虚侯》)
夏之蓉：吕氏之用朱虚侯，与武氏之用张柬之，皆天也，张善藏其用，刘则早露锋芒，耕田作歌，军法行酒，其不以才见忌者，幸尔。(《读史提要录》卷一)
程馀庆：得力在此。忽提朱虚，文章上下关键处。(《历代名家评注史记集说·吕太后本纪第九》)
② 【汇注】
韩兆琦：齐哀王，名刘襄，悼惠王刘肥之子，刘邦之孙。(《史记选注汇评·吕太

后本纪》）

龚浩康：齐哀王，即刘肥之子刘襄，是刘章和刘兴居的兄长。下文所说的"齐王"，也是指他。（见王利器主编《史记注译》卷九《吕太后本纪》）

③【汇注】

韩兆琦：在京侍卫天子。（《史记选注汇评·吕太后本纪》）

④【汇评】

牛运震：按：此提掇细脉老致。（《史记评注·吕后本纪》）

⑤【汇评】

程馀庆：总提。（《历代名家评注史记集说·吕太后本纪第九》）

⑥【汇注】

[日] **泷川资言**：绛，绛侯周勃。其不称姓者，以汉初功臣多周姓也。灌，灌婴。（《史记会注考证》卷九）

龚浩康：绛、灌，即绛侯周勃和颍阴侯灌婴。灌婴（？—前176），汉初大将，睢阳（今河南省商丘县南）人。丝绸小商出身。随刘邦转战各地，陷阵却敌，以年轻善战闻名，成为刘邦的得力将领。汉初封颍阴侯，文帝时先后任太尉、丞相。事详《樊郦滕灌列传》。（见王利器主编《史记注译》卷九《吕太后本纪》）

⑦【汇评】

程馀庆：一层。（《历代名家评注史记集说·吕太后本纪第九》）

⑧【汇评】

程馀庆：应前。（《历代名家评注史记集说·吕太后本纪第九》）

⑨【汇注】

龚浩康：指刘章因其妻为吕禄之女，暗中知道了诸吕的阴谋。（见王利器主编《史记注译》卷九《吕太后本纪》）

⑩【汇评】

程馀庆：二层。（《历代名家评注史记集说·吕太后本纪第九》）

⑪【汇注】

杨树达：齐王，树达按：齐哀王襄也。（《汉书窥管》卷一《高后纪第三》）

⑫【汇注】

王叔岷：按："而立"下疑脱"为帝"二字，"欲令发兵西诛诸吕而立为帝"句，"朱虚侯欲从中与大臣为应"句，非欲立朱虚侯也。（《考证》断句大谬！）《齐悼惠王世家》作"乃使人阴出告其兄齐王，欲令发兵西。朱虚侯、东牟侯为内应，以诛诸吕，因立齐王为帝"。又见《汉书》及《通鉴》，并其证。《汉纪》作"章乃使人阴告其兄齐王，欲（原误'婴'）令发兵西。章及兴居欲从中与大臣为内应，诛诸吕，立齐

王",亦可证。又按:"欲令发兵西",师古注云:"西诣京师。"(《史记斠证》卷九)

韩兆琦:谓使刘襄诛诸吕而自立为帝。按:当时诸侯国中以齐国势力为最大,悼惠王刘肥为孝惠帝之异母长兄,今刘肥之子刘襄又于刘邦诸孙中年龄最大,故刘章有此设想。(《史记选注汇评·吕太后本纪》)

【汇评】

张　恕:吕后八年,刘章告兄齐王发兵诛诸吕,齐王遂发兵,又诈琅琊王泽发其国兵。刘泽虽太后所封,究与吕氏势不两立。太后既崩,自应为刘氏发难,何待齐王诈发其兵耶?意者,齐王以泽为吕媭子婿,惧其事机不密,故先用诈谋,而泽卒与齐王合谋而西(见本传),以复帝业。齐王可谓审用权变者矣。(《汉书读》卷一)

程馀庆:择立也。与下擅废帝更立相应。(《历代名家评注史记集说·吕太后本纪第九》)

⑬【汇评】

程馀庆:三层。一层写诸吕,两层写朱虚,一时情事俱尽。(《历代名家评注史记集说·吕太后本纪第九》)

⑭【汇评】

钟　惺:齐王举兵诛吕氏,吕产等遣颍阴侯灌婴将兵击之,婴屯留荥阳,使使谕齐王及诸侯,与连和,以待吕氏变,共诛之,此最是诛吕安刘先著,其得力在平、勃、朱虚之前。吕产欲发关中,内惮绛侯朱虚等,外畏齐楚兵,又恐灌婴叛之。吕氏之败,败于灌婴牵制耳。文帝即位行赏,先论灌婴合谋功,而后及平、勃、朱虚等,得之矣。(《史怀》卷五)

⑮【汇注】

张大可:八月二十六日。(《史记全本新注·吕太后本纪第九》)

⑯【汇注】

张大可:于是计划东征。按:琅邪王刘泽吕太后所立,在齐之东,齐王起兵为解除后顾之忧,于是用计夺琅邪兵,实际上没有东征,故下文云"诈夺琅邪王兵"。事详《齐悼惠王世家》。(《史记全本新注·吕太后本纪第九》)

⑰【汇注】

杨树达:(《汉书·高后纪》)齐王遂发兵,又诈琅邪王泽发其国兵。树达按:事详《高五王传》。(《读汉书札记》卷一,引自徐蜀编《两汉书订补文献汇编》)

韩兆琦:刘襄不知琅邪王刘泽的意向如何,派人将其骗至齐国拘起,而后尽发琅邪之兵。(《史记选注汇评·吕太后本纪》)

⑱【汇注】

龚浩康:指有关此事的详细情况,都载在《齐悼惠王世家》中。《史记》记事,凡采用互见法时,常以"语在某某语(或事)中"提示。所谓"某某语(或事)",即指某人的传记("本纪""世家"或"列传")。(见王利器主编《史记注译》卷九《吕太后本纪》)

【汇评】

程馀庆:省笔。(《历代名家评注史记集说·吕太后本纪第九》)

韩兆琦:琅邪国原是齐国东南部的一个郡,吕后为削弱齐国,先在齐国的济南郡设吕国以封吕台;又在齐国的琅邪郡设琅邪国以封刘泽。刘泽既是诸吕的姻亲,又占据着原齐国的地盘,因此刘襄起兵之始先将刘泽收拾,也在情理之中。(《史记笺证·吕太后本纪》)

⑲【汇评】

王世贞:颍阴侯为大将军,东击齐。齐哀王贻之书曰:"高帝提三尺剑,诛暴秦,有天下,实赖君侯及二三大臣之力。剖符定封,以启汤沐,世世勿绝。唯是庶邦兆民之供与君侯二三大臣共之。惠帝崩,高后用事,私其家人,诛戮懿亲,翦灭宗社,弗神其鬼。白马之盟蔑焉,以王诸吕,君侯及二三大臣实与闻之,曰委曲旁迕,以济大几。今少主非先惠帝遗体,巍巍负乘,禄、产实龁其牙,旦夕改社。寡人眇小之区,非敢以与宗庙大策,唯君侯与二三大臣是希,以彻惠于高皇帝。今者崤函之间有兵师焉,云君侯将之,以诛寡人,寡人未敢信也。寡人少不能知君侯,尝闻之先王,言雍邱之起,君侯实布腹心。高皇帝削嬴扫项,百十邻死,以有今日。爵列通侯,位至三事,君侯所邻死百十。且富贵者为高皇帝耶,为吕后也?今幸社稷之灵,吕氏倒持太阿,以授君侯,君侯不蚤定计,即不讳,与二三大臣何面目见高皇帝于地下!"颍阴大惭,诧曰:"此婴之日夜切齿而腐心者也!敬与齐王连和。"(《史记短长说》)

牛运震:录齐王遗诸侯王书,重叙高后灭刘氏、王诸吕事,总括遥应,前后通灵。(《史记评注·吕后本纪》)

⑳【汇评】

丁南湖:齐悼惠王者,高帝之第二子,而刘章者,则王之第二子也。章之妻即禄之女,而章不以私情夺其义气,壮哉!高帝之慈孙矣。奈何文帝黜其功,薄其封,而致令夭殁也,惜哉!(见《袁王纲鉴合编》卷六《高后》)

㉑【汇注】

张大可:留侯良,即张良,高祖谋臣,封留侯,事详《留侯世家》。(《史记全本新注·吕太后本纪第九》)

㉒【汇注】

司马贞:比音如字。比犹频也。赵隐王如意,赵幽王友,赵王恢,是三赵王也。(《史记索隐·吕太后本纪》)

㉓【汇注】

韩兆琦："灭梁、赵、燕"，梁乃刘恢之封国，吕后徙刘恢王赵（而后杀之），封吕产为梁王，则刘氏之梁国灭；吕后连杀三赵王，而后封吕禄为赵王，则刘氏之赵国灭；燕乃刘建之封国，刘建死，吕后杀其子而除其国，封吕通为燕王，则刘氏之燕国灭。（《史记选注汇评·吕太后本纪》）

㉔【汇注】

张大可：吕太后削夺齐地，分出吕（济川）、琅邪、城阳三国，合齐为四。（《史记全本新注·吕太后本纪第九》）

㉕【汇校】

王叔岷：按：《汉书》"惑"作"或"，惑、或正、假字。（《史记斠证》卷九）

【汇注】

程馀庆：谓王陵也。一段数高后时事。（《历代名家评注史记集说·吕太后本纪第九》）

㉖【汇注】

［日］泷川资言：颜师古曰：春秋富，言年幼也，比之财方未匮竭，故谓之富。（《史记会注考证》卷九）

㉗【汇校】

王叔岷：按：《汉书》"恃"作"待"，恃、待并谐寺声，疑古通用。（《史记斠证》卷九）

㉘【汇校】

王叔岷：按：《齐悼惠王世家》《汉书》"而"并作"今"，而犹今也。《越王句践世家》："而长者不能，故卒以杀其弟。"《长短经·是非篇》"而"作"今"，《张仪列传》："而亲昆弟同父母，尚有争钱财。"又云："而杀张仪，秦必大怒攻楚。"《通鉴·周纪三》"而"并作"今"。《田单列传》："今又劫之以兵为君将，是助桀为暴也。"《通鉴·周纪三》"今"作"而"，皆而、今同义之证。（此议前人未发。）（《史记斠证》卷九）

㉙【汇校】

［日］泷川资言：《汉书·高武王传》"庙"下无"所"字。（《史记会注考证》卷九）

【汇评】

程馀庆：一段数高后崩后事。（《历代名家评注史记集说·吕太后本纪第九》）

㉚【汇注】

［日］泷川资言：真德秀曰：高祖为义帝发丧告诸侯曰："愿从诸侯王，击楚之杀

义帝者。"齐王遗诸侯书，不曰诛诸吕，而曰"入诛不当为王者"，其义颇同，犹有古辞命气象。(《史记会注考证》卷九)

【汇评】

牛运震：用高祖讨项羽檄文法。(《史记评注·吕后本纪》)

程馀庆：录齐王一书，重叙高后灭刘王吕事，总括遥应，前后通灵。(《历代名家评注史记集说·吕太后本纪第九》)

㉛【汇注】

龚浩康：颍阴，县名。治所在今河南省许昌市。(见王利器主编《史记注译》卷九《吕太后本纪》)

【汇评】

韩兆琦：此时灌婴必亦伪装效忠于吕氏者。伪装忠于吕氏，而无助诸吕擅权，日后又能为诛诸吕建大功者，唯灌婴其人，陈平、周勃不足数。(《史记笺证·吕太后本纪》)

㉜【汇校】

王先谦：作"荥"是也，详见《惠纪》。(《汉书补注·高后纪第三》)

【汇注】

张大可：荥阳，汉县名，地处冲要的军事重镇，在今河南荥阳东北。(《史记全本新注·吕太后本纪第九》)

㉝【汇校】

施之勉：按：《齐悼惠王世家》权作将。吴汝纶曰：权，当依《通鉴》作"拥"。此形似而讹。(《史记会注考证订补·吕后本纪第九》)

王叔岷：《考证》：古钞本、枫、三本"权"作"拥"。《汉书·高五王传》作"举"。"拥"字义长。按："权"乃"拥"之形误。《齐悼惠王世家》作"将"，"将"与"拥"义近。(《史记斠证》卷九)

点校本《史记》修订组："诸吕拥兵关中"，"拥"，原本作"权"，据毛利本改。按：《通鉴》卷一三《汉纪五》高后八年，亦作"拥"。(点校本二十四史之修订本《史记》卷九)

【汇注】

龚浩康：关中，地区名。又称"关内"。历来所指范围大小不一。这里指函谷关以西汉都长安一带地区。(见王利器主编《史记注译》卷九《吕太后本纪》)

㉞【汇校】

王叔岷：按：《齐悼惠王世家》《汉书》《汉纪》"留"下皆有"兵"字。(《灌婴列传》作"因屯兵荥阳"，《汉书》同。) (史记斠证》卷九)

【汇评】

牛运震："灌婴至荥阳，乃谋曰"云云，至"以待吕氏变，共诛之"。按：留屯荥阳，与齐连和，以待吕氏变，此灌婴本谋也，今以事计，反面于婴语中说透，而正面即入叙事，省简而明豁，笔法最妙。《史记》善用此法。（《史记评注·吕后本纪》）

又：吕氏之败，败于灌婴牵制，此紧要关目也，故特提明。（同上）

夏之蓉：吕氏之败，败于灌婴牵制。方望溪谓安刘之功，以婴为首，而议者推功平、勃，误矣。按：平为丞相，听邪谋以南北军属产、禄，使勃有将之名而无其实。一旦变起仓卒，勃不得入于军，则平已束手无策。事幸而成者，婴为之权藉也。吕氏空国以兵授婴，而婴顿兵待变，是犹孤豚局于圈，而虎扼其外也。吕氏心孤，故郦寄之谋得入。（《读史提要录》卷一《西汉》）

㉟【汇注】

施丁：灌婴与齐王连和事，详见本书卷四一《灌婴传》。（《汉书新注》卷三《高后纪第三》）

㊱【汇注】

吴仁杰：十二年，灌婴将十万守荥阳，《惠纪》七年发车骑材官，诣荥阳，太尉灌婴将。《高后纪》八年，产、禄等遣颍阴侯灌婴将兵至荥阳。仁杰按：《史记》本传婴自击黥布归，以列侯事孝惠、吕后。其后吕禄闻齐王举兵，乃遣婴为大将，往击之。婴行至荥阳，乃谋屯兵。传中所载，止此一事，乃知婴屯兵荥阳，实以吕后八年。《史记》《汉书》于高、惠纪各书之，盖重出之也。《文纪》诏曰："前产、禄擅遣将军灌婴击齐。"则婴此时未为太尉，太尉自是周勃。孝文立勃为丞相，乃以婴为勃代，而《惠纪》乃书婴为太尉，又误也。《通鉴》于高帝十二年及孝惠七年皆书婴屯荥阳二事，恐当删。（《两汉刊误补遗》卷一）

【汇评】

程馀庆：吕氏之败，败于灌婴牵制，此安刘先著。文帝先赏其功，而后及平、勃等，得之矣。（《历代名家评注史记集说·吕太后本纪第九》）

赵青黎：吕后崩，产、禄擅兵，刘氏殆哉岌岌乎！然卒赖以安者，非平、勃，乃灌婴也。假令灌婴而为吕氏，则以禁中素练之军，御诸侯乌合之众，可一战破之。即不然，而坚守荥阳，老诸侯之师于城下，虽百平、勃，其能消吕氏之奸心，弭其变乱哉？且平、勃何为者也，不过使人劫郦商焉已耳，劫之而商之从与否，未可必也。商从矣，而吕氏之受其绐与否，又未可必也。贾寿来，具以齐楚合从告产，平阳侯闻而驰语丞相太尉，太尉勃乃敢驰往北军。仅而得入，方且以左右袒卜人心，复不敢讼言诛之也。方且授事于朱虚而至日晡，此其瞻顾抑甚矣。是以后之论者，皆曰幸也，军之左袒也，幸也，吕氏之无知而受其绐也。然军不左袒，吕不受绐，刘氏其遂终殆乎？

非也。其时婴已与齐楚合，而荥阳之兵屯数十万。荥阳，关中襟喉也。逐兽者张其网矣，铤而走险不得脱焉。络马首，穿牛鼻，虽有蹄触，其能肆其毒耶？故吕嬃亦既怒之矣，产、禄非不悟也，所依违者，冀得垂怜以丐余生，而平、勃乃藉手告成功焉。彼前之请将三吕而居南北军者谁乎？请诸出入宫而居中用事者谁乎？何惴惴焉。止为免祸计也。及其后而相与阴谋，亦复以"吾属无类"为辞，此其心大概可知。绛侯所谓功臣，非社稷臣，岂得谓袁丝之言过哉！史称灌婴至荥阳乃谋曰："诸吕欲危刘氏而自立，我破齐还报，此益吕氏之资。"以视瞻顾若平、勃，果何如也？君子读之，以为其书盖微而辨。(《星阁史论·灌婴论》)

㊲【汇校】

王叔岷：按：《齐悼惠王世家》《汉书》"还"并作"屯"。(《史记斠证》卷九)

【汇评】

夏之蓉：高帝于异姓如信、布等，手剪之殆尽，而同姓亲属，坐拥百城，独不以措意，诚虑之深而计之熟也。当吕后时，刘氏不绝如悬丝，其卒能诛吕、产，立代王，措天下于盘石之安者，实赖齐王拥重兵压境上，声罪以致讨，而后平、勃得乘隙而缚之。(《读史提要录》卷一《西汉》)

吕禄、吕产欲发乱关中①，内惮绛侯、朱虚等②，外畏齐、楚兵③，又恐灌婴畔之，欲待灌婴兵与齐合而发④，犹豫未决⑤。当是时⑥，济川王太、淮阳王武、常山王朝名为少帝弟⑦，及鲁元王吕后外孙，皆年少未之国，居长安⑧。赵王禄、梁王产各将兵居南北军⑨，皆吕氏之人⑩。列侯群臣莫自坚其命。

①【汇评】

归有光、方苞：诸吕固无能为，而史公数语评写人心事情，收拾殆尽。(见《归方评点史记合笔》)

郭嵩焘：按：吕后以南、北军属之吕禄、吕产，使据兵自固，以毋为人所制而已。产、禄庸才，并所将兵亦解以属之太尉，是岂欲为乱者？史公以周勃除诸吕，特重吕氏之罪，以疑似被之名耳。(《史记札记·吕后本纪》)

②【汇校】

［日］泷川资言：张文虎曰：中统游本"朱虚"下有"侯"字。(《史记会注考证》

卷九）

【汇评】

苏　洵：帝常语吕后曰："周勃厚重少文，然安刘氏必勃也，可令为太尉。"方是时，刘氏既安矣，勃又将谁安邪？故吾之意曰，高帝之以太尉属勃也，知有吕氏之祸也。虽然，其不去吕后何也？势不可也。昔者武王没，成王幼，而三监叛，帝意百岁后，将相大臣及诸侯王有武庚禄父者，而无有以制之也，独计以为家有主母，而豪奴悍婢不敢与弱子抗。吕后佐帝定天下，为大臣素所畏服，独此可以镇压其邪心，以待嗣小之壮。故不去吕后者，为惠帝计也。吕后既不可去，故削其党以损其权，使虽有变，而天下不摇，是故以樊哙之功，一旦遂欲斩之而无疑。呜呼，彼岂独于哙不仁耶！且哙与帝偕起，拔城陷阵，功不为少矣！方亚夫嗾项庄时，微哙诮让羽，则汉之为汉未可知也。一旦人有恶哙欲灭戚氏者，时哙出伐燕，立命平、勃即斩之。夫哙之罪未形也，恶之者，诚伪未必也。且高帝之不以一女子斩天下之功臣亦明矣。彼其娶于吕氏，吕氏之族若产、禄辈皆庸才，不足恤，独哙豪健，诸将所不能制，后世之患，无大于此矣。夫高帝之视吕后也，犹医者之视堇也，使其毒可以治病而无至于杀人而已矣。樊哙死，则吕氏之毒将不至于杀人，高帝以为是足以死而无忧矣。彼平、勃者，遗其忧者也，哙之死于惠之六年也，天也，彼其尚在，则吕禄不可给，太尉不得入北军矣，或谓哙于帝最亲，使之尚在，未必与产禄叛。（《嘉祐集》卷三）

③**【汇注】**

韩兆琦：楚，刘邦之同母弟刘交的封国。都彭城（今江苏省徐州市）。（《史记选注汇评·吕太后本纪》）

【汇评】

梁玉绳：按：下文贾寿亦云"灌婴与齐楚合从"，而楚无发兵诛诸吕事，疑误。盖楚元王从高帝崩后，未尝一至关中，以《诗》《书》自误，绝不与闻朝政。即其遣子入长安，亦不过访浮邱伯学《诗》而已，故不为吕后所忌。复封其子上邳侯，使为宗正，岂非以力不足而有远祸之识耶？殆与吴、代、长沙同居局外矣。（《史记志疑》卷七）

④**【汇评】**

程馀庆：未知婴与齐连和也。（《历代名家评注史记集说·吕太后本纪第九》）

⑤**【汇校】**

王叔岷：《索隐》《正义》云云，是所据本"豫"并作"与"。《殿本》亦作"与"，盖改从故本耳。（《史记斠证》卷九）

【汇注】

司马贞：犹，邹音以兽反。与音预，又作"豫"。崔浩云"犹，猱类也。卬鼻，长尾，性多疑"。又《说文》云"犹，兽名，多疑"，故比之也。按：狐性亦多疑，度冰而听水声，故云"狐疑"也。今解者又引《老子》"与兮若冬涉川，犹兮若畏四邻"，故以为"犹与"是常语。且按狐听冰，而此云"若冬涉川"，则与是狐类不疑。"犹兮若畏四邻"，则犹定是兽，自不保同类，故云"畏四邻"也。（《史记索隐·吕太后本纪》）

[日]泷川资言：王念孙曰：犹豫双声字，犹《楚辞》言"夷犹"耳，非谓兽畏人而豫上树，亦非谓犬子豫在人前。愚按：《正义》有讹脱。（《史记会注考证》卷九）

【汇评】

牛运震：此又承前文"诸吕用事擅权，欲为乱"详言之，前后有次第相生之妙。"欲发""内惮""外畏""又恐""欲待"等句，写二吕心曲匆乱如画。（《史记评注·吕后本纪》）

⑥【汇评】

牛运震：此处又用提掇，妙有安顿。（《史记评注·吕后本纪》）

⑦【汇注】

[日]泷川资言：名，如上文"名美人子"之"名"。（《史记会注考证》卷九）

王　恢：淮阳国，故皇子友国，友徙王赵，国除为郡。吕后元年复置，四月辛卯立惠帝子强。五年八月，卒，无后，以其弟壶关侯武嗣。八年，武诛，国除复为郡。按：高帝十一年三月，"罢颍川郡颇益淮阳"以王子友。颍川，汉所独有十五郡之一，固无"罢"之之理，不过益之以边县。文帝十一年武徙王梁时，贾谊以为"淮阳之比大诸侯，廑如黑子之著面"。虽未能"包陈以南揵之江"（《贾传》），循名责实，可能有淮北汝南郡。景帝二年淮阳与汝南并为国，后汝南以支郡收，或如《汉志》仅存九县也。（《史记本纪地理图考·吕太后本纪》）

龚浩康：名义上说是少帝的弟弟。刘太、刘武、刘朝三人，均惠帝后宫美人之子，而被孝惠张皇后称为自己所生。（见王利器主编《史记注译》卷九《吕太后本纪》）

⑧【汇注】

韩兆琦：鲁元王吕后外孙，即张偃。按："名为广帝弟"与"吕后外孙"皆夹注句，其主要所叙乃谓以上四子皆"年少未之国，居长安"。（《史记笺证·吕太后本纪》）

⑨【汇校】

梁玉绳：按：七年更名梁曰吕，故上文已书吕王产矣，而此忽改称曰梁王，何也？下文"请梁王归相国印"，亦非。（《史记志疑》卷七）

⑩【汇评】

程馀庆：提此段，见吕氏盘固。（《历代名家评注史记集说·吕太后本纪第九》）

太尉绛侯勃不得入军中主兵①。曲周侯郦商老病②，其子寄与吕禄善。绛侯乃与丞相陈平谋，使人劫郦商③，令其子寄往绐说吕禄曰④："高帝与吕后共定天下，刘氏所立九王⑤，吕氏所立三王⑥，皆大臣之议，事已布告诸侯，诸侯皆以为宜⑦。今太后崩，帝少，而足下佩赵王印，不急之国守藩⑧，乃为上将⑨，将兵留此，为大臣诸侯所疑⑩。足下何不归将印，以兵属太尉⑪？请梁王归相国印⑫，与大臣盟而之国⑬，齐兵必罢，大臣得安，足下高枕而王千里，此万世之利也⑭。"吕禄信然其计，欲归将印，以兵属太尉。使人报吕产及诸吕老人，或以为便，或曰不便⑮，计犹豫未有所决⑯。吕禄信郦寄，时与出游猎⑰。过其姑吕嬃⑱，嬃大怒，曰："若为将而弃军，吕氏今无处矣⑲。"乃悉出珠玉宝器散堂下，曰："毋为他人守也⑳。"

① 【汇评】
　　唐　鉴：南军北军不可得，产禄方擅国。灌婴出，事仓皇，太尉来，劫郦商。郦商之子真贤豪，与其卖国还卖交。卖交犹可，卖国得祸，军中纷纷皆袒左，不比萧、何钟室谋，密语绐杀淮阴侯。（《唐确慎公集》卷六）
　　程馀庆："不得入"是眼目。再逼。（《历代名家评注史记集说·吕太后本纪第九》）

② 【汇注】
　　韩兆琦：郦商，刘邦的开国功臣，以功封曲周侯。其兄即辩士郦食其。（《史记选注汇评·吕太后本纪》）
　　龚浩康：曲周，县名，治所在今河北省曲周县东北。（见王利器主编《史记注译》卷九《吕太后本纪》）
　　又：郦商，刘邦的重要将领，谋士郦食其之弟。刘邦起兵反秦后，他率四千人来归。后封曲周侯，任右丞相。（见王利器主编《史记注译》卷九《吕太后本纪》）

③ 【汇评】
　　李德裕：及吕后之殁，劫郦商以绐吕禄，计亦窘矣。周勃虽入北军，尚不敢公言诛吕，岂不艰哉？赖产、禄皆徒隶之人，非英杰之士，傥才出于世，岂受其绐说哉！（引自《汉书评林》）

叶　真：留侯晚谢病，吕后劫之，使画保护太子之谋。淮阴侯遭诬，后与萧相国谋，缚斩钟室。彭越徙蜀，后诱致洛阳，并夷灭之。威震外廷，渐无帝矣，帝亦愤不能堪。后迎医，即嫚骂，不使治病。樊哙，吕氏婿，或云党吕，即欲斩哙。后方偃然自专，问百岁后代萧相国者，枚数而未肯休，岂窥帝腹心所托而将蕲除之。帝崩，后不发丧，与审其食谋尽族诸将。毒机之发，不可御矣。天佑汉祚，幸郦商有闻，危言劫之，奸谋旋沮，否则，绛侯诸大臣且不自保，何能须臾为汉计？他日，商令其子给吕禄解兵属太尉，史云绛侯丞相使人劫之，由前事而言，商何必劫哉？余谓诛信越时，后既包藏祸心，及谋族诸将，其迹始暴，郦将军此事最有功于汉，当表出，第不知樊哙若在，欲不负汉，如健妇何？（《爱日斋丛钞》卷二）

胡缵宗：昔郦寄说吕禄以兵属周勃，勃乃入据北军，遂诛诸吕，人皆以卖友讥之。左孺辨杜伯非罪，宣王怒而加诛，史官以为友美之，愚谓国重友轻，然卖友诛诸吕以安刘者，忠也，友顺君逆，宁顺友不易言以求生者宜也，二子各安其志而已。（引自《汉书评林》）

牛运震："绛侯乃与丞相陈平谋"云云，至"给说吕禄曰"，按：此急中妙着，文法亦简捷。《史记评注·吕后本纪》）

④【汇注】

颜师古：给，诳也。（《汉书注·高后纪第三》）

陆唐老：郦音历，郦商之子，名寄。（《陆状元增节音注精议资治通鉴》卷二八）

【汇评】

张　耒：吾观陈平使人劫郦商，使其子说吕禄，陆贾劝陈平以百金交欢绛侯，而平、勃日以亲，卒用此灭吕氏，未尝不窃叹也！夫士不以仁义相与，则其于利害之际，其能不以诈谋相欺者鲜矣。郦商为列侯，事高祖十余年，其视吕氏之危汉，其心岂能无恻然哉？虽不劫之，岂不肯使其子也？绛侯，汉之大臣，虽无百金，未必与平异心也。平之心，岂不知郦商、绛侯之未必背汉也，然必为是之区区者，其心不能无疑于此二人故也。彼其不能无疑者，何也？士不以仁义相与，而其合也以权利，则其于利害之际，安能无疑哉？昔周公为师，召公为保而不悦，周公详说而宣谕之。夫师保之际，有所不悦，而周公不忌焉，谕之以义、明之以理而已。呜呼！圣贤之事，为不可及也哉。（《柯山集·陈平论》）

杨维祯：或问：寄为卖友，班史已辨，先儒又以寄劫而后从功，不足以赎罪，其说何如？抱遗老人曰：此况所以以为卖友，非也。汉之卖友，则有其人。或问为谁？曰鄡侯、户牖侯是也。云梦之伪、钟室之给，媒致淮阴以冤死，二子卖友，君子忍之，况之卖禄，非出于素心，而出于平、勃之劫其父也，则非二子比已。况之卖友，其名可辞。（《史义拾遗》上《或问郦寄卖友》）

程馀庆：逼出急中妙著，千金一缕之谋。（《历代名家评注史记集说·吕太后本纪第九》）

韩兆琦：绐（dài）说，故意以坏主意劝人。绐，骗。邵宝曰："国为重，则朋友为轻，是故寄不给禄、产，北军不可入也。卖而取败，犹将褒之，况一举以定汉社稷哉！"（《史记评林》）（《史记选注汇评·吕太后本纪》）

⑤【汇注】

司马贞：吴，楚，齐，淮南，琅邪，代，常山王朝，淮阳王武，济川王太，是九也。（《史记索隐·吕太后本纪》）

胡三省：楚王交，高祖弟。代王恒、淮南王长，高祖子。吴王濞，高祖侄。琅邪王泽，刘氏疏属。齐王襄，高祖孙。常山王朝、淮阳王武、济川王太，惠帝子。（见《资治通鉴》卷一三"高后八年"注）

【汇评】

杨树达：按：其时刘氏王存者六人，楚元王交、吴王濞、齐王襄、淮南王长、代王恒、琅邪王泽是也。若并数封者，据《诸侯王表》当为十二王。此云九王，未详。然《诸侯王表》谓高祖分封子弟，大启九国，历叙燕、代、齐、赵、梁、楚、荆、吴、淮南九国，此九王当即彼九国也。吕氏本四王，为台、产、禄、通。此及代、宋、昌皆只云三王，不数后封之吕通也。盖通于吕后八年七月封，即高后崩之月也。（《汉书窥管》卷一《高后纪第三》）

⑥【汇校】

王念孙："刘氏所立九王，吕氏立三王"，念孙按：吕氏下脱"所"字。《索隐》本有"所"字，《汉书》《汉纪》并同。（《读书杂志·史记·吕后本纪》）

王叔岷：《考证》："诸本无'所'字，王念孙曰：'《索隐》本有。《汉书》《汉纪》并同。'愚按：南化本亦有。"按：《通鉴·汉纪五》亦有"所"字。（《史记斠证》卷九）

【汇注】

司马贞：梁王产、赵王禄、燕王通也。（《史记索隐·吕太后本纪》）

张大可：刘氏九王为高祖所立，即：一、楚王刘交（高祖弟）；二、吴王刘濞（高祖侄）；三、齐王刘肥；四、淮南王刘长；五、赵王刘如意；六、代王刘恒；七、梁王刘恢；八、淮阳王刘友；九、燕王刘建（以上七王高祖子）。吕氏四王吕太后所立，即：吕台吕王，吕产梁王，吕禄赵王（均吕太后侄），台子通燕王。因吕台已死，故云吕氏三王。（《史记全本新注·吕太后本纪第九》）

施丁：吕氏先后立有吕王吕台、梁王吕产、赵王吕禄、燕王吕通四王。这里只言三王，想是未计后封之吕通。（《汉书新注》卷三《高后纪第三》）

⑦【汇校】

施之勉：吴汝纶曰：《通志》作"事已布告诸侯王，诸侯王以为宜"。当是宋本《史记》如此。《汉纪》同。（《史记会注考证订补·吕后本纪第九》）

王叔岷：按：《汉书·高后纪》《汉纪》"诸侯"下并有"王"字。（《史记斠证》卷九）

【汇评】

程馀庆：先安其心。（《历代名家评注史记集说·吕太后本纪第九》）

⑧【汇注】

颜师古：之，往也。（《汉书注·高后纪第三》）

韩兆琦：藩，指诸侯的封国。古称诸侯之国为天子的藩篱屏障，故云。（《史记选注汇评·吕太后本纪》）

⑨【汇注】

龚浩康：上将，高级武官。这里指上将军。（见王利器主编《史记注译》卷九《吕太后本纪》）

⑩【汇评】

程馀庆：又中其忌。（《历代名人评注史记集说·吕太后本纪第九》）

⑪【汇注】

颜师古：属音之欲反。（《汉书注·高后纪第三》）

⑫【汇校】

王叔岷：《考证》：《汉书·吕纪》"王"下有"亦"字。按：《汉纪》"王"下亦有"亦"字。（《史记斠证》卷九）

⑬【汇评】

牛运震：此句开说庸人得法。（《史记评注·吕后本纪》）

程馀庆：无此一语，庸人不信。（《历代名家评注史记集说·吕太后本纪第九》）

⑭【汇评】

程馀庆：寄之说禄，即许允、陈泰之说曹爽也。何以见听？真人奴耳。（《历代名家评注史记集说·吕太后本纪第九》）

⑮【汇评】

牛运震：二语乱得妙，写庸人纷纷聚议如画，《汉书》削去"或以为便"一句，便少神。（《史记评注·吕后本纪》）

⑯【汇注】

王先谦：师古曰：犹，兽名也。《尔雅》曰：犹如麂，善登木。此兽性多疑虑，常居山中，忽闻有声，即恐有人且来害之，每豫上树，久之无人，然后敢下。须臾，又上，如此非一，故不决者称犹豫焉。一曰陇西俗谓犬子为犹，犬随人行，每豫在前，待人不得，又来迎候，故云犹豫也。麂音几。王念孙曰：按："犹豫"双声字，犹楚词之言"夷犹"耳，非谓兽畏人而豫上树，亦非谓犬子豫在人前。师古之说皆袭《颜氏家训》而误，说见《广雅》。（《汉书补注·高后纪第三》）

【汇评】

程馀庆：危急中得此一说，以为顿有此耳，偏又作一飏。（《历代名家评注史记集说·吕太后本纪第九》）

郭嵩焘：按：史公于此写尽吕氏庸才，意在容身保位而已，岂能为乱者？诸吕老人或以为便，或曰不便，周章可笑。（《史记札记·吕后本纪》）

⑰【汇评】

司马光：赤帝祚四百，徒然诸吕谋。出游逢友卖，未返见家收。弊冢苦无托，遗祠今幸留。士心俱左袒，何怨曲周侯！（《温公文集》卷四八《吕禄庙》）

程馀庆：欲夺其军也。（《历代名家评注史记集说·吕太后本纪第九》）

⑱【汇注】

颜师古：吕后妹。（《汉书注·高后纪第三》）

宋　祁：吕媭，樊哙妻，封临光侯。（引自《汉书补注·高后纪第三》）

胡三省：媭，吕后之妹，樊哙之妻；于禄，姑也。（见《资治通鉴》卷一三"高后八年"注）

张　晏：媭音须。（引自《汉书评林》）

王鸣盛：《高后纪》"吕禄过其姑吕媭"，师古曰：媭，吕后妹。按：吕媭，樊哙妻也。《说文》：贾侍中说，楚人谓姊为媭。《离骚》"女媭之婵媛"，王逸注：女媭，屈原姊也。《陈平传》：高帝命平斩哙，道中计曰：哙，吕后女弟女媭夫。则其为吕后妹甚明，盖姊妹通称。（《十七史商榷》卷九）

钱大昭：《说文》：媭，女字也。贾侍中说楚人谓姊为媭。《离骚》"女媭之婵娟"，王逸注：屈原姊也。《诗·正义》引郑注《周易》"归妹以须"，亦云屈原之姊名女须，是须与媭古字通。吕媭为吕后姊也。（《汉书辨疑·高后纪第三》）

【汇评】

于慎行：吕媭机略，不减其姊，非樊哙不足当之。如郦寄绐说吕禄，以兵属太尉，媭大怒，谓禄等曰："若为将而弃军，吕氏今无处矣！"乃悉出其珠玉宝器散堂下，曰："毋为他人守也！"此人幸而为女，假使禄、产有如此才，刘氏危矣。（《读史漫录》卷三）

⑲【汇校】

颜师古：言见诛灭无处所也，"处"字或作"类"，言无种类也。（《汉书注·高后

纪第三》)

王叔岷：《索隐》：颜师古以为"言见诛灭无处所也"。按："今"犹"将"也。（裴学海《古书虚字集释》五有说。）《汉书》师古注又云："'处'字或作'类'，言无种类也。"《汉纪》"处"正作"类"。（《史记斠证》卷九）

施　丁：无处安身，将被诛灭之意。（《汉书新注·高后纪第三》）

【汇评】

夏之蓉：吕婴机智，不下于吕后。当郦商给吕禄，以兵属太尉。婴大怒，谓禄等曰："若为将而弃军，吕氏今无处矣。"乃悉出珠玉宝器散堂下，曰："毋为他人守也。"具此英识，不愧一侯。禄、产辈奴才耳。使识能类婴，刘氏不綦危乎！（《读史提要录》卷一《西汉》）

秦笃辉：苏明允论高帝之欲斩樊哙，为欲削吕氏之党以损其权，最为卓见。又谓哙死于惠之六年，天也。在则吕禄不可给，太尉不得入北军矣。又谓椎埋屠狗之人，见其亲戚乘势为帝王，有不欣然从之邪？皆深切事情，储在陆谓为已甚。按：哙纵不叛，吕禄不可给，太尉不得入北军，此必然之势。且陈平素畏哙，必多牵制，欲说哙诛吕，殊费周张。况吕禄弃军，哙妻吕婴出其珠玉重宝于堂下，曰："无为他人守也！"显有明征，而谓哙能与其妻异邪？（《读史賸言》卷一）

⑳【汇评】

牛运震：写吕婴亦奇妇人，雄爽在目。（《史记评注·吕后本纪》）

程馀庆：婴权术不下高后，吕氏独有两女子耳。紧接吕婴一怒，急中倍急。（《历代名家评注史记集说·吕太后本纪第九》）

　　左丞相食其免①。
　　八月庚申旦②，平阳侯窋行御史大夫事③，见相国产计事。郎中令贾寿使从齐来④，因数产曰⑤："王不蚤之国，今虽欲行，尚可得邪？"具以灌婴与齐楚合从⑥，欲诛诸吕告产⑦，乃趣产急入宫⑧。平阳侯颇闻其语，乃驰告丞相、太尉⑨。太尉欲入北军⑩，不得入⑪。襄平侯通尚符节⑫，乃令持节矫内太尉北军⑬。太尉复令郦寄与典客刘揭先说吕禄曰⑭："帝使太尉守北军⑮，欲足下之国，急归将印辞去⑯，不然，祸且起⑰。"吕禄以为郦兄不欺己⑱，遂解印属典客⑲，而以兵授太尉⑳。太尉将之入军门㉑，行令军中曰："为吕氏右袒，为刘氏左袒㉒。"军中皆左袒为刘氏。太尉行至㉓，将军吕禄亦已解上将印去㉔，太尉遂将北军㉕。

① 【汇校】
　　梁玉绳：按：《将相表》及《百官表》食其以九月复相，后九月免，则此六字当书后九月中，误入于八月也。(《史记志疑》卷七)
　　【汇评】
　　程馀庆：吕氏先免食其，恐其在内与大臣合谋也。(《历代名家评注史记集说·吕太后本纪第九》)

② 【汇校】
　　梁玉绳：《通鉴考异》云：上有八月丙午，此当作"九月"。(《史记志疑》卷七)
　　张文虎：庚申距辛巳四十日，不得同月。二术（编者按：颛顼术、殷术）九月皆辛亥朔。庚申，九月十日也。《将相表》九月诛诸吕，是其证。《通鉴》作"九月"，是。(《校刊史记集解索隐正义札记·吕太后本纪》)
　　李景星："八月庚申旦"，按：上有"八月丙午"，此当作"九月"。(《史记评议·吕后本纪》)
　　编者按：八月，《资治通鉴》作"九月"。胡三省注曰：《考异》曰：《史记本纪》"八月庚申旦"上有"八月丙午"。《汉书·高后纪》亦云"八月庚申"。今以《长历》推之，下"八月"当为"九月"。

③ 【汇校】
　　杨树达：刘攽曰：按《表》及《周昌传》，高后四年，窋为御史大夫，诛诸吕后免，则非行也。疑此记误。先谦曰：《史记》《通鉴》亦作行事。《公卿表》："高后八年，淮南丞相张苍为御史大夫。"盖窋前虽真为御史大夫，高后已诏张苍代之，苍未任事以前，窋尚在官，故仅谓之行事。参观《纪》《表》，可得其实。《任敖传》云："窋诛诸吕，后坐事免。"（刘言《周昌传》，误。）按：《文纪》劝进表已书御史大夫臣苍，知所谓坐事免者，仍指高后时言。窋虽有诛诸吕功，已不预迎立文帝之事矣。树达按：刘说是也。《表》载张苍为御史大夫，与《任敖传》所载即是一事，事在高后崩后。王云高后已诏张苍代之，臆说不足据。说互详本书卷五《任敖传》。(《汉书窥管》卷一《高后纪第三》)
　　施之勉：《考证》：高后八年，张苍代曹窋为御史大夫，而未就任，窋尚在官视事，故曰行事。按：《考证》非也。辛巳，高后崩，庚申，窋行御史大夫事。辛巳距庚申四十日，则窋行御史大夫事，在高后崩后也。苍以淮南相为御史大夫，《张丞相传》亦明云在高后崩后。据本纪，朱虚侯逐吕产，杀之即中府厕中，即在庚申窋行御史大夫事之日。而庚申，至后九月晦日己酉，代王至长安代邸，为五十日。窋坐事免，苍为御史大夫，在此五十日内也。《考证》以为苍未就任，窋尚在官视事，岂非诳语乎？(《史记会注考证订补·吕后本纪第九》)

施　丁：曹窋于高后四年始为御史大夫，诛诸吕之后才免职，此时正任职事，不当用"行"字（疑为衍字）。(《汉书新注·高后纪第三》)

【汇注】

颜师古：窋，曹参子也，音竹出反。(《汉书注·高后纪第三》)

[日]泷川资言：高后八年，张苍代曹窋为御史大夫，而未就任，窋尚在官视事，故曰"行事"。(《史记会注考证》卷九)

韩兆琦：平阳侯窋，即曹窋，曹参的儿子，袭其父爵为平阳侯。行，代理。御史大夫，官名，汉代的"三公"之一，主管监察、弹劾。(《史记选注汇评·吕太后本纪》)

龚浩康：平阳侯窋，即曹参之子曹窋，袭父爵为平阳侯。平阳，县名。治所在今山西省临汾市西南。(见王利器主编《史记注译》卷九《吕太后本纪》)

张大可：窋，曹参子，吕太后四年代任敖为御史大夫。(《史记全本新注·吕太后本纪》)

④【汇注】

胡三省：《姓谱》：周康王封唐叔虞少子公明于贾城，子孙以国为氏。又，晋大夫贾季食邑于贾，其后以邑为氏。(见《资治通鉴》卷一三"高后八年"注)

程馀庆：贾寿，吕氏之党。(《历代名家评注史记集说·吕太后本纪第九》)

王先谦：《百官表》郎中令无贾寿，盖阙。(《汉书补注·高后纪第三》)

施　丁：郎中令，官名，职掌守卫宫殿门户。(《汉书新注·高后纪第三》)

⑤【汇注】

颜师古：数，责之也，音数具反。(《汉书注·高后纪第三》)

⑥【汇注】

颜师古：齐楚俱在山东，连兵西向，欲诛诸吕，亦犹六国为从以敌秦，故言合从也。从音子容反。(《汉书注·高后纪第三》)

龚浩康：合从，联合。本指战国时六国联合抗秦，后也泛指弱国联合抵抗强国。从，通"纵"。(见王利器主编《史记注译》卷九《吕太后本纪》)

⑦【汇评】

程馀庆：归功灌婴，应前伏后。(《历代名人评注史记集说·吕太后本纪第九》)

⑧【汇注】

　　胡三省：趣，读曰促。（见《资治通鉴》卷一三"高后八年"注）

　　王叔岷：按：《通鉴》"迺"作"且"，注云："趣读曰促。""迺"与"且"同义。（《史记斠证》卷九）

　　韩兆琦：趣产急入宫，其意乃使其迅速入宫拥兵自卫，及控制皇帝以发号施令。趣，同"促"。（《史记选注汇评·吕太后本纪》）

【汇评】

　　程馀庆：禄将北军而时出游猎，产将南军而不入宫，宜其败也。又有贾寿一促，万分危急，下乃转出事机，一路逼仄之妙。（《历代名家评注史记集说·吕太后本纪第九》）

⑨【汇校】

　　宋　祁："驰"，邵本作"以"。（引自《汉书补注·高后纪第三》）

　　王叔岷：按：《汉书》《汉纪》并无"乃"字，疑涉上下文"乃"字而衍。下文"平阳侯恐弗胜，驰语太尉"与此句法同。（《史记斠证》卷九）

【汇注】

　　张大可：丞相太尉，即陈平、周勃。（《史记全本新注·吕太后本纪》）

【汇评】

　　夏之蓉：平阳侯曹窋，屡发产谋，以关平、勃，功不在灌婴下。及事平，以不与谋诛诸吕，夺官，而无一言以自明，何其厚也！（《读史提要录》卷一《西汉》）

⑩【汇注】

　　陈　埴：南北军皆环宫宿卫之兵。南军属于郎中令，所谓掌宫掖门户是也，其卫士即诸郎为之（《表》云：掌守门户，出充军骑），多或至千人（多子弟及儒生），武帝增置期门及羽林军（以六郡良家子为之，多亦至千人），始尚枭勇武力矣。北军属于卫尉，所谓掌宫门屯卫兵是也。其卫士乃郡国之民更番为之，岁常转至一万人；新故送迎，率常二万人在道。武帝初年省其半。卫尉属官有候官、司马等。盖宽饶尝为之，极能抚循卫士，及一岁尽当更，卫士数千人愿复留一年，以报宽饶德。则卫尉所领为番上之士可知。南北军虽领于二卿（郎中令、卫尉），而列将军实为主帅，故吕后欲为难，使吕禄以上将军居北军，使吕产以相国居南军。文帝新即位，夜拜宋昌为卫将军，兼领南北军，则知二军领于列将军者，其正也。其以相国分领者，以吕禄才弱故尔。大抵北军重于南军，故平、勃止得北军，足以定大难。吕氏既失北军，虽有南军，无能为矣。或者不察，乃以卫尉为领南军，中尉为领北军。按：周勃既得北军，便令卫尉无纳吕产殿门，则卫尉隶北军可知。中尉巡徼京师，乃督察长安盗贼事，王温舒尝为之，所治皆长安豪猾，全无一事关于宿卫。或者又以京城诸屯兵为北军，按：吕后既以禄、产领二军,临终戒之以据兵卫宫,无送丧,则二军皆屯卫宫禁可知。又,周勃既入北军,便迤逦去殿门,入未央宫,则知为宫门卫兵无疑。南、北军力,心膂爪牙之寄,一则以子弟郎从为之,一则以郡国之民更番为之用,见国家一体,兵民一致,必如是而后可以肃环列壮帝居矣。(《木钟集》卷一一《南北军辨》)

韩兆琦:北军乃守卫长乐宫者,长乐宫是吕后所居,是诸吕的老巢所在,夺取了北军,即可直接捣毁吕氏巢穴;同时,北军较南军势大,控制北军即可基本控制京城局面,因此太尉首先谋入北军。(《史记选注汇评·吕太后本纪》)

张大可:入北军,入北军军营夺取北军。西汉宫卫南北两军,北军比南军势大,周勃入据北军则大局可定。戾太子发兵,北军使者护军任安不助太子,太子败。(《史记全本新注·吕太后本纪》)

施　丁:北军,汉代守卫京师的屯卫兵。因屯守于长安城内未央宫北面,故称。(《汉书新注·高后纪第三》)

⑪【汇评】

牛运震:再言"不得入",只觉提掇点应有情,不嫌其复。(《史记评注·吕后本纪》)

⑫【汇校】

王叔岷:《索隐》:"张晏云:'纪信子。'又晋灼云:'信被楚烧死,不见有后。'……张说误矣。"按:黄善夫本、殿本《索隐》引晋灼注"信被楚烧死",并作"信被焚死"。又《索隐》"误矣"并作"谬误"。《汉书》晋灼注作"纪信焚死,不见其后"。《通鉴》注引同。《索隐》引"其"作"有",义同。(《史记斠证》卷九)

【汇注】

裴　骃:徐广曰:"姓纪。"张晏曰:"纪信子也。尚,主也。今符节令。"(《史记集解·吕太后本纪》)

司马贞:张晏云:"纪信子。"又晋灼云:"信被焚死,不见有后。"按:《功臣表》襄平侯纪通,父成以将军定三秦,死事,子侯。即通非信子,张说误矣。(编者按:点校本《史记》修订本:[《索隐》晋灼曰]"信被焚死","焚"原作"焚烧",耿本、黄本、彭本、柯本、凌本、殿本作"焚",毛利本眉批《索隐》同,今据改。按:《汉书》卷三《高后纪》"襄平侯纪通尚符节",颜师古注引晋灼作"纪信焚死",《通鉴》卷一三《汉纪五》高后八年胡三省注引同。)(《史记索隐·吕太后本纪》)

刘　敞:高祖以善用人得天下,岂宜忘纪信之功,疑成者即信子之名。(引自《汉书评林》)

王先谦:刘敞曰:高祖以善用人得天下,岂宜忘纪信之功?疑成者即信之一名。齐召南曰:纪信与纪成自是两人,后儒以信死节最烈,没未得封,故疑纪成即信耳,不知纪成名字早著于鸿门间道走军之日。其后战死好畤，则《功臣表》有明文，非死于荥阳也。高祖于功臣，以父死节封其子者三人：一纪通，以父成战死好畤；一高景侯周成，以父苛守荥阳，骂项王死事；一高梁侯郦疥，以父食其说齐王死事。纪信、枞公宜有封爵，而《侯表》无之，必是其人并无子孙可封。晋灼及师古说确有证据，钦说非也。（《汉书补注·高后纪第三》）

[日]泷川资言：俞樾曰：高祖八年，萧何营未央宫，立东阙、北阙。师古云："未央殿虽南向，而上书奏事谒见之徒皆谒北阙，公车司马皆在焉。是则以北阙为正门，西、南两面无门阙矣。"以是考之，北军在北阙外，南军在未央宫之南，自南军入未央宫，仍须由北阙，故太尉之谋在先得北军。北军既得，而南军孤悬于外，无能为矣。（《史记会注考证》卷九）

龚浩康：襄平侯通，即纪通。因其父纪成战死而被封为襄平侯。襄平，县名。属临淮。故址在今江苏省盱眙县西北。（见王利器主编《史记注译》卷九《吕太后本纪》）

⑬【汇注】

颜师古：矫，诈也。诈以天子之命也。（《汉书注·高后纪第三》）

胡三省：班《志》，襄平县属辽东郡。张晏曰：纪通，纪信子也。尚，主也；今符节令也。晋灼曰：纪信焚死，不见其后。《功臣表》云：通，纪成之子，以成死事故封侯。贡父曰：汉祖以用人得天下，岂忘纪信之功哉！疑成者，即信之一名也。通尚符节，故使持节矫以帝命内勃北军。内，读曰纳。（见《资治通鉴》卷一三"高后八年"注）

钱大昭：内读为纳。下"毋内相国产殿门""殿门弗内"并同。（《汉书辨疑》卷一）

程馀庆：令，平阳侯令之也。能。一面矫节入北军。（《历代名家评注史记集说·吕太后本纪第九》）

王叔岷：《考证》："钱大昭曰：内读曰纳。"按：《通鉴》注："内读曰纳。"即钱说所本。（《史记斠证》卷九）

韩兆琦：节，以竹为之，天子派出的特使持之以为信验。矫内，假传命令使之放进。按：此时是传令，太尉尚未到。（《史记选注汇评·吕太后本纪》）

龚浩康：吴仁杰《两汉刊误补遗》："汉之兵制，常以北军为重，周勃一入北军，而吕产、吕更始辈束手被戮。"（见王利器主编《史记注译》卷九《吕太后本纪》）

【汇评】

韩兆琦：这是纪通为周勃预备的一个"通行证"。（《史记笺证·吕太后本纪》）

⑭【汇注】

　　应　劭：典客，今大鸿胪也。（引自《汉书补注·高后纪第三》）

　　裴　骃：《汉书》《百官表》曰："典客，秦官也，掌诸侯、归义蛮夷也。"（《史记集解·吕太后本纪》）

　　颜师古：揭音竭。（《汉书注·高后纪第三》）

　　胡三省：典客，景帝中六年，更名大行令；武帝太初元年，更名大鸿胪。（见《资治通鉴》卷一三"高后八年"注）

　　龚浩康：典客，官名。主管诸侯及国内少数民族事务，为"九卿"之一。后改称"大鸿胪"。（见王利器主编《史记注译》卷九《吕太后本纪》）

⑮【汇评】

　　夏之蓉：初，高帝崩，吕后与审食其谋不发丧，赖郦商一言谏正之。及齐王襄发兵讨诸吕，商子寄给说吕禄，令归将印，其父子之于汉，皆不可谓无功，然寄特迫于绛侯之劫，非本心也。其平时党吕之罪，自不可逭，故虽与典客刘揭同说吕禄，揭后封侯赐金，而寄不录，固有由矣。至卖友一节，不足置辨。（《读史提要录》卷一《西汉》）

⑯【汇校】

　　宋　祁：南本作"归印绶去"。（《汉书补注·高后纪第三》）

⑰【汇评】

　　程馀庆：一面矫少帝命于吕禄。（《历代名家评注史记集说·吕太后本纪第九》）

⑱【汇注】

　　裴　骃：徐广曰："音况，字也。名寄。"（《史记集解·吕太后本纪》）

　　牛运震："兄"字如字，徐广以为"况"字，失之。（《读史纠谬》卷一《史记·吕后本纪》）

　　王　筠：吕禄以为郦兄不欺己，或亦呼为兄耶，不则寄字况。《白虎通》：兄，况也。或借兄为况，或讹况为兄。（《史记校》）

　　王叔岷：《集解》："徐广曰：兄音况，字也。名寄。"按：《通鉴》兄作况，况乃况之俗变，从徐音也。（《史记斠证》卷九）

【汇评】

　　苏　轼：班固有言："当孝文时，天下以郦寄为卖友。夫卖友者，谓见利而忘义也。若寄父为功臣而又执劫，摧吕禄，以安社稷，谊存君亲可也。"予曰：当是时，寄不得不卖友也。罪在于寄以功臣子而与国贼游，且相厚善也。石碏之子厚与州吁游，碏禁之不从，卒杀之。君子无所讥，曰"大义灭亲"。郦商之贤不及石碏，故寄得免于死，古之幸人也。而固又为洗卖友之秽，固之义陋矣。（《苏轼文集》卷六五《郦寄

幸免》）

牛运震："郦兄"二字酷肖语气，徐广以为"况"，失之。（《史记评注·吕后本纪》）

⑲【汇注】

颜师古：属音之欲反。（《汉书补注·高后纪第三》）

⑳【汇评】

陈子龙：寄之说禄，则许允、陈泰之说曹爽也。何以见听？真人奴耳！（《史记测议·吕后本纪》）

㉑【汇评】

程馀庆：前矫内太尉，至此乃入军门也。入军门即发令，正见其急。（《历代名家评注史记集说·吕太后本纪第九》）

㉒【汇注】

颜师古：袒，脱衣袖而肉袒也。左、右者，偏脱其一耳。袒音徒旱反。（《汉书注·高后纪第三》）

陆唐老：袒，廷旱反。偏脱于肩袖。（《陆状元增节音注精议资治通鉴》卷二八）

胡三省：师古曰：袒者，脱衣袖而肉袒也。左、右袒者，偏脱其一耳。郑氏注《觐礼》云：凡为礼事者左袒；若请罪待刑则右袒。（见《资治通鉴》卷一三"高后八年"注）

朱翌：王孙贾入市曰：淖齿杀闵王，欲与我诛者袒右，市人从者四百人，诛淖齿。周勃诛吕氏，用左袒之策本此。（《猗觉寮杂记》卷下）

翁元圻：为吕氏右袒，为刘氏左袒，军中皆左袒（《吕后纪》）。按：《仪礼·乡射疏》云："凡事无问吉凶皆袒左。"是以《士丧礼》及《大射》皆袒左，唯有受刑袒右，故《觐礼》乃云"右肉袒"，注云"刑宜施于右"是也。以此考之，周勃诛吕氏之计，已定为吕氏者有刑，故以右袒令之，非以觇人心之从违也。［何云］木强老革仓猝时，未必便学叔孙太傅也。［阎按］卢六以曰：《国策》称王孙贾入市曰：淖齿乱齐国，杀王，欲与我诛者袒右，市人从者四百人。岂战国时又独以袒左为刑乎？故知左右不必区分，但觇众心之从违。盖自战国迄汉，人习为之，故少文者亦复能尔也。［全云］陈涉之起亦袒右，厚斋之说未足信。［卢月船云］左右袒明于文定，说得最好，言所以安其反侧之心，使以为刘之迹自解，激其忠愤之志，使以为吕之言为辱也，详见《读史漫录》。［元圻按］《吕后纪》师古注：袒，脱衣袖而肉袒。左右者，偏脱其一耳。《猗觉寮杂记》谓周勃盖用王孙贾之策。（《翁注困学纪闻》卷一二《考史》）

程馀庆：襢、袒同。左襢、右襢之令，所以安其反侧之心，使以为刘之迹自解，激其忠愤之志，使以为吕之言为辱也。急中妙著。（《历代名家评注史记集说·吕太后

本纪第九》）

陈　直：凤翔彪脚镇，曾出秦代大画砖，为两王宴饮图，持杯皆用左手，知秦代尚左，但汉初改为尚右，《周昌传》"左迁"是也。周勃入北军，大呼"为刘氏左袒"，知仍用秦代习俗。（《汉书新证·高后纪》）

王叔岷：《正义》：襢音但，与袒同。按：《御览》三百七、《记纂渊海》六一引襢并作袒，《汉书》《汉纪》《通鉴》皆同。《通鉴》注："郑氏注《觐礼》云：凡为礼事者左襢，若请罪待刑则右袒。"（《史记斠证》卷九）

【汇评】

朱　翌：杜牧之云："南军不袒左边袂，四志安刘是灭刘。"其意以谓四志辅立太子为非，何不思之甚也。惠帝嫡且长，为太子无过。即位之后，能高祖规模，亦可谓贤矣，安能料其身后汉有吕氏之祸也哉？使惠帝不可立，张良决不肯从吕后之请，又岂肯起四老人哉？南军不袒左袂，意谓周勃入北军时，设有不袒者，奈何？此儿童之见也。勃所虑者，不得入北军耳，既入则无事矣。勃之设问，必已得北军之情。万一不左袒，必有后命，岂若世之庸人无思虑者？牧之可无虑也。（《猗觉寮杂记》卷上）

胡　寅：太尉此问非也。有如军士不应，或皆右袒，或参半焉，则如之何？故程子谓是时直当谕以大义，率而用之尔，况太尉已得北军，士卒固惟旧将之听，非惟不当问，盖亦不必问也。伊川先生曰：此属率为身谋，非真为国家也。至哉，斯言乎！（见《袁王纲鉴合编》卷六《吕后》）

陈　霆：为吕氏右袒，为刘氏左袒，昔人胥谓周勃以此觇众心之向背也。王伯厚独不然，其言曰："考之《仪礼·乡射》疏，凡事无问吉凶皆左袒，是以《士丧礼》及《大射》皆袒左，惟受刑则袒右。故《觐礼》云'右肉袒'，注云'刑宜施于右'是也。以是考之，勃诛吕氏之计已定，若为吕氏则有刑，故以右袒令之耳。"予按：齐湣王之乱，王孙贾入市中，呼曰：淖齿乱齐国，杀湣王，欲与我诛淖齿者袒右。市人从之者四百人，是勃之前已有以袒右卜众者矣。今以袒右为当受刑，固曰有据，然例以王孙贾之事，则市人从讨者当刑否耶？（《两山墨谈》卷三）

胡　侍：胡寅《读史管见》曰：太尉左袒之令，非也，有如军士不应，或皆右袒，或参半焉，则如之何？故程子谓是时直当驱之以义而已，不当问其从不从也。况将之于军，如臂之于指，其为刘氏与不为刘氏，非惟不当问，亦不必问也。王应麟《困学纪闻》曰（原本此中脱漏十九字）："《仪礼·乡射》疏云：凡事无凶吉皆袒左，是以《士丧礼》及《大射》皆袒左，唯有受刑袒右，故《觐礼》乃云'右肉袒'，注云'刑宜施于右'是也。以此考之，周勃诛吕氏之计已定，为吕氏者有刑，故以右袒令之，军中于是左袒而为刘氏，效义者有赏，背义者有刑，太尉之令严矣，非以觇人心之从违也。"余按：《汉书·陈胜传》，陈胜起兵，徒属皆袒右，称大楚受刑之说，恐未

通也。(《真珠船》卷七)

杨一奇：勃令军中左右袒，设使右袒，其可已乎？伊川先生以为此属尽为身谋，非真为国家也。(养心吴氏补)(《史谈补》卷之二《左袒右袒》)

戴　璟：将帅之于士卒，犹身之使臂，车之运毂，故威克厥爱而号令必严明，约束必斩截，此为将之常规也。昔禹伐三苗，曰"一乃心力，其克有勋"；启伐有扈，曰"用命赏于祖，不用命戮于社"；仲康征羲和，曰"同力王室，钦承威命"。古人之令军中者如此，岂问其从与不从哉？周勃既入北军矣，即当移檄远近，谕以吕氏当诛之罪，下令军中，刻期而进，勉之以一心，戒之以用命，伸之以同力，则以顺讨逆，何患其弗克哉？今曰"为刘左袒，为吕右袒"，设使军皆右袒，或参半焉，则将中止而不进耶？或率右袒之军而诛吕氏耶？吾意勃之设心，若使有右袒者，则将为项羽之诈坑秦卒乎？如其不然，则将为迁就之计而不敢发乎？考《史》，勃已兼将南北军，尚恐不胜，未敢公言诛之，则勃之畏懦无能久矣，岂知所谓讨贼之义乎？先儒谓其任智术，踪迹疏昧，信然！(《新编汉唐通鉴品藻》卷四《勃令军中左右袒》)

洪　垣："左右袒"之问诚非也，当时纪通以节矫纳勃北军，而以兵属勃，即可以大义正矣，猝然之间，未有谋焉，而曰为刘为吕，以吕与刘并言之，又何谓焉？若非郦寄一绐，吕禄兵解，朱虚侯刘章宿卫禁中，为诸吕所惮，而定北军之志，斯其左右袒也，亦未可知矣。勃盖重厚而过之者也。或者乃曰陈平以勃之重厚先入，犹公孙弘之以汲黯先尝也，是变诈之术也。曰勃之先入者，太尉之兵权耳，同心相济，各因所能以成天下之事，又何有所不可哉？陈平善成周勃功，而且谦谦然逊而弗居，斯亦无负于帝之命矣。虽然，诸吕之王始于张辟彊，陈平言之于吕后而行之，非其自僭也。吕禄之叛，形未具而兵权已解，尽捕其少长悉诛之，其除恶务本之意与？吾于心终不能无疑也。(《觉山洪先生史说》卷一《吕后》)

高　拱：问：伊川云："周勃当初入北军，亦甚拙，何事令左袒则甚？如右袒，后还如何？当时已料得左袒，又何必更号令？如未料得，岂不生变？只合驱之以义，管他从与不从。"其说何如？曰：此不得其情。夫勃之此举，乃计耳。而后人未识得。请言之。曰：虽天下至恶之人，大逆不道，而其形未著，有从而问之者曰："若从逆否？"于是显然承伏，世必无其人也。则军中之必无右袒可知已。虽天下至恶之人，大逆不道，而其形未著，有从而问之者曰："若从顺否？"于是不以承伏，世必无其人也。则军中之必皆左袒可知已。况今日之域中，谁家之天下？光天化日，六军皆集，而太尉临之于上，为顺为逆，死生祸福，立见于前，其事几何者，而军中顾敢有明为右袒者耶？夫左袒、右袒，举手即为之，固至易事也。以至易之事而令其自为，而以决至大之隐情，岂非天下至愚乎？且即左袒，未必即为刘也；即不右袒，未必即不为吕也。亦姑以应之而已。而遂以信之，岂非尤天下至愚乎？漫以为之，则迂谬而无当，谓以审其向背，则观望而不忠，皆人所甚讳也。而太尉白眼为之，公然而以为言，岂其梦耶？嗟乎！兵以计胜，太尉此举，固自有意，非作事果如此也。何者？禄、产为乱，诸军从之久矣。禄、产既诛，彼方怀惧，于是而率之以诛诸吕，彼必曰："诸吕未灭，姑缓我耳。诛诸吕后，必且穷搜我也。"其心如此，而吾乃与之举事，则其中当有变。当是时，欲明言赦其反欤？然反形未著，吾乃明言其反而赦之，则彼愈疑而为惧愈深。欲不言欤，则彼犹夫疑、犹夫惧也。故以号于众曰"左袒者为刘，右袒者为吕"，盖计其必左袒也。而使皆得以形迹自见，吾乃可因其迹而信之，而其疑惧可释。卒之果皆左袒，于是遂明言曰："皆为刘，无为吕者也，吾可与诛诸吕矣。"而诸军者亦皆释其疑惧，忻然以为刘自庆。即归而语其妻子，亦必曰："吾皆为刘者也，岂为彼吕哉！"于是反侧皆安，而诛诸吕果济事。盖初左袒时，非皆真为刘也。既左袒之后，则遂皆为刘者也。初不右袒时，非皆不为吕也。既不右袒之后，则遂皆无为吕者也。而太尉独心知之，泯于无迹。作事在此，取效在彼，人不得而识也。后世徒据其迹议之云云，失之远矣。且人臣之为国也，将以济事也，若曰"吾只驱之以义，管他从与不从"，则是吾只作个题目，管他济与不济也，而可乎？（《本语》卷四）

范　槚：凡事皆左袒，惟受刑则袒右，在《礼》可考也。太尉北军之令，正以大义肃人心，使知助乱者必刑无赦耳。人心之戴汉，太尉审之久矣。外有齐王灌婴之兵，内有将相交和之固，而刘章、郦商辈又从而左右之，人心之附，岂必入北军而后觇哉？先儒谓此属尽为身谋，殆非也。然前此淖齿乱齐，王孙贾独以右袒令众，何耶？盖国破君亡，奋勇战义，死皷死绥，在此一举，此令之所以异也。（《洗心居雅言集》卷上《左右袒》）

吴崇节：按：胡致堂曰，太尉此问非也，有如军士不应，或皆右袒，或参半焉，则何如？程伊川谓此属率为身谋。愚谓太尉必知军士之皆左而不右也，姑以此倡大义、一众心耳。盖此令一出，则平日为刘者固益作其忠汉之气，即依违观望者，亦将乘此回面，易踵赴义输忠。太尉之问，岂徒然哉？致堂以为不必问犹可，若以首鼠两端病之，则几于枉矣！（《古史要评》卷之一《左袒为刘》）

于慎行：绛侯"左袒"之问，宋人非之，其迂可笑。当是时，太尉已入北军，百万之众，在其掌握，声罪致讨，吕氏之势去矣，执符而临之曰为刘为吕，则安有复为吕者乎！辟如平盗者，已执其渠魁，乃执其党而问曰"若欲为盗，若欲为平民"，则安有曰"我为盗"者乎？其尽左袒无疑也。然则何以问？曰：安其反侧之心，使以为刘之迹自解，激其忠愤之气，使以为吕之言为辱也。故太尉一问而刘氏安矣。

（黄恩彤录附：王伯厚曰：凡事无问吉凶，皆袒左，是以《士丧礼》及《大射礼》皆袒左，惟有受刑袒右，故《觐礼》云"右肉袒"，注"刑宜施于右"是也。以此考之，周勃诛诸吕氏之计已定，为吕氏者有刑，故以左袒示之，非以觇人心之从违也。

窃谓绛侯厚重少文，岂暇考《仪礼》以令军中哉？三军之众，又安得通《礼》，知右袒之为刑令也？不如文定之论切要惬理。)（《读史漫录》卷三）

袁　黄：勃令军中左袒，非有所观望于其间，此勃之术也。吕东莱曰，军中忿吕氏而思刘氏，不待问而可知也，必使之左袒，所以发其忠愤，而为建议号令之始也。士一左袒，虽使有吕氏之人潜伏行伍中，亦皆胆落神褫，无能为矣，故曰此勃之术也。（《袁王纲鉴合编》卷六《吕后》）

徐应秋：为吕氏右袒，为刘氏左袒，昔人颇有以绛侯为失计者。王应麟曰："考之《仪礼·乡射》疏，凡事无问吉凶皆左袒，是以《士丧礼》及《大射》皆袒左，惟受刑则袒右。以是考之，勃诛诸吕之计已定，若为吕氏者，则有刑，故以右袒令之耳。"吴兴陈霆则云："淖齿弑齐王，王孙贾入市中，呼曰：'淖齿乱齐国，杀湣王，欲与我诛淖齿者袒右！'市人从者四百。又陈胜起兵，徒属皆袒右，称大楚。是勃之先有以袒右令众者，岂谓袒右皆有刑乎？又吴人入楚，召陈怀公，召国人曰：欲与荆者左，不与荆者右。齐桓公立管仲为仲父，令诸大夫曰：善吾者入门而右，不善入门而左。则是法亦已久矣！"（《玉芝堂谈荟》卷六）

贺　详：为吕氏右袒，为刘氏左袒，昔人颇有以绛侯为失计者，不知勃老将也，已预知众心之归刘氏，而不能无疑于吕氏之有党。盖令一下，而或间有右袒者，或迟疑未左者，立诛之以令众，如杨素、朱滔之举耳，岂至此而始觇人心之向背哉？（《留余堂史取》卷三）

周　祈：周勃袒左、袒右之令，似坐观成败之形，安在其安刘也？使北军袒右，将王吕乎？使左、右相半，将并王乎？是不然。此勃誓师之辞，为刘者袒而立于左，左袒，吾赏之也；为吕者袒而立于右，右（社）〔袒〕，吾戮之也。片辞之下，定社稷之安危。勃之重厚，于此可见。予闻之关中乔景叔先生说如此。（《名义考》卷七《左袒为刘》）

夏之蓉：绛侯左袒之问，后人多议之，此未审当时情势也。太尉已入北军，百万之众在其掌握，其尽为左袒，不待智者而知，而必问于众者，一作其忠愤之气，一安其反侧之心，凡以肃军令而壹众志尔。（《读史提要录》卷一《西汉》）

牛运震：按：当时军心无不为刘者，太尉固知之矣，特下令俾左袒者，所以安人心、壮军势也。后人或以此讥之，王应麟又以为古者吉凶事皆袒左，惟受刑者袒右，为吕氏者有罪，故太尉以右袒示之。此皆不知事情，而或过于曲解固求，而失其真者也。（《史记评注·吕后本纪》）

又：军中皆左袒，缀"为刘氏"三字，妙，有气势。（同上）

㉓【汇注】

龚浩康："太尉行至"三句可看作对太尉入北军前的补充交代。《汉书·高后纪》

删去了这几句，显得简洁些。行，将要。（见王利器主编《史记注译》卷九《吕太后本纪》）

㉔【汇评】

程馀庆：追序一笔，承还归印事。（《历代名家评注史记集说·吕太后本纪第九》）

㉕【汇注】

班　固：京师有南北军之屯。（《汉书·刑法志》）

马端临：北军中尉主之，掌京城门内之兵。（《文献通考》卷一五〇《兵考二》）

又：北军番上，与南军等。南军卫士，调之郡国，而北军兵卒，调之左右京辅。（同上）

郭嵩焘：按：矫内太尉北军是一事，吕禄解印以兵属太尉是一事。太尉入军门，行令军中，始矫节入北军，以试军心之向背；吕禄即不归印而军心向汉，太尉本主兵，亦可因而用之。吕禄即解将军印去，则太尉承之以将北军，吕氏无能为矣，故太尉将之入军门。史公黏合两事为一，而先后情节固自分明。（《史记札记·吕后本纪》）

韩兆琦：按："太尉行至，将军吕禄亦已解上将印去"二句，与上文"遂解印绶属典客，而以兵授太尉"重复，似应削，今暂用括号括起。（《史记笺证·吕太后本纪》）

【汇评】

晁说之：陈平令周勃先入北军，亦不是推让功能底人，只是占便宜，令周勃先试难也。（《晁氏客语》）

杨一奇："周勃重厚少文，然安刘氏者必勃也。"厥后王陵独遵白马盟，周勃却徇太后意，然则安刘氏者陵也，非勃也。帝遗命如此，可谓知人善任使乎？勃后悉捕诸吕时，吕后已崩矣。后若在，勃能然乎？亦足以见安刘非勃。（《史谈补》卷之二《安刘必勃》）

李　贽：千古犹有冤勃者，冤哉？（《史纲评要》卷五《汉纪》"高皇后八年"）

陈子龙：凡定内变必须得禁军，观唐太子重俊之所以败，玄宗之所以胜，皆在此，甘露之败亦如是也。（《史记测议·吕后本纪》）

牛运震："南军""北军"，点注最有关目；"太尉遂将北军，然尚有南军"，转笔力量老横。（《史记评注·吕后本纪》）

　　然尚有南军①。平阳侯闻之，以吕产谋告丞相平②，丞相平乃召朱虚侯佐太尉③。太尉令朱虚侯监军门，令平阳侯告卫尉④："毋入相国产殿门⑤。"吕产不知吕禄已去北军⑥，乃入未央宫⑦，欲为乱⑧，殿门弗得入，裵回往来⑨。

平阳侯恐弗胜⑩,驰语太尉⑪。太尉尚恐不胜诸吕,未敢讼言诛之⑫,乃遣朱虚侯谓曰:"急入宫卫帝⑬。"朱虚侯请卒,太尉予卒千馀人⑭。入未央宫门,遂见产廷中。日餔时⑮,遂击产。产走。天风大起⑯,以故其从官乱⑰,莫敢斗。逐产,杀之郎中府吏厕中⑱。

① 【汇注】
马端临:章氏曰:南军有郎卫、兵卫,掌天子宿卫,北军止于护城。(《通考》卷一五〇《兵考二》)

邓之诚:汉南北军简表:

类别	名　称	职　　掌	兵数	秩禄	备　　考
北军	中垒校尉	掌北军垒门内,外掌西域	七百人	二千石	《汉书·百官公卿表》
	屯骑校尉	掌骑士	七百人	二千石	《汉书·百官公卿表》
	步兵校尉	掌上林苑门屯兵	七百人	二千石	《汉书·百官公卿表》
	越骑校尉	掌越骑	七百人	二千石	《汉书·百官公卿表》《注》如淳曰:越人内附,以为骑也。
	长水校尉	掌长水宣曲胡骑	七百人	二千石	《汉书·百官公卿表》。《注》师古曰:长水,胡名也。宣曲,观名,胡骑之屯于宣曲者。
	胡骑校尉	掌池阳胡骑	七百人	二千石	《汉书·百官公卿表》。《注》师古曰:胡骑之屯池阳者也。
	射声校尉	掌待诏射声士	七百人	二千石	《汉书·百官公卿表》。《注》应劭曰:须诏所命而射,故曰待诏射也。
	虎贲校尉	掌轻车	七百人	二千石	《汉书·百官公卿表》

续表

类别	名　称	职　掌	兵数	秩禄	备　考
南军	仆射 期门虎贲郎 中郎将	掌执兵送从		比千石 比二千石	《汉书·百官公卿表》。武帝建元三年，初置。比郎，无员，多至千人。平帝元始元年，更名虎贲郎，置中郎将。
	中郎将 羽林 骑都尉	掌送从	左八百人 右九百人	比二千石	《汉书·百官公卿表》。武帝太初元年，初置。名曰建章营骑。后更名羽林骑。又取从军死事之子孙养羽林，官教以五兵，号曰羽林孤儿。羽林有令、丞。宣帝令中郎将、骑都尉，监羽林。
	城门校尉	掌京师城门屯兵		二千石	《汉书·百官公卿表》。掌京师城门屯兵，十二城门侯。《注》师古曰：门各有侯。《汉书·刘屈氂传》：征和二年，以太子在外，始置屯兵长安诸城门。

（《中华二千年史》卷一《汉之制度》）

施　丁：汉代守卫未央宫的屯卫兵。因未央宫在长安城内南面，故称。（《汉书新注·高后纪第三》）

【汇评】

程馀庆：转笔老横。（《历代名家评注史记集说·吕太后本纪第九》）

② 【汇校】

梁玉绳：按：此十三字与上下文不接，且前已言平阳侯驰告丞相太尉矣，其为重出无疑，当衍之，《汉书》无。（《史记志疑》卷七）

王叔岷：按：《通鉴》亦无此十三字，从《汉书》也。（《史记斠证》卷九）

【汇评】

牛运震："平阳侯闻之，以吕产谋告丞相平"云云，此下情事倥匆纷挐，却点次分明如画。（《史记评注·吕后本纪》）

程馀庆：接贾寿促吕产入宫事，百忙中一丝不漏。（《历代名家评注史记集说·吕太后本纪第九》）

③ 【汇评】

陈耆卿：平、勃虽均为诛诸吕，而勃又与平不同。平性狡诈，故多避祸求全；勃性刚直，故多犯难不顾。……盖平未当难时，善于自解，有急则委之他人。勃未当难时，辩不如平，有急则自任甚确。辩不如平者，少文也；自任甚确者，重厚也。故诛诸吕时，平尝安徐，勃尝急迫。平不入北军，而勃入北军，使北军有变，则勃先及矣。平不谕谒者，而勃谕谒者，若不受，则勃先及矣。平专以难者遗勃，而自处以易，后来相位之逊，虽欲不逊，亦不可得也。勃知已之位在平上者，以功大尔；岂知所以犯帝之忌，而取捕逮之辱者，亦以此哉！然勃亦有以自取之也。远权退势出于己则善，出于君上之迫促则已非矣。陈丞相卒，上复用勃为相，亦以资历功劳无以易勃故尔，要亦有不得已焉者也。十余月而遣归，则本心见矣。夫为丞相不自抽身，而待其君之遣，则已可哂矣。为勃之计，惟有深藏远蹈，而被甲以见守尉，果何为者邪！借使汉家欲戮一退休之相，甲胡足以御之？然则勃非能反者，特不学而愚尔！（《筼窗集》卷二《陈平周勃王陵论》）

程馀庆：遥接朱虚侯。（《历代名家评注史记集说·吕太后本纪第九》）

④【汇注】

林　駧：《考异》：南军，卫尉主之。卫尉有尉、士、令、丞，诸丞、卫侯、司马皆属焉。周勃既入北军，乃令人告卫尉"毋纳吕产"，以此知南军主之卫尉明矣。（《古今源流至论·续集卷一·卫尉》）

韩兆琦：卫尉，官名，主管防卫宫庭，为汉代的"九卿"之一。按：汉初卫尉有二，一为长乐宫卫尉，一为未央宫卫尉，品级相同，此处乃指未央宫卫尉。（《史记选注汇评·吕太后本纪》）

⑤【汇注】

胡三省：卫尉，掌宫门卫屯兵。平阳侯时为御史大夫，盖将丞相之命以告卫尉，使毋纳产也。（见《资治通鉴》卷一三"高后八年"注）

【汇评】

程馀庆：吕产虽将南军，卫尉乃刘氏之人，故使之禁产入宫，恐其从中矫制为乱也。（《历代名家评注史记集说·吕太后本纪第九》）

⑥【汇校】

张文虎：吴云元板下有"之赵"二字。（《校刊史记集解索隐正义札记·吕太后本纪》）

⑦【汇注】

龚浩康：未央宫，汉宫名。位于长安城内西南隅，即今马家寨村。当时是西汉朝廷的朝会之所。（见王利器主编《史记注译》卷九《吕太后本纪》）

⑧【汇评】

郭嵩焘："吕产不知吕禄已去北军，乃入未央宫，欲为乱"，按：是时吕禄已去北军，吕产又去南军，而入未央宫，一卫尉拒之有余，而云"入未央宫，欲为乱"，则所欲为乱者何也？吕氏宗室几与刘氏等，又专据兵权，大臣畏惮之至矣，故以产、禄之庸才而平、勃等视之若虎之负嵎，无敢撄其怒者，而多为疑似之言以防祸之所极，其实为乱之形迹，初无可征也。（《史记札记·吕后本纪》）

⑨【汇校】

王叔岷：按：《通鉴》"殿门"上有"至"字，文意较完。景祐本、黄善夫本、殿本"裵回"皆作"徘徊"。《汉书》《通鉴》并同。"徘徊"乃俗字，此改俗从正耳。（《史记斠证》卷九）

【汇注】

颜师古：徘徊犹傍偟，不进之意也。徘音裵。（《汉书注·高后纪第三》）

【汇评】

程馀庆：亦不得入，妙。（《历代名家评注史记集说·吕太后本纪第九》）

牛运震："徘徊往来"四字写得情景可想。（《史记评注·吕后本纪》）

⑩【汇校】

[日]泷川资言："恐弗胜"三字疑衍，《汉书》无。（《史记会注考证》卷九）

⑪【汇评】

程馀庆：又增一笔，写其匆忙。（《历代名家评注史记集说·吕太后本纪第九》）

⑫【汇校】

钱大昕：《史记》"诵"作"讼"，韦昭曰："讼犹公也。"（《廿二史考异》卷六）

王叔岷：《集解》：徐广曰："讼，一作公。"按：韦昭曰："讼犹公也。"按：《通鉴》"讼"作"公"，从一本也。《淮南子·兵略篇》："夫有形埒者，天下讼见之。"许慎注："讼，公也。"（《史记斠证》卷九）

【汇注】

司马贞：按：韦昭以"讼"为"公"，徐广又云一作"公"，盖公为得。然公言犹明言也。又解者云讼，诵说也。（《史记索隐·吕太后本纪》）

[日]泷川资言：《汉书》"讼"作"诵"，诵、讼古通。《孟子》：读其书，颂其诗。（《史记会注考证》卷九）

⑬【汇校】

[日]泷川资言：《汉书·吕纪》"遣"作"谓"，"侯"下无"谓"。（《史记会注考证》卷九）

【汇评】

程馀庆：予卒千人，本以诛产，而曰卫帝，是未敢公言诛之也。匆急中偏能写太尉肺腑中事，细。（《历代名家评注史记集说·吕太后本纪第九》）

⑭【汇评】

陈仁子：汉宗室之忠，无如刘章、刘向二人。吕氏外戚也，欲危刘氏，则章力护之。王氏亦外戚也，欲危刘氏，则向力排之。……异时章得诛诸吕，刘向不得诛诸王者，何也？盖章之志得行，而有平、勃以主其盟；向之无功，不幸而不遇平、勃也。（《文选补遗》卷一二《极谏外家封事》注）

⑮【汇校】

宋　祁：越本、邵本并无"日"字。（引自《汉书补注·高后纪第三》）

王叔岷：《考证》：餔，《汉书》作"晡"。按：《汉书》《通鉴》"见"上并无"遂"字，疑涉下"遂"字而衍。《说文》："餔，日加申时食也。"晡与餔同。（《史记斠证》卷九）

【汇注】

胡三省：申时食为餔。（见《资治通鉴》卷一三"高后八年"注）

韩兆琦：日餔（bū）时，犹言傍晚时分。餔，《汉书》作"晡"。晡，日申时也，相当于今之下午三点至五点。餔，申时食也，犹今之所谓"晚饭"。（《史记选注汇评·吕太后本纪》）

⑯【汇评】

程馀庆：天应又如此。（《历代名家评注史记集说·吕太后本纪第九》）

⑰【汇校】

王叔岷：按：《御览》一八六引此无"以故其"三字，《汉书》同。（《史记斠证》卷九）

【汇注】

程馀庆：梁国相府之从官也。（《历代名家评注史记集说·吕太后本纪第九》）

⑱【汇校】

施之勉：吴汝纶曰："吏"下，当依《汉书》增"舍"字。（《史记会注考证订补·吕后本纪第九》）

王叔岷：按：《御览》引"逐产杀之"作"遂杀产于"。恐非其旧。（《史记斠证》卷九）

【汇注】

裴　骃：如淳曰："《百官表》郎中令掌宫殿门户，故其府在宫中，后转为光禄勋也。"（《史记集解·吕太后本纪》）

王先谦：《冯唐传》"为郎中署长"，郎中府即郎中署也。（《汉书补注·高后纪第三》）

朱虚侯已杀产①，帝命谒者持节劳朱虚侯②。朱虚侯欲夺节信③，谒者不肯，朱虚侯则从与载④，因节信驰走⑤，斩长乐卫尉吕更始⑥。还，驰入北军，报太尉⑦。太尉起，拜贺朱虚侯曰："所患独吕产⑧，今已诛⑨，天下定矣⑩。"遂遣人分部悉捕诸吕男女，无少长皆斩之⑪。辛酉⑫，捕斩吕禄，而笞杀吕媭⑬。使人诛燕王吕通⑭，而废鲁王偃⑮。壬戌⑯，以帝太傅食其复为左丞相⑰。戊辰⑱，徙济川王王梁⑲，立赵幽王子遂为赵王⑳。遣朱虚侯章以诛诸吕氏事告齐王，令罢兵。灌婴兵亦罢荥阳而归㉑。

① 【汇评】
程馀庆：又提一句，以见其难。（《历代名人评注史记集说·吕太后本纪第九》）

② 【汇校】
[日] 泷川资言：南化本、三条本"命"作"令"。（《史记会注考证》卷九）
王叔岷：按：《汉书》"命"亦作"令"。（《史记斠证》卷九）
【汇注】
颜师古：劳，慰问之也。（《汉书注·高后纪第三》）

③ 【汇校】
[日] 泷川资言：枫山、三条本无"信"字。（《史记会注考证》卷九）
王叔岷：按：《汉书》……亦无"信"字。《通鉴》亦无"信"字。（《史记斠证》卷九）

④ 【汇注】
韩兆琦：从与载，谓登上谒者之车，与之同车共载。（《史记选注汇评·吕太后本纪》）
王叔岷：按：《汉书》"则"作"乃"，义同。师古注："因谒者所持之节用为信也。章与谒者同车，故为门者所信，得入长乐宫。"（《史记斠证》卷九）
【汇评】
牛运震："朱虚侯因从与载，因节信驰走"云云，至"太尉起，拜贺朱虚侯"，写朱虚侯警捷、太尉歆耸之神最有气色。（《史记评注·吕后本纪》）

⑤ 【汇注】
颜师古：因谒者所持之节，用为信也，章与谒者同车，故为门者所信，得入长乐宫。（《汉书注·高后纪第三》）
韩兆琦：意谓借着谒者手中的节，故可于宫庭禁地间驰走无阻。节信，师古曰：

"因谒者所持之节以为信也。"(《史记选注汇评·吕太后本纪》)

⑥【汇注】

程馀庆：长乐卫尉乃卫尉属官，更始斩，则南军亦定矣。(《历代名家评注史记集说·吕太后本纪第九》)

⑦【汇评】

程馀庆：仍转到北军。(《历代名家评注史记集说·吕太后本纪第九》)

⑧【汇注】

韩兆琦：因其身为相国，且又掌握南军，故云。(《史记选注汇评·吕太后本纪》)

⑨【汇校】

张文虎：吴云元板"今"上重"产"字。(《校刊史记集解索隐正义札记·吕太后本纪》)

⑩【汇评】

刘　向：汉兴，诸吕无道，擅相尊王，吕产、吕禄席（席犹因也）太后之宠，据将相之位，兼南北军之众，拥梁、赵王之尊，骄盈无厌，欲危刘氏，赖忠正大臣绛侯、朱虚侯等谒诚尽节，以诛灭之，然后刘氏复安。(引自《文选补遗》卷一二《极谏外家封事》)

姚　信：周勃之勋，不如霍光，此前史所载，较然可见，而人以勃功大于光，意窃不安。何者？勃本帝大臣，居太尉之位，拥兵百万，既有陈平、王陵之力，又有朱虚、诸王之据，郦寄游说，以谲诸吕，因众之心，易以济事。若霍光者，以仓卒之际，受寄托之任，辅弼幼主，天下晏然，遇燕王、上官之乱，诛除凶逆，以靖王室，废昌邑，立宣帝，任汉家之重，隆中兴之祚，参赞伊、周，足为贤相，推验事情，优劣明矣。(引自《太平御览》四四七)

周　昭：陈平、周勃感陆生而相亲，所以安赵于强敌，定汉于几殆。(引自《太平御览》四六〇)

程馀庆：结上两"恐弗胜"句。(《历代名家评注史记集说·吕太后本纪第九》)

⑪【汇注】

颜师古：分音扶问反。(《汉书注·高后纪第三》)

【汇评】

黄　震：汉氏已绝而复续，分王子弟力也，不然而尽聚之京师，歼于吕氏妇人之手，无噍类矣。

吕后杀其子孙而欲帝母家，使母家无少长皆斩，而身亦死于祟祸，史迁备著之，为万世女后戒。(《黄氏日抄》卷四六)

牛运震："遂遣人分部悉捕诸吕男女，无少长皆斩之"云云，至"而废鲁王偃"，

诛诸吕数语已毕，简直竦劲之笔。凡萧杀之文，须以简直竦劲为上。(《史记评注·吕后本纪》)

  王鸣盛：周勃、陈平、刘章既诛产、禄，悉捕诸吕，无少长男女皆杀之，并樊哙之妻吕媭及其子伉皆杀之。除恶莫若尽，此之谓矣。惟其能断，故能定乱。而唐敬晖、桓彦范、袁恕己、张柬之、崔元昹不诛诸武，仅斩二张，遂谓无事。谋疏若此，其及祸宜也。(《十七史商榷》卷九)

⑫【汇注】
  韩兆琦：辛酉，九月十一日。(《史记选注汇评·吕太后本纪》)

⑬【汇注】
  程馀庆：先匿，次日方捕获也。(《历代名家评注史记集说·吕太后本纪第九》)

⑭【汇注】
  程馀庆：已就国也。(《历代名家评注史记集说·吕太后本纪第九》)

⑮【汇评】
  程馀庆：非吕氏，又幼，不与谋，故不诛。快。一篇惶急恐惧，至此收功，耳目一清。(《历代名家评注史记集说·吕太后本纪第九》)

⑯【汇注】
  张大可：壬戌，九月十二日。(《史记全本新注·吕太后本纪第九》)

⑰【汇评】
  程馀庆：何不杀之？(《历代名家评注史记集说·吕太后本纪第九》)

⑱【汇注】
  韩兆琦：戊辰，九月十八日。(《史记选注汇评·吕太后本纪》)

⑲【汇注】
  胡三省：吕产既诛，故徙太王梁。(见《资治通鉴》卷一三"高后八年"注)
  瞿方梅：方梅案：济川王既非惠帝子，大臣何得于此时独徙王之要地也？《汉书》本纪及《周勃传》皆无此语，班意固不谓然也。(《史记三家注补正·吕后本纪第九》)
  韩兆琦：为将吕氏削夺齐国而来的济川地归还齐国。(《史记选注汇评·吕太后本纪》)
  张大可：济川王刘太实未之国，徙是改封，将济川地归还齐国。(《史记全本新注·吕太后本纪第九》)

⑳【汇校】
  梁玉绳：按：遂之立也，在文帝元年，《文纪》及《年表》可据。此与《世家》谓吕后八年九月为大臣所立者误。(《史记志疑》卷七)

王叔岷：《考证》："梁玉绳曰：遂之立也，在文帝元年，《文纪》及《年表》可据。此与《世家》谓吕后八年九月为大臣所立者误。"（原引"大臣"误"二臣"。）按：《通鉴》无此九字。（《史记斠证》卷九）

【汇注】

龚浩康：据《孝文本纪》与《汉兴以来诸侯王年表》，刘遂被立在文帝即位之后，不在吕后八年；又，刘遂为文帝所立，非大臣所立。这一史事，各处记载不一。（见王利器主编《史记注译》卷九《吕太后本纪》）

【汇评】

程馀庆：又带叙梁王、赵王事作余波。（《历代名家评注史记集说·吕太后本纪第九》）

㉑【汇评】

司马光：吕氏之乱，汉氏不绝如线。然而卒不能为患者，外有宗藩之强，内有绛、灌之忠也。（《稽古录》卷一二）

杨　时：诸吕之王，非汉约，天下莫与之也。产、禄擅兵，欲危刘氏，忠臣所共切齿，而郦寄与之友善，而商亦莫之禁，何也？其谋吕禄也，劫之而后从，则商、寄之罪均矣，虽绛侯赖之以入北军，功不足以赎其罪也。使商不就劫而吕氏得志，则寄之父子得无非望乎？其卖友非其本心也。（引自《袁王纲鉴合编》）

张　耒：吾尝怪昔者高祖之时，其将相大臣皆天下豪杰之才，其谋谟勇力皆足以过绝天下，以战而无不胜，以计而无不中，以项籍之势，卒败于此数公者。然及天下既平，吕后、惠帝之际，彼吕后者，乃一妇人，提禄、产之庸人而王之，放肆纵弛，无所不至，此其间非不可窥，而其智谋非有深远可畏而不测者。夫以陈平、周勃之才，而驭吕后、禄、产之庸人，此无以异于取诸怀中而杀之。然是二人者，恇怯畏缩而不敢发，乃更先为自安之计，以固吕后危疑之心，终吕后之世而不动。及吕后既死，是二人者，其取禄、产，何其多忧自重而不敢易之。盖如史之所载，谓陈丞相使人劫郦寄，说吕禄解赵王印之国，而吕禄从之，太尉以节入北军，而犹左右袒以观三军之心。既得北军，又不敢倡言诛产也，灌婴以数万众与齐王合，乃相与待吕氏之变而后动。此三者，予未尝不窃疑之。夫吕禄之弃北军，无以异于遇盗而使之束兵也，则陈平之视禄也，亦易矣，然犹委曲迂远，使其亲戚劫之以利害之谋。周勃岂不知天下之与刘氏也，而犹区区谋以观其意。以灌婴之才，资数十万之众，而彷徨于外，不敢先发。夫以吕氏之区区，安坐而肆其所为，亦安能有所立？而数公者，反迟疑慎重，待之以天下之大事。夫何其勇于争天下、谋项籍，而怯于此也。盖尝为之深思其故，而后数公之志可见。考其所为之故，则夫天下之善谋者，无以过也。何者？昔者，高祖之与项籍角驰于中原，其初非有所凭藉也，特徼幸于一战之间，此其所为，不得不出于果敢而勇决，弃死而不顾，何者？使其成功则固得，吾不可必之求；不幸而败，则吾亦何所爱哉？彼高祖之得天下于百战之中，困辱伤败，既老而仅得之，则吾爱其所得，岂与匹夫驰骋徼幸于一战之际者同日而语也。故其遇诸吕之祸也，以为吾轻发而遂胜邪，则吾固何求？使万有一不胜，则其存亡，无乃甚可惜哉？曷若迟之而求无失也。是故不惮岁月之勤，而深虑夫一失之可爱，此其所以迁延委曲，待其敝而后发欤？夫千金之贾，见日而行，未夕而止，一日之力，有所不尽，是何也？彼力非不能远也，惴惴乎畏失其所爱者也。夫山林之盗，出入于险阻之间，晨夜而不顾，彼以为有所获者，固我之所幸，不幸而败，于吾何失哉？此平、勃之智也，夫操天下之重利者，不可为匹夫轻死之谋，匹夫之谋，是不得已之计也。（《柯山集》卷三七）

吴见思： 诛诸吕一段，事在仓猝，始而齐王起兵，朱虚、兴居造谋，继而灌婴将兵，郦寄游说，太尉入北军，朱虚入宫卫帝，多少事体！始而诸吕内惮，诸吕犹豫，继而平阳侯恐不胜，太尉恐不胜，多少情节！且诸吕待灌婴处，郦寄绐吕禄处，贾寿促吕产处，平阳侯驰告处，襄平侯矫节处，平阳侯又驰语处，多少变态！接手写来，一丝不乱。而一时之事，无不曲尽，所以为奇。（《史记论文·吕太后本纪》）

申涵煜： 高帝谓安刘氏者必勃，若预知吕氏之难也者。使非平、贾、朱虚谋于内，齐王、灌婴应于外，勃何能为"左袒"之呼，直儿戏耳。袒不左，其可止耶？故袁盎曰："丞相适会其成功。"（《通鉴评语》卷一《周勃》）

王鸣盛： 诸吕之平，灌婴有力焉。方高后病甚，令吕禄为上将军，军北军，吕产居南军，其计可谓密矣。卒使郦寄绐说吕禄归将印，以兵属太尉，而诛诸吕者，陈平、周勃之功也。然其始惠帝崩，高后哭泣不下，此时高后奸谋甫兆，使平、勃能逆折其邪心，安见不可扑灭者！乃听张辟彊狂竖之言，请拜产、禄为将，将兵居南北军。高后欲王诸吕，王陵守白马之约，而平、勃以为无所不可，然则成吕氏之乱者，平、勃也。幸而产、禄本庸才，又得朱虚侯之忠勇，平、勃周旋其间，而乱卒平，功尽归此两人。而孰知当留屯荥阳与齐连和之时，婴之远虑有过人者！齐王之杀其相而发兵夺琅玡王兵，并将而西也，此时吕禄独使婴击之。婴，高帝宿将，诸吕方忌故大臣，而危急之际，一旦假以重兵，此必婴平日伪自结于吕氏。若乐为之用者，而始得此于禄。既得兵柄，遂留屯荥阳，待其变而共诛之。其时吕氏乱谋急矣，顾未敢猝发者，彼见大将握重兵在外，而与敌连和以观变，恐猝发而婴倍之，反率诸侯西向，故犹豫未忍决。于是平、勃乃得从容定计，夺其兵权而诛之。然则平、勃之成功，婴有以助之也。然婴不以此时亟与齐合，引兵而归，共诛诸吕，乃按兵无动者，盖太尉入北军，吕禄归将印，此其诛诸吕如振槁叶耳。若婴合齐兵而归，遽以讨吕氏为名，则吕氏乱谋发之必骤，将印必不肯解，而太尉不得入北军矣。彼必将胁平、勃而拒婴与齐之兵。幸而胜之，喋血京师，不戕千万之命不止，此又婴计之得也。（《十七史商榷》卷五）

牛运震："灌婴兵亦罢荥阳而归"，按：此以灌婴罢兵结诛诸吕事，绝好收键。（《史记评注·吕后本纪》）

刘　沅： 朱虚侯不告齐王发兵，吕产等不忌诸侯，灌婴不谕齐屯兵待变，亦必滋扰，二人之功大矣，故书予之。周勃入北军，纪通之力，故书。郦寄绐吕禄，人以为卖友，然君臣之谊重于朋友，事关宗社，大义灭亲，何况于友！特寄善禄，当早劝以辞荣远引，乃为忠告之道耳。（《槐轩全书》卷七《史存》）

又： 天地一阴阳也，男女正天地之大义。孔子以系家人，故王者修齐治平，必自刑于化始。吕后以阴险之资，怀不测之志，使高帝正身有道，选用名贤，则所以防闲而训化之者，必有其方，乃多行猜忌，屠戮勋臣，纵任悍妻，肆为凶暴。观其诱杀韩、彭，私通食其，固已目无君上，而帝瞀然弗悟，卒使人彘飞血于宫廷，哲嗣伤心于酒色，祸人祸己，咎将谁尤？夫秦失其政，天下骚然，幸获平宁，皆思安枕，凡兹佐命，岂独不效忠勤而乃务为剪灭。然平、勃、纪、婴绸缪于机阱之时，互竭其赞襄之力，群凶授首，危而复安，亦可见开国之臣大有裨于宗社矣！后之有天下者，当知至治不外家庭，靖邦必须贤佐，毋矜远略而忽闱门，毋薄勋旧而从邪佞，则保世兹大，庶可庆无疆焉。（同上）

程馀庆： 并收完齐王、灌婴事，好结局。此段序诛吕氏，方略节次，及成败未分之际，诸将相耳目交关，指授接应，秘而警，捷而妥，处仓卒中情事入微。以上序大臣诛诸吕，是第二大段。（《历代名家评注史记集说·吕太后本纪第九》）

韩兆琦： 灌婴先与齐王连和，以武力威胁京城，促成了朝廷内部的政变，使诸吕迅即被灭，此其一；又由于灌婴驻守荥阳，阻止了齐兵西进，使朝廷诸臣得以自如地立代王为帝，免去重大分争，此其二，灌婴之功大矣。（《史记笺证·吕太后本纪》）

诸大臣相与阴谋曰①："少帝及梁、淮阳、常山王，皆非真孝惠子也②。吕后以计诈名他人子，杀其母，养后宫，令孝惠子之③，立以为后，及诸王，以强吕氏④。今皆已夷灭诸吕，而置所立⑤，即长用事，吾属无类矣⑥。不如视诸王最贤者立之⑦。"或言"齐悼惠王高帝长子，今其適子为齐王，推本言之，高帝適长孙⑧，可立也"。大臣皆曰："吕氏以外家恶而几危宗庙，乱功臣。今齐王母家驷（钧）⑨，驷钧⑩，恶人也，即立齐王，则复为吕氏⑪。"欲立淮南王⑫，以为少，母家又恶，乃曰⑬："代王方今高帝见子⑭，最长⑮，仁孝宽厚。太后家薄氏谨良⑯。且立长故顺⑰，以仁孝闻于天下，便⑱。"乃相与共阴使人召代王⑲。代王使人辞谢。再反⑳，然后乘六乘传㉑。后九月㉒，晦日己酉㉓，至长安，舍代邸。大臣皆往谒，奉天子玺上代王，共尊立为天子。代王数让，群臣固请，然后听。

① 【汇注】
　　韩兆琦：阴谋，暗中商量。（《史记选注汇评·吕太后本纪》）
【汇评】
　　牛运震："诸大臣相与阴谋曰"云云，此转入议废立，波澜最老。
　　议废立作三节，层次曲折。（《史记评注·吕后本纪》）
　　薛福成：汉惠帝时，张皇后无子，太后命取后宫美人子名之，以为太子。帝崩，太子嗣位。四年，自知非皇后子，出怨言，太后幽杀之，立孝惠后宫子宏为帝，其诸子皆为王。太后崩，大臣诛诸吕，相与阴谋，以为少帝诸王皆非孝惠子，复共诛之，尊立文帝。盖尝综而考之，惠帝凡七子，曰前少帝也，太后所名为皇后子者也；后少帝也；强也，不疑也，朝也，武也，太也，大臣所斥为吕氏子者也，而实则皆惠帝后宫美人子也。后儒不察，袭讹踵讹，并信为非刘氏子。嗟乎！惠帝诸子不幸身逢奇祸，又蒙冤终古，岂不哀哉！且大臣之阴谋曰："少帝、诸王，皆非惠帝子，吕太后以计诈名他人子，令孝惠子之，以强吕氏。今已灭诸吕，少帝即长，用事，吾属无类矣。"审如是，则惠帝之有子，帝皆及见之矣，帝岂肯以他姓子为嗣者哉？彼诸大臣欲杜后患，必灭惠帝嗣而后已。《史记》《汉书》于《高后纪》与《周勃传》，一再著之曰"阴谋"，书法可谓微而显矣。不然，岂有主神器者非刘氏子？而齐王起兵与文帝即位，一书一诏，皆不指斥及之，盖其说仅出大臣阴谋之口，非天下之公言也。虽然，大臣得为是谋者，孰教之，太后教之也。惠帝即位，太后欲立张皇后，虚中宫者四年，帝之生子，当在立后之前，又以其非嫡出，不早正其名位。帝崩，始取美人子名为皇后子，而杀其母，逮骤闻怨言，而复以杀其孙，于是张皇后无子之名转显于天下。天下知皇后无子，即可并疑惠帝之无子；知少帝非皇后子，即可并疑诸子之非惠帝子。讹言一布，万喙莫辨，至今藐焉诸孤，相率就死而莫之哀。愚哉太后！惨哉大臣之心也。陈平临终戒子孙曰："吾世即废，终不能复起，以吾阴祸多也。"夫所谓阴祸者，其即此类也！夫其即此类也夫！（《庸庵文外编》卷二《书〈汉书·高后纪〉后》）
② 【汇校】
　　[日]泷川资言："梁"当作"吕"。上文云"立皇子太为吕王"，梁王即吕产也。

（《史记会注考证》卷九）

施之勉： 按：上文云吕王产徙为梁王，立皇太子为吕王。更名梁曰吕，吕曰济川。又云：济川王太，淮阳王武，常山王朝，名为少帝弟。下文云：戊辰，徙济川王王梁。则此梁王，即济川王太也。《考证》非。（《史记会注考证订补·吕后本纪第九》）

【汇注】

周寿昌： 按：前后有两少帝，前之少帝即后宫美人子，于高后四年幽死，后之少帝为恒山王弘也，亦明前幽死之少帝实为孝惠子也。（《汉书注校补》卷三）

王先谦： 轵侯朝为恒山王，壶关侯武为淮阳王，昌平侯太为吕王，更名吕曰济川，所谓三弟为王者也。《史记》作"少帝及梁、淮阳、常山王"，"梁"是"吕"之误，时梁王乃吕产也。（《汉书补注·高后纪第三》）

龚浩康： 指少帝刘弘和梁王刘太、淮阳王刘武、帝山王刘朝都不是惠帝之子。事实上，既然前文说了这几个人是"孝惠后宫子"，是惠帝张皇后"无子，佯为有身，取美人子名之"，就说明这几个人仍是惠帝之子。大臣们这么说，只是一种托辞。（见王利器主编《史记注译》卷九《吕太后本纪》）

【汇评】

郭嵩焘： 按：少帝及梁、淮阳、常山皆非惠帝子，乃出诸大臣口中，意在废少帝而择诸王之贤者立之，假为之词以行诛耳。当时天下晏然，读《史》者亦无异词，则以吕后之暴戾，天下怨之，而废少帝，而立文帝，实有定社稷、安人民之功。汉时风气犹为近古，持议论以簧鼓天下者，尚无其人也。前言孝惠皇后无子，佯有身，取美人子名之；杀其母，立所名子为太子，旋又幽杀之。谓太子非皇后子可也，谓非惠帝子则不可。吕后称制，立孝惠后宫子彊为淮阳王，子不疑为常山王，子山为襄城侯，子朝为轵侯，子武为壶关侯；旋以襄城侯为常山王，更名义，及立为帝，又更名宏。此其为惠帝子，谁复疑者？当时以吕后所立，废之可也，分部诛灭之，亦已过矣。（《史记札记·吕后本纪》）

安作璋、孟祥才： 他们（编者按：周勃、陈平为首的刘氏集团）明白，少帝及诸王，毕竟为吕后所立，与诸吕关系密切，一旦他们长大，对自己十分不利。于是就以其非惠帝子为理由，一一加以诛杀。可怜这几个无辜的少年，都成为两大集团斗争的牺牲品，悲惨地死于利刃之下了。其实，从情理推断，这几个人作为惠帝的亲生儿子恐怕是没有问题的。（《刘邦评传》）

③【汇注】

龚浩康： 子，以子为子。（见王利器主编《史记注译》卷九《吕太后本纪》）

④【汇评】

梁玉绳： 附按：上文一则曰"孝惠后宫子"，再则曰"孝惠皇后无子，取美人子名之",则但非张后子,不得言非孝惠子也,乃此言"诈名他人子以为子",后又云:"足下非刘氏",何欤?《史记考要》谓诸大臣阴谋而假之词,以绝吕氏之党,不容不诛,其信然已。史公于《纪》两书之,而《年表》亦云"以孝惠子封",又云"以非子诛",皆有微意存焉,非歧说也。(《文纪》:"大臣曰:子弘等皆非孝惠帝子。"亦同。)(《史记志疑》卷七)

程馀庆:只一句,并少帝牵入吕氏之党。深文。(《历代名家评注史记集说·吕太后本纪第九》)

[日]泷川资言:愚按:纷扰之际,谋诈百出,美人之子,孰定其真假?但以当日事情推之,何、梁二说盖得其实。又案:俞正燮《癸巳存稿》有《汉少帝本孝惠子考》,亦以少帝为孝惠子。(《史记会注考证》卷九)

⑤【汇注】

韩兆琦:所立,指现时在位的少帝刘弘。(《史记选注汇评·吕太后本纪》)

⑥【汇注】

韩兆琦:无类,绝种,指被杀光。(《史记选注汇评·吕太后本纪》)

【汇评】

程馀庆:可知诸人皆为身谋,非为社稷也。(《历代名家评注史记集说·吕太后本纪第九》)

⑦【汇评】

程馀庆:一段总论。(《历代名家评注史记集说·吕太后本纪第九》)

⑧【汇评】

程馀庆:此议立齐王,其朱虚令齐发兵,本谋耶?文帝之不加恩亦以此。(《历代名家评注史记集说·吕太后本纪第九》)

⑨【汇校】

张文虎:"钧"字涉下而衍,南宋本、中统本并无。(《校刊史记集解索隐正义札记·吕太后本纪》)

王叔岷:《考证》:"张文虎曰:'(母家驷钧,)"钧"字涉下而衍。南宋本、中统本并无。'愚按:《汉书·高五王传》无'驷钧'二字。"按:此本作"今齐王母家驷钧,恶人也"。景祐本、黄善夫本并作"今齐王母家驷驷钧,恶人也",并误叠"驷"字。殿本及此本又并误叠"驷钧"二字。《齐悼惠王世家》作"齐王母家驷钧恶戾,虎而冠者也"(《汉书·高五王传》无"齐王"二字),《通鉴》作"今齐王舅驷钧,虎而冠",咸可证。(《史记斠证》卷九)

【汇注】

韩兆琦:母家驷,谓其母家姓驷。(《史记选注汇评·吕太后本纪》)

【汇评】

韩兆琦：按：照原文不动，本自通顺，表现当时人说话的口角，似更生动，删一"钧"字反而生涩。《汉书》为取简洁，删"驷钧"二字，不使重出，意思固可，但不删亦自有其佳处。（《史记笺证·吕太后本纪第九》）

⑩【汇注】

张大可：驷钧，人名，齐襄王之舅。（《史记全本新注·吕太后本纪第九》）

编者按：中华书局点校本《史记》修订本以"驷钧"二字重复，据毛利本删。今从韩兆琦说，保留原文。

⑪【汇校】

王叔岷：按：《齐悼惠王世家》《汉书·高五王传》"即"并作"今"，"则"并作"是"。即、今并与"若"同义，"则"与"是"同义。（《史记斠证》卷九）

【汇评】

陈子龙：世乱先有功，齐固宜立者也。立代王，几授齐兵，名矣。（《史记测议·吕后本纪》）

⑫【汇校】

张文虎：吴云元板"南"作"阳"。（《校刊史记集解索隐正义札记·吕太后本纪》）

⑬【汇注】

程馀庆：淮南王舅，乃赵兼也。借齐、淮南两层作引，下接"乃曰"二字，是当时商量口角。（《历代名家评注史记集说·吕太后本纪第九》）

【汇评】

牛运震："乃曰……"云云数语最质峭，三十字中凡备六层意思。（《史记评注·吕后本纪》）

⑭【汇注】

张大可：见子，还在世的儿子。（《史记全本新注·吕太后本纪第九》）

⑮【汇注】

胡三省：言高帝见在诸子惟代王为最长也。见，贤遍翻。代王，高帝姬薄氏所生。（见《资治通鉴》卷一三"高后八年"注）

张大可：最年长。代王刘恒为高祖第三子，其兄齐王刘肥、惠帝刘盈已死，故刘恒最长。（《史记全本新注·吕太后本纪第九》）

⑯【汇评】

徐孚远：薄昭后杀汉使者，亦不为谨良也。大臣以齐王起兵，英气难测，又刘泽怨之，故申代屈齐也。（《史记测议·吕后本纪》）

⑰【汇校】

　　王叔岷：《考证》："李笠曰：故、固通。"按：《通鉴》"故"作"固"。（《史记斠证》卷九）

　　【汇注】

　　张大可：立长名正言顺。封建宗法制度，立嫡不立庶，立长不立贤。（《史记全本新注·吕太后本纪第九》）

⑱【汇评】

　　程馀庆：以三十六字作六层，以一字结。短俏乃尔。（《历代名家评注史记集说·吕太后后本纪第九》）

⑲【汇评】

　　程馀庆：二"阴"字相应。（《历代名家评注史记集说·吕太后本纪第九》）

⑳【汇注】

　　张大可：使者第二次去迎请。（《史记全本新注·吕太后本纪第九》）

㉑【汇注】

　　裴　骃：张晏曰："备汉朝有变，欲驰还也。或曰传车六乘。"（《史记集解·吕太后本纪》）

　　[日]泷川资言：董份曰：袁盎言帝乘六乘传，驰不测之渊，所云"六乘"者，盖文帝料汉事已定，止用六乘急赴，不多备耳。张晏说非是。《文帝纪》命张武等六人乘传，恐即此云。（《史记会注考证》卷九）

　　韩兆琦：乘六乘传：乘坐六匹马拉的驿车，为取其快也。传，驿车。一说，文帝及侍从所乘，总共只有六辆传车。董份曰："盖文帝料汉事已定，止用六乘急赴，不多备耳。"（《史记评林》引）（《史记选注汇评·吕太后本纪》）

　　又：乘六乘传：诸说不一，其一谓文帝及其侍从所乘，总共只有六辆传车。……其二谓中途六次更换传车，仓修良曰："六次换乘急赴，取其快速。"其三谓代王本人乘坐着六匹马拉的传车，一取其快，二表示即将为帝的身份之高。……以上三说中仓修良说似不太合理，单说"换乘"几次而不论路程远近，岂能说明其是否快速？（《史记笺证·吕太后本纪》）

　　龚浩康：乘传，古代驿站用四匹下等马拉的车。传，指驿站或驿站的车马。（见王利器主编《史记注译》卷九《吕太后本纪》）

　　【汇评】

　　程馀庆：文帝料汉事已定，以六乘急赴，不多备车马也。（《历代名家评注史记集说·吕太后本纪第九》）

㉒【汇注】

　　裴　骃：文颖曰："即闰九月也。时律历废，不知闰，谓之'后九月'也。以十月为岁首，至九月则岁终，后九月则闰月。"（编者按：点校本《史记》修订本："以十月为岁首至九月则岁终后九月则闰月"，此上疑脱"如淳曰时因秦"六字。按：《汉书》卷一上《高帝纪上》"后九月"，颜师古注："文颖曰：'即闰九月也。时律历废，不知闰，谓之后九月。'如淳曰：'时因秦以十月为岁首，至九月则岁终。后九月即闰月。'"）（《史记集解·吕太后本纪》）

　　程馀庆：即闰九月也，时置闰在岁终，而汉初以十月为岁首，故后月即闰月也。（《历代名家评注史记集说·吕太后本纪第九》）

㉓【汇注】

　　[日]**泷川资言**：中井积德曰：周、秦、汉初，皆以闰置岁终，非历废之谓。（《史记会注考证》卷九）

　　张大可：后九月，即闰九月。汉承秦历，以十月为岁首，年终置闰称后九月。晦日己酉，九月二十九。晦日，阴历月终。（《史记全本新注·吕太后本纪第九》）

　　东牟侯兴居曰①："诛吕氏吾无功，请得除宫②。"乃与太仆汝阴侯滕公入宫③，前谓少帝曰："足下非刘氏④，不当立⑤。"乃顾麾左右执戟者掊兵罢去⑥。有数人不肯去兵⑦，宦者令张泽谕告⑧，亦去兵。滕公乃召乘舆车载少帝出⑨。少帝曰："欲将我安之乎⑩？"滕公曰："出就舍。"舍少府⑪。乃奉天子法驾⑫，迎代王于邸。报曰："宫谨除。"代王即夕入未央宫⑬。有谒者十人持戟卫端门⑭，曰："天子在也，足下何为者而入？"⑮代王乃谓太尉。太尉往谕，谒者十人皆掊兵而去⑯。代王遂入而听政。夜，有司分部诛灭梁、淮阳、常山王及少帝于邸⑰。

①【汇注】

　　牛运震："东牟侯兴居曰'诛吕氏吾无功'"云云至"宫谨除"，按：此除宫一段，结少帝案。（《史记评注·吕后本纪》）

②【汇校】

王叔岷：《考证》："除宫，清宫也。胡三省曰：此时群臣虽奉帝即位。少帝犹居宫中，有所屏除也。"按：《齐悼惠王世家》《夏侯婴列传》《汉书·高五王传》及《夏侯婴传》"除宫"皆作"清宫"。《通鉴》胡注："除宫，清宫也。"《考证》引胡注，"宫中"本作"禁中"，"有"上本有"盖"字。（《史记斠证》卷九）

韩兆琦：意谓请让我先去清扫一下皇宫，指处治少帝及其他各种有碍文帝登基的人员。（《史记选注汇评·吕太后本纪》）

③【汇注】

张大可：太仆，九卿之一，掌皇帝车马。（《史记全本新注·吕太后本纪第九》）

龚浩康：汝阴，县名。治所在今安徽省阜阳市。（见王利器主编《史记注译》卷九《吕太后本纪》）

又：滕，县名。治所在今山东省滕县西南。（同上）

韩兆琦：太仆，官名，汉代的"九卿"之一，为皇帝掌管车马。滕公，即夏侯婴，刘邦的开国功臣，以功封汝阴侯。因其在秦时曾为滕县令，故时人习惯地称之为滕公、滕婴。（《史记选注汇评·吕太后本纪》）

④【汇校】

王叔岷：按：《通鉴》"氏"下有"子"字。（《史记斠证》卷九）

【汇注】

张大可：足下，对同辈人的尊称。对少帝称足下，即不承认他为帝。（《史记全本新注·吕太后本纪第九》）

⑤【汇评】

程馀庆：直应篇首"非刘氏不王"。（《历代名家评注史记集说·吕太后本纪第九》）

[日]泷川资言：阎乐弑秦二世，亦呼以"足下"。滕公，夏侯婴。（《史记会注考证》卷九）

韩兆琦：为除诸吕，而连带惠帝子亦必除尽；为除惠帝子又必须称其为"非刘氏"，周勃、陈平等亦可谓狠毒之极。（《史记笺证·吕太后本纪》）

⑥【汇校】

王叔岷：《集解》："徐广曰：掊音仆。"按：《汉书·周勃传》"掊"作"仆"，师古注："仆，顿也。"本《说文》。（《史记斠证》卷九）

【汇注】

裴　骃：徐广曰："掊音仆。"（《史记集解·吕太后本纪》）

韩兆琦：麾，同"挥"，挥手示意也。掊兵，放下武器。掊，同"踣"（bó），仆，

倒。(《史记选注汇评·吕太后本纪》)

⑦【汇评】
　　徐孚元：是时禁卫之士，皆有守不贰其心，犹有仆御正人之意，非后代所及。(《史记测议·吕后本纪》)

⑧【汇校】
　　王叔岷：按：《汉书》《通鉴》"泽"并作"释"，古字通用，说已见前。《通鉴注》："班表，宦者令，属少府。张释，即大谒者，封建陵侯者。释本宦者，故兼是官。"(《史记斠证》卷九)

【汇注】
　　梁玉绳：按：张泽以中大谒者封建陵侯矣，则其官岂仅宦者令哉！(《史记志疑》卷七)
　　韩兆琦：张泽，似是自代国随文帝来京的太监头目。(《史记选注汇评·吕太后本纪》)

⑨【汇注】
　　裴　骃：蔡邕曰："律曰'取盗乘舆服御物'。天子至尊，不敢渫渎言之，故托于乘舆也。乘犹载也，舆犹车也。天子以天下为家，不以京师宫室为常处，则尝乘车舆以行天下，故群臣托乘舆以言之也，故或谓之'车驾'。"(《史记集解·吕太后本纪》)
　　[日] 泷川资言：文帝既立，少帝安得乘天子法驾出宫乎？盖下文《集解》所谓"小驾"也。(《史记会注考证》卷九)
　　王叔岷：按：《通鉴》注："沈约《礼志》云：'魏、晋御小出，多乘舆车。舆车，今之小舆。'意者此舆车，盖天子常所乘舆车。即魏、晋间小舆也。"(《史记斠证》卷九)

⑩【汇校】
　　王叔岷：按：《汉书》"将"作"持"，将犹持也。《外戚世家》："扶将出门。"《汉书》"将"作"持"，《庄子·秋水篇》："将甲者进。"《释文》引一本"将"作"持"，并其比。(《史记斠证》卷九)

【汇注】
　　程馀庆：言何往也。(《历代名家评注史记集说·吕太后本纪第九》)

⑪【汇注】
　　[日] 泷川资言：少府，掌山海池泽之税，以给供养，为天子之私府。(《史记会注考证》卷九)

⑫【汇注】
　　裴　骃：蔡邕曰："天子有大驾、小驾、法驾。法驾，上所乘，曰金根车，驾六

马；有五时副车，皆驾四马；侍中参乘，属车三十六乘。"（《史记集解·吕太后本纪》）

程馀庆：《黄图》：法驾，京兆尹奉引，侍中参乘、奉车郎御，属车三十六乘。（《历代名家评注史记集说·吕太后本纪第九》）

张大可：法驾，天子举行隆重典礼时乘坐的车驾，京兆尹、执金吾、长安令导引，侍中参乘，属车三十六乘。代王入宫即位，故用法驾。（《史记全本新注·吕太后本纪第九》）

⑬【汇评】

梁玉绳：按：宫既除矣，少帝出矣，而犹曰天子在乎，大臣奉玺立天子矣，又奉天子法驾即位入宫矣，而犹曰"足下何为"乎，事不应有，理所必无，此史公载笔之失。（《史记志疑》卷七）

⑭【汇注】

王叔岷：按：《汉书》师古注："端门，殿之正门。"（《史记斠证》卷九）

张大可：端门，宫殿正南门。（《史记全本新注·吕太后本纪第九》）

⑮【汇注】

程馀庆：端门，宫之正门。少帝舍少府，犹在宫门内，故守端门者不知。汉之宿卫守职如此，犹有仆御正人之意。（《历代名家评注史记集说·吕太后本纪第九》）

⑯【汇评】

程馀庆：掊兵作两层写。前诛诸吕一段，雄壮飞动，故又序此三段，安详容与，以终此篇。（《历代名家评注史记集说·吕太后本纪第九》）

⑰【汇注】

张大可：诛梁王刘太（即济川王，徙梁）、淮阳王刘武、常山王刘朝及少帝刘弘。诸王未到封国，住于长安的王邸中，故云"诛于邸"。邸，是建于京师的王侯府第。（《史记全本新注·吕太后本纪》）

韩兆琦：有司，主管该项事物的官员。设官分职，各有所司，故曰有司。司，主管。（《史记选注汇评·吕太后本纪》）

【汇评】

郑　晓：平、勃之留少帝，以俟代王也，辟弑君之名也，少帝真惠帝子也，平、勃不立少帝而迎代王，恐有唐五王之祸也。少帝不得其终，是以有七国之难。（引自《汉书评林》）

郭嵩焘：按：汉时承战国之余习，轻用刑杀。惠帝崩而太子立，其后宫子封王者五人，而云吕后以计诈名他人子，养后宫，非惠帝子者，由当时诸王大臣怨恨吕后至深，惠帝在位浅，无恩泽及人，乘势尽诛其后，犹战国残忍惨酷之遗也。少帝、诸王

之死，史公据事直书，其情事固自显然。(《史记札记·吕太后本纪》)

程馀庆：完少帝等事。(《历代名家评注史记集说·吕太后本纪第九》)

> 代王立为天子①。二十三年崩②，谥为孝文皇帝③。

① 【汇评】

牛运震："代王立为天子。二十三年崩，谥为孝文皇帝"，结法最好，太史公得意之笔。(《史记评注·吕后本纪》)

刘　沅：代王即位，名正言顺也，而再三让，潘氏以为诈，不知大臣迫王，王始以宾主礼自谦，大臣固请，乃南乡复再让，此礼之正也，何讥？至勃上玺符，王谢，以至邸再议，而胡氏讥其受玺，卫桥亦疏。(《槐轩全书》卷七《史存》)

② 【汇注】

韩兆琦：文帝于公元前179年即位，在位二十三年，卒于公元前157年。(《史记选注汇评·吕太后本纪》)

③ 【汇校】

张文虎："二十三年崩，谥为孝文皇帝"，此后人妄增。(《校刊史记集解索隐正义札记·吕太后本纪》)

【汇评】

王若虚：《吕后纪》末云："代王立为天子，二十三年崩，谥为孝文皇帝。"按：此言代王为天子，但以终诛吕之事耳。其崩与谥，则本纪自具，何必及之邪？(《滹南遗老集》卷一一《史记辨惑三》)

程馀庆：以上序大臣谋立文帝，是第三大段。(《历代名家评注史记集说·吕太后本纪第九》)

> 太史公曰①：孝惠皇帝、高后之时，黎民得离战国之苦，君臣俱欲休息乎无为②，故惠帝垂拱③，高后女主称制，政不出房户④，天下晏然⑤。刑罚罕用，罪人是希⑥。民务稼穑⑦，衣食滋殖⑧。

① 【汇评】
　　牛运震：赞语亦自修洁遒古，"政不出房户，天下晏然"数语，政见尔时宇内宁谧，无事可纪，略以著纪中不载他事之意，非徒以此颂美孝惠、高后也。（《史记评注·吕后本纪》）
　　程馀庆：赵恒曰：刑措则罪人是希，务农则衣食滋殖，所谓"天下晏然"也，而政乃不出房户，几乎女中尧舜矣。纪与赞互见，功罪不相掩。（《历代名家评注史记集说·吕太后本纪第九》）
　　又：牟庭曰：霍光之立宣帝也，亦先废昌邑王贺。以平、勃之权，岂不能先废少帝哉？平以为少帝早废或死，而贤明者入立，必不肯自任其篡弑之名，必将讨杀首恶，以谢宗庙与天下。（同上）
　　李景星：赞语两以惠帝、高后并提，见既有《吕纪》，即不必再作"惠纪"，而"政不出房户"句，又将为吕后作纪本旨明明逗出矣。（《史记评议·吕后本纪》）

② 【汇注】
　　韩兆琦：无为，古代道家学派的一种哲学思想，提倡顺应自然，不要人为地生事。他们的口号是"无为"，但实际上却要达到"无不为"的目的，很懂得辩证法。汉代初期为适应恢复生产、休养生息的社会要求，统治者多很喜欢黄老哲学，即所谓"休息乎无为"。（《史记选注汇评·吕太后本纪》）
　　张大可：无为政治是指统治阶级实行休养生息、发展经济的政策，不滋事扰民。汉初承秦末战乱，民生凋敝，经济残破，吕后、文、景三朝奉行无为政治，七十年间国殷民富，为汉武帝的事业奠定了物质基础。（《史记全本新注·吕太后本纪》）

③ 【汇注】
　　韩兆琦：垂拱，垂衣拱手、清闲无事的样子。以表示当时社会太平安乐，国家统治者皆安闲而无所事事。（《史记选注汇评·吕太后本纪》）

④ 【汇校】
　　张文虎：《御览》引作"闺房"。（《校刊史记集解索隐正义札记·吕太后本纪》）
　　王叔岷：按：《御览》八七引"房户"作"闺房"。（《尔雅·释宫》："宫中之门，其小者谓之闺。"）《汉书·高后纪》《汉纪》并作"房闼"。（师古注："闼，宫中小门。"）（《史记斠证》卷九）

【汇注】
　　张大可：女主称制，皇帝裁决法令称"制曰"。这里是指吕后摄行天子事。（《史记全本新注·吕太后本纪》）

【汇评】
　　林　駉：孝惠、高后之时，政出房闼，君道不立，虽纪吕后亦可也。（《古今源流

至论·后集卷九·史学》)

⑤【汇注】

韩兆琦：意谓皇帝不用出屋，政事就能处理好，天下太平无事。晏，安也。（《史记选注汇评·吕太后本纪》）

⑥【汇评】

韩兆琦：按：《酷吏列传》有所谓"汉兴，破觚而为圆，斫雕而为朴，网漏于吞舟之鱼，而吏治蒸蒸，不至于奸，黎民艾安"，即此之谓。（《史记笺证·吕太后本纪》）

⑦【汇注】

施　丁：稼穑，播种和收获，泛指农业。（《汉书新注·高后纪第三》）

⑧【汇校】

王叔岷：按：《御览》引"殖"下有"矣"字。（《史记斠证》卷九）

【汇注】

颜师古：滋，益也；殖，生也。（《汉书注·高后纪第三》）

韩兆琦：意谓老百姓都从事农业生产，衣食日益富足。赵恒曰："刑措则罪人是希，务农则衣食滋殖，所谓天下晏如也。纪与赞互见，功罪不相掩。"（《史记评林》引）（《史记选注汇评·吕太后本纪》）

【汇评】

王　符：当吕氏之贵也，太后称制而专政，禄、产秉事而握权，擅立四王，多封子弟，兼据将相，外内磐结，自以虽汤武兴、五霸作，弗能危也。于是废仁义而尚威虐，灭礼信而务谲诈，海内怨痛，人欲其亡，故一朝摩灭而莫之哀也。（《潜夫论·忠贵篇》）

林　駉：汉自吕氏颛权，产、禄怙势，白马盟寒，争疏王爵，稔成北军之变；王氏根据，莽凤长奸，垂涎汉鼎，举朝不问，卒致篡夺之患。此虽吕、王之罪，亦汉人抑制无法也。（《古今源流至论·后集卷九·戚畹》）

赵彦卫：汉高祖守尉长史善遇高爵，惠帝令民得卖爵，高后文帝赐天下民爵，七年赐民爵户一级，当为父后者爵一级，景帝三年赐民爵一级，四年、五年又赐爵一级，赐天下民为父后者爵可矣，赐民爵户一级，景帝三年间三迁其爵，苟有犯法，不知当时守尉长吏何所施其治？景帝于七国反后连年赐爵，与高后之户一级同，皆欲收人心，殊非先王固结人心之实。（《云麓漫钞》卷六）

金圣叹：此是三段文字，却是倒装笔法，若顺写之，应云：孝惠高后之时，刑罚希，民滋殖，政不出房户而致此晏然者，以黎民新离战苦，甚欲休息也。言外便见已前数十年生灵涂炭。

孝惠皇帝、高后之时（提），黎民得离战国之苦，君臣俱欲休息乎无为（一段），故惠帝垂拱，高后女主称制，政不出房户，天下晏然（一段），刑罚罕用，罪人是希，民务稼穑，衣食滋殖（一段）。(《金圣叹批才子古文·吕后本纪赞》)

程馀庆：三段。一气直下，忽然便住，奇文。(《历代名家评注史记集说·吕太后本纪第九》)

【篇评】

吕祖谦：存吕后为有功臣，存功臣为有吕后，此高祖深意也。(《大事记》)

马端临：孝惠高后时，吴有豫章铜山，即招致天下亡命盗铸钱，东煮海水为盐，以故无赋，国用饶足。(《文献通考·征榷二》)

宋　濂：高祖知吕后与戚夫人有隙，然终不杀者，以孝惠帝不能制诸大臣，故委戚氏不顾，为天下计也。(引自《史记评林》)

胡　广：观辟彊所言，为陈平一身之谋，而不思为汉社稷之计。当是时，使诸吕将兵，居中用事，苟有豪杰之志，视去绛侯、朱虚辈如薙草芥，易置刘氏如反掌耳。平亦岂能自安哉？诸吕本皆庸才无能为者，故一旦得而禽狝之，汉之不为吕氏者幸尔。辟彊年幼，好谋如此，无乃犹习其父风，使留侯而在，其肯为此计乎？陈平佐高祖定天下，秘计满怀，何以轻听其言，卒启王诸吕议，犹且阿谀顺旨，而莫知止，果何为者？厥后虽有安刘之功，仅足以赎前过。(《胡文穆杂著·张辟彊》)

于慎行：汉高祖千古英雄之主，乃至嬖一女子（戚夫人），欲以百战所得之土，付之三岁小儿（赵王如意），必不然矣。然则易太子者何？为吕后也。以吕后之鸷悍，而当孝惠之仁柔，其势必至于乱，此高帝所熟计也。其曰"羽翼已成，横绝四海，虽有赠缴，将安所施"，为吕后也，故曰"吕后真而主矣"。(《读史漫录》卷三)

又：吕后鸷悍，孝惠仁柔，其势必乱，似已，但如意甫离襁褓，戚夫人正当壮盛，自古以壮后拥幼帝而能不乱者，鲜矣。较诸吕后、孝惠，庸有愈乎？高帝少好酒色，甫定天下，即立外妇子为齐王，抚有七十二城之地，春秋益高，惑溺愈甚，母爱子抱，情弗能割，其所以欲废太子者，乃为戚夫人地，不复计及其他，毋庸曲为之解也。(同上)

归有光、方苞：按：郑樵以史弃孝惠纪吕后为非，小司马亦然，然史公固有意为之，以纪吕而括惠，纪惠不能尽吕事也，故赞中言孝惠皇帝、高后之时，吕后刚毅，佐高祖定天下，所诛大臣多吕后力二语，史公用重笔。东莱谓高祖之存吕后为有功臣，存功臣为有吕后。宋濂亦谓高帝知惠帝不能制诸大臣，故委戚氏不顾，皆能窥见《吕纪》叙戚姬、赵王如意数行文字深处。呜乎，圣王道失，齐治无方，而人伦之道苦矣。立常山王为帝不称元年者，以太后制天子事也。纪中特笔，史公每于重顿挫处，极有义法。朱虚侯刘章段，诛诸吕定刘氏者，平、勃也，朱虚乃其中要人，故重提。叙妇吕禄女阴知其谋，恰与全纪事相映发。郦商老病，吕禄与寄游猎，皆自然成章。兴居除宫段亦似有意回应，此段提掇平阳侯窑段，平阳、朱虚亦自然映发，为事中关要。太尉将之入军门段，太尉于此纪中如画家主峰，此数行叙军中左袒，尤为主中主也。（《归方评点史记合笔》）

金圣叹：以项羽作本纪，痛惜英雄也。以吕后作本纪，深恶僭乱也。此亦欧文忠所云欲著其罪于后世，在不没其实，以不为梁见春秋之意，不必以唐经乱周纪律之一赞以严整为奇绝，似孟坚手笔。（《金圣叹批才子古文》）

刘绍攽：汉世之弊，始终女主。娥姁任禄、产，几危宗社，窦后、王后、卫后率预政，宠外戚，卒召王氏五侯之祸，见微知著，故于开国之初，垂炯鉴焉。所谓牝鸡之晨也。《索隐》疑其全没孝惠，亦昧于履霜坚冰之义矣。（《九畹古文》卷一〇《书吕后本纪后》）

牛运震：王诸吕、诛诸吕，是《吕后本纪》一篇大关键。

叙诛诸吕头绪最繁多，而点逗极为明晰，事最匆遽而叙次最安闲，总于转键安顿见笔法妙处。

吕氏、刘氏，一篇眼目，故屡屡提掇点逗生情，如篇中"非刘氏功臣番君""吕氏权由此起""非刘氏而王""今王吕氏""定刘氏之后""欲王吕氏""欲以王诸吕为渐""太后欲侯诸吕""欲王吕氏""吕氏安得王""诸吕用事兮刘氏危""吕氏绝理兮托天报仇""非刘氏王者""今吕氏王""欲危刘氏而自立""此益吕氏之资也""以待吕氏变""皆吕氏之人""刘氏所立九王，吕氏立三王""吕氏今无处矣""为吕氏右袒，为刘氏左袒""军中皆左袒为刘氏""以强吕氏""吕氏以外家恶……则复为吕氏""诛吕氏吾无功""足下非刘氏，不当立"，皆其篇中眼目也。

或谓《汉书·高后纪》所载高后八年之中，妖祥水旱，选举贬夺，及一时行政布令，事迹颇有，《史记》多不之载，亦一疏漏，此似有见。第纪事之法，贵识大旨，得要领，俾览者了然，知其注意所存，不欲旁及他端，以滋烦杂也。如《吕后本纪》一篇大旨，只在吕后王诸吕、危刘氏，以及大臣诛吕安刘之事，故于吕后之封立诸吕、残灭诸王，皆再三详言之。至如他事，如《汉书》所载"除三族罪，妖言令""赐民爵一级""差次列侯，功定朝位""发河东、上党骑屯北地""城长陵""行五分钱"，尊昭灵后，遣将击南越，以及越王丛台灾、桃李华、地震、星昼见、江水泛溢之事，或见于他传，或略而不载，正以著其作《吕纪》本意，不欲以他事与王吕危刘之事相杂也。柳子厚云："参之太史，以著其洁。"望溪方氏曰："明于体要而所载之事不杂，即谓之洁。"观《吕后纪》正可见太史公明于体要，而其纪事之精神飞动处，如彼数事，不载何害？即属疏漏，亦政不必以此屑屑相讥也。（《史记评注·吕后本纪》）

又：《索隐》曰：吕太后以女主临朝，自孝惠崩后，立少帝而始称制，正合附惠纪而论之。或依班氏分为惠帝、吕后二纪，郑樵曰："迁遗惠而纪吕，无亦奖盗乎！"愚意《索隐》欲分惠帝、吕后二纪者是也，其谓合吕附惠而论，及郑氏之以遗惠纪吕为奖盗者，则不知史体者也。夫高帝既崩，惠帝早薨，吕后女主临朝称制，权出房户，凡八年，所立二少帝特拥偃子，饰空名，政柄不由焉，安得不本纪吕后乎？然太史公之为《吕纪》也，殆未尝以帝王统绪之事予之也。凡帝纪必编年另行特提，以重其体，《吕纪》则压行连叙，与他纪异，是未尝成其为编年之体也。吕后者，高皇后也，依义例当称"高后本纪"，今没其高后而斥称其姓，若以著其王吕锄刘之罪，不与其为高后也。然则吕后之为本纪，殆以世代事迹之序属，有不得不然者，而太史公之深文微意，正有予夺隐显之妙，知乎此，则知吕后本不可附于惠纪，而又岂得以奖盗讥之耶？……后儒逞臆见，轻议论，皆缘不肯细读太史公书，不知史公史法之精，亦不知史公作史之难也。（同上）

邹方锷：高祖定天下，诛大臣，吕后有力焉。其于孝惠之世，政教号令皆自后一人主之。削孝惠而纪吕后，纪其变也，著其实也。（《大雅堂初稿》卷六）

赵　翼：母后临朝，肆其妒害，世莫不以吕、武并称，然非平情之论也。武后改朔易朝，遍王诸侯，杀唐子孙几尽，甚至自杀其子孙数人，以纵淫欲，其恶为古今未有。吕后则当高帝临危时，问萧相国后孰可代者，是固以安国家为急也。孝惠既立，政由母氏，其所用曹参、王陵、陈平、周勃等，无一非高帝注意安刘之人，是惟恐孝惠之不能守业，非如武后以嫌忌而杀太子宏、太子贤也。后所生，惟孝惠及鲁元公主，其他皆诸姬子。使孝惠而在，则方与孝惠图治计长久。观于高祖欲废太子时，后迫留侯画策，至跪谢周昌之廷诤，则其母子间可知也。迨孝惠既崩，而所取后宫子立为帝者，又以怨怼而废，于是己之子孙无在者，则与其使诸姬子据权势以凌吕氏，不如先张吕氏以久其权。故孝惠时未尝王诸吕，王诸吕乃在孝惠崩后，此则后之私心短见。盖嫉妒者，妇人之常情也，然其所最妒，亦只戚夫人母子，以其先宠幸时，几至于夺嫡，故高帝崩后即杀之。此外诸姬子，如文帝封于代，则听母薄太后随之。淮南王长无母，依吕后以成立，则始终无恙。齐悼惠王以孝惠庶兄失后意，后怒，欲酖之，已而悼惠献城阳郡为鲁元汤沐邑，即复待之如初。其子朱虚侯章入侍宴，请以军法行酒，斩诸吕逃酒者一人，后亦未尝加罪也。赵王友之幽死，梁王恢之自杀，则皆以与妃吕氏不谐之故。然赵王友妃，吕产女，梁王妃亦诸吕女，又少帝后及朱虚侯妻，皆吕禄女。吕氏有女，不以他适，而必以配诸刘，正见后之欲使刘、吕常相亲，以视武后之改周灭唐，相去万万也。即其以辟阳侯为左丞相，令监宫中，亦以辟阳侯先尝随后在项羽军中同患难，虽有所私，而至是时其年已老，正如人家老仆，可使令于闺闼间，非必尚与之昵。《史记·刘泽传》，太后尚有所幸张子卿（《汉书》作张卿），然如淳注谓"奄人也",则亦非私亵之嬖,以视武后之宠薛怀义、张易之兄弟,恬不知耻者,更相去万万也。武后之祸,惟后魏之文明冯后及胡后,约略似之,而世乃以吕、武并称,岂公论哉!(《廿二史札记》卷三《吕武不当并称》)

又:《史记》于《高祖本纪》后即继以《吕后纪》,而孝惠御极七年,竟不书,虽其时朝政皆出于母后,然《春秋》于鲁昭公之出奔,犹每岁书"公在乾侯",岂有嗣主在位,又未如庐陵王之遭废,而竟删削不载者。班书补之,义例精矣。(《陔余丛考》卷五《汉书》)

冯　景：光武中兴,迁吕太后庙主于园,上薄太后尊号曰高皇后,配食地祇,袁宏乃曰:先君之体,犹今君之体,推近以知远,则先后义钧也,而况彰其大恶以为贬黜者乎?陋哉斯言!光武告祠高庙数语,仁之至,义之尽,虽圣人复起,不能易矣。《春秋》书夫人孙于齐,不称姜氏,绝不为亲,礼也。吕后淫虐不道,谋危社稷,是高皇帝之罪人也,绝不为亲,讵曰非礼。赤眉发掘诸陵,吕氏之尸,遂遭污辱,是天丑其德,假手赤眉,以昭大罚,而尚可崇庙享配地祇也乎?光武贬黜之也固宜。薄太后母德慈仁,子孙延祚,诚非溢美,《春秋》之义,母以子贵,配食高庙,岂过举哉!或曰薄非适也,非适而并后,非礼。是不然。《春秋》文四年,书夫人风氏薨。风氏,庄之媵,僖之母也。媵而称夫人、称薨,且书葬我小君成风,非以子贵故耶?后此三书,一宣八年,一襄四年,一昭十一年,皆书夫人,书薨书葬我小君,无异辞焉,而谓薄太后亲生孝文皇帝,贤明临国,犹不可以上尊号乎?今夫大旱,雩祭而请雨,大小鸣鼓而攻社,天地阴阳等耳,或请焉,或怒焉者何?曰:大旱者,阳灭阴也,固其义也。虽太甚,拜请之而已。大水者,阴灭阳也,是卑胜尊也,逆节也。日食亦然,故鸣鼓而攻之,朱丝以胁之,为其不义。董子曰:胁严社而不为不敬灵,绝母属而不为不孝义,是道也,夫岂袁宏所能知哉!(《解春集文钞》卷一〇《光武迁吕太后庙主议》)

李祖陶：吕后佐帝定天下,父兄皆取侯封。暨事之平,犹能诛斩韩、彭以绝后患,其视绛、灌之徒,盖犹俎上肉也。惠帝既崩,取宫中家人子立之,而身自临朝,首王诸吕以张其族,亦颇除三族、妖言之令,置孝弟力田之官,差次列侯之功,以收天下之望。至于幽废少帝,别立恒山,诸大臣皆拱手熟视,一听其所为,岂真陈平不如王陵哉?盖以太后年老,不久人世,知禄、产之庸,无能为,故不力争,以速其祸也。使吕后有元后之谋,禄、产有吕嬃之智,为乱天下虽不足,而以诛大臣则有余矣。其能平此难者,外则赖灌婴屯兵荥阳,与齐连和,令吕禄心胆俱碎,故太尉得以绐入北军;内则赖朱虚侯章愤不顾身,击杀吕产、吕更始,故勃起拜贺,而天下定。其与通消息者,又有平阳侯曹窋,平、勃不过劫郦商,令寄绐说禄而已,而坐尸安刘之功,不已泰乎!虽然,尊立文帝,非朱虚侯意,诸大臣阴谋立之,则为天下得人,功亦大已。(《史论五种·前汉书细读一·吕后纪》)

徐时栋： 天下号令在某人，则某人为本纪，此史公史例也。故《高祖本纪》之前，有《项羽本纪》，高祖以后，不立孝惠皇帝本纪，而独立《吕后本纪》，固以本纪为纪实，而非争名分之地也。此后无人能具此识力，亦无人敢循此史例矣。（《烟屿楼读书志》卷一二）

崔　适： 按：《汉书》有《惠帝纪》，此附于《吕后纪》中。（《史记探源·吕太后本纪第九》）

李景星： 《史记·吕后本纪》虽名为纪，其记事深刻曲折，实与传同。（《汉书评议·高后纪》）

又： 《吕后本纪》叙各项复杂事迹，而笔端却极有条理；写一时匆忙情形，而神气却自尔安闲。大旨以吕后为主，而附叙者为惠帝，为两少帝，为高祖诸子，为诸吕，此所谓复杂也。看他拈起一头，即放倒一头，放倒一头，即另起一头，任他四面而来，偏能四面而应，此所谓条理也。欲侯诸吕，乃先封高祖功臣；欲王诸吕，乃先立孝惠诸子，封刘泽，封张偃，封张敖前姬子；及其后也，谋诛诸吕，又分多少层次，几令人口述不暇，此所谓匆忙也。曰"太后哭泣不下"，曰"其哭乃哀"，曰"太后风大臣"，曰"取美人子名之"，而又载赵王歌，载郦寄给吕禄语，载太尉入军门令，此所谓安闲也。总之，以刘氏、吕氏为一篇眼目，以王诸吕、诛诸吕为一篇关键，以"吕后为人刚毅"句为一篇骨子。不称高后而称吕后，著其为吕而不为刘也。不编年另提，不与其临朝称制也。不书妖祥水旱及其他诸大事，纪以王吕危刘为主，不欲以他事相杂也。且既不予其专制，即不能以他帝纪为例也。凡若此者，皆太史公之特笔也。（《史记评议·吕后本纪》）

徐朔方： 《史记》把惠帝同戚夫人以及一些受迫害的皇子的传记都写进了《吕后本纪》，人和事集中在一起，再加上"高祖微时妃也""吕后为人刚毅，佐高祖定天下。所诛大臣，多吕后力"这些句子的点明，一个专横残暴的人物形象就从字里行间跳出来了。软弱无能的惠帝是她的反衬。吕后把戚夫人弄成"人彘（猪）"，毒死、饿死、逼死不是她亲生的皇子各一人。另一个不是她亲生的皇子，献出城阳郡封地，把她的嫡亲女儿尊为王太后，才免了杀身之祸。这都是大小老婆争风在丈夫死后的病态发作。吕后为了亲生儿女和娘家的好处，除了大封诸吕为王、侯，让他们掌握文武大权外，还做了许多怪事。她最喜欢搞裙带关系。她叫嫡亲女儿的女儿同嫡亲儿子惠帝成亲，把她妹妹的女儿嫁给丈夫的堂弟大将军营陵侯刘泽。她又硬叫不是她亲生的皇子娶姓吕的女儿作王妃，有两个皇子就因夫妇不和而被害。她想不到死后恰恰是朱虚侯刘章的妻子——上将军赵王吕禄的女儿对刘家泄漏机密而使诸吕被一网打尽。

除了上面这些，吕后生前、惠帝七年、吕后八年前后十五年的国家大事，在这篇《本纪》中很少有记载（诸吕之乱是在她死后）。作为传记文学，《吕后本纪》写得很生动，作为历史著作，作为一篇《本纪》，那就太不够了。在《项羽本纪》和《高祖本纪》，已经出现文学和史学、艺术性和真实性的矛盾，如果那两篇还能两全其美的话，到《吕后本纪》就变成文学压倒史学，《本纪》写成了传记文学。从历史观点来看，这是以帝王将相的传记冒充历史的一个典型例子。

《汉书》分写成《惠帝纪》《高后纪》，虽然还是帝王将相为中心，但它留意国家大事，比《史记·吕后本纪》提供更多的史料，这是一个进步。（《史汉论稿·读〈史记·吕后本纪〉》）

王　恢：八年七月，吕后崩，诸吕欲为乱，齐王襄遗诸侯书："高后杀三赵王，灭梁、燕、赵，以王诸吕，分齐为四（齐、城阳、济川、琅邪），今寡人率兵入诛不当为王者。"当是时，济川王大、淮阳王武、常山王朝，及鲁王张偃，皆年少未之国；赵王吕禄，吕王吕产，将南北军：皆居长安；独吕通远在燕京。灌婴，宿将也，屯荥阳以扼要冲，决刘吕雌雄。而吕氏所资以夺政权之南北军，竟不烦一兵而为绛侯所轻取。故几移汉祚之大祸，日晡而大定——此为宗室与功臣对外戚一大胜利也。（《史记本纪地理图考·吕太后本纪》）

高飞卫：吕后执政时，扶植重用诸吕，几乎倾覆汉室，被后代史家视为"汉贼"。他们对司马迁不纪惠帝而纪吕后颇有微词，宋代郑樵说："迁遗孝惠而纪吕，无亦奖盗乎？"其实，这正是太史公眼光卓越，有别于众人之处，他清楚地认识到汉惠帝的无能和无所作为，"号令一出太后"，吕后实际是最高统治者这一客观的历史事实，冲破男尊女卑传统观念的束缚，实事求是地记录这一时期历史的新变化，使女性政治家第一次并列于封建帝王的行列中。没有超乎寻常的勇气和胆识是不可能做到这一点的。（《论〈史纪〉中的女性形象》，见《司马迁与〈史记〉论文集》第一辑）

研究综述

一、概说

司马迁为什么写《吕太后本纪》？司马迁《史记·太史公自序》有一个解说："惠之早殒，诸吕不台。崇强禄产，诸侯谋之。杀隐幽友，大臣洞疑，遂及宗祸，作《吕太后本纪》第九。"对此可以做这样的解读：司马迁认为汉惠帝的早死，给汉朝留下了一个政治难题，那就是诸吕作难。吕后提拔重用吕禄、吕产等吕姓的人为王，结果招致了拥戴刘氏江山、坚持只能封刘家人为王的诸侯的反对；吕后杀了赵隐王，囚杀了赵幽王刘友，引起大臣们的怀疑，吕后的这一系列作为招来了吕家灾祸的开启。司马迁在这篇传记中想要描述的就是一场政治危机，以及危机的解除。从司马迁的表述中可以看出，司马迁是把吕后当作矛盾对立的一面，而把坚持只能封刘姓的人为王的大臣作为对立的另一面，同时认为吕后的作为是造成吕家灾祸的根源。"祸"者灾祸。《说文解字》："祸，害也。神不福也。"《荀子·天论》："逆其类者谓之祸。"司马迁应该是在这样的意义上使用"祸"字。那么，"遂及宗祸"四字明白无误地表达了司马迁在描述这场斗争中的立场，是站在刘家一边的。司马迁说明本篇传记只是记述吕后与诸位大臣之间的矛盾展开，及其演进与结局。

吕后是个什么样的人？《吕太后本纪》传主人物吕后，名吕雉，字娥姁。她的事迹在《史记》里分别列在《高祖本纪》和《吕太后本纪》两个本纪，以及与吕后相关的《项羽本纪》、《留侯世家》、《淮阴侯列传》等人物的传记中。

司马迁之后也有人要改《吕太后本纪》篇名为《吕后本纪》，也也成为一个争论的话题。然而，本篇命名"太后"，可知记述的重点是儿子作了皇帝之后吕后的事迹，可知这当是司马迁的本意。《高祖本纪》记述的是吕后未曾主持天下大政以前的事迹。有关她的家庭、父母、婚姻、婚后的遭遇，直到夫君登上皇帝的宝座。吕雉为刘邦生了一男一女，就是后来的孝惠帝和鲁元公主。孝惠帝没有本纪，其事迹均载《吕太后本纪》之中。吕后当政，自然是"太后"，自然是《吕太后本纪》。如果是《吕后本纪》，似乎应当是儿子没有当皇帝之前的事迹。而这些事迹在《高祖本纪》和其他传记中了。《吕太后本纪》开篇是这样记述的："吕太后者，高祖微时妃也。生孝惠帝、女鲁元太后。"这句话的含义是：吕太后是汉高祖的妻子，当汉高祖贫贱时只可称之为"妃"，而当她所生的儿子成了皇帝之后，就将她称之为"太后"了。《太史公自序》

称本篇篇名，也是《吕太后本纪》。在《吕太后本纪》中，也有"吕太后诚产、禄"的说法。《太史公自序》和《吕太后本纪》都是司马迁亲笔所写，并且相互一致，应该是一种精准表述。如果依据其他的或者后来人的所见改易本篇篇名，似乎应当特别谨慎了。清人梁玉绳《史记志疑》卷三六认为《吕太后本纪》应该改为《吕后本纪》，但是他也指出："'太后'乃一时臣子之称"，既是一时之称，司马迁拿来作篇名就是顺理成章的了。

对于原来的吕后，汪惠敏《史记政治人物述评·吕太后》总结《说："吕后初嫁刘邦，也如同一般妇女，以夫为贵，顺守妇德，坚忍刻苦，操持家务；育有一儿一女。刘邦依旧是放任不羁，好酒及色，吕后则任劳任怨，在田中耕作，抚育子女。当老农过时，请求给水解渴，吕后不但供给饮水解渴，并且又给他粮食饱腹，充分体现出女子淳朴、敦厚的美德；尤其听到老父相告自己是贵人之相，并没有得意骄矜之色，反而急忙把两子带出引见，让老父相面。刘邦回来，又急忙告诉刘邦，好让刘邦赶紧去追问，希望刘邦也有富贵之相。可见吕后依然是深持着'妻以夫贵，母以子贵'的观念，完全不同于她日后的行为表现。"

而《吕太后本纪》所记述的则是吕后主持国家政务的事迹。韩兆琦《史记选注汇评》对本篇主要内容的总结是："本篇名为本纪，实则只是记述了刘邦死后，吕后为了自己的揽权、专权、固权而大肆培植吕氏势力，残酷打击刘氏宗室和刘邦的元老功臣，以致激起刘氏宗室与刘邦元老功臣联合，一举诛灭了吕氏集团的惊险斗争。吕后与功臣的矛盾，始自惨杀戚夫人与赵王如意。吕后亦自知其倒行逆施不得人心，亦自知其社会基础十分薄弱，于是大封诸吕，使其把握一切重要的军政大权；同时又以嫁女结亲的方式，企图监督控制刘氏宗室，其用心亦不可谓不苦矣。无奈由于实在不得人心，所以吕氏集团最后终于在齐王与灌婴联合的军事压力下，被周勃、陈平等所发动的政变一举摧毁了。"韩兆琦《史记题评》则归纳为："《吕后本纪》其名为'纪'，实际上是一篇'传'，而且只是记载了吕后杀刘氏、王诸吕，和刘氏与功臣元老联合彻底消灭了吕氏家族的过程。"

陈其泰《再建丰碑：班固和〈汉书〉》云：吕后秉政期间，先后任用萧何、曹参、王陵、陈平等人做丞相，执行的是刘邦确定的无为而治、恢复民力的政策。吕后秉政时，继续减轻刑罚，废除一人犯罪诛灭三族的残酷刑律，又宣布取消秦始皇时颁布的百姓家中私藏图书有罪的旧法令。吕后还避免了与匈奴的大规模战争。因此，吕后掌权的十五年中，刘邦所确立的恢复生产、减轻刑罚的方针继续得到贯彻。惠帝不用过问政事，吕后治国不出房门，而海内安定，经济有效地得到恢复，民众逐渐富裕起来了。

俞樟华《史记赏析集·吕太后本纪》云：司马迁认为，吕后的主要功绩，是在刘邦死后的十几年中为维持社会安定，发展社会经济做出了应有的贡献。汉初，因秦末以来战争连绵不绝，天下残破，社会经济遭到严重毁坏，针对现实，刘邦采取了"与民休息"的政策。可是刘邦在位时间甚短，而那时同异姓王的战争又连年不断，因此所谓"与民休息"在刘邦时代实际并未得到很好实施。到惠帝即位，天下初定，"与民休息"才开始成为现实。……惠帝四年除"挟书律"，大赦天下；吕后元年，在中央设孝悌力田官，奖励力田的人，劝导和督促地方上的农业生产；吕后二年，行八铢钱，即改变钱法，限制豪强铸钱；吕后五年，"令戍卒岁更"，使屯戍京师和边疆的士兵定期一年轮换一次，让他们能回家生产。这些措施都有利于经济的恢复发展和社会的安定，为以后的"文景之治"打下了良好的基础。更重要的是，吕后在争权夺利时刚愎残暴，对剪除刘氏子孙非常凶狠，但对老百姓并没有实行严刑峻法，大加杀戮。在她执政的十五年里，已经初步改变了刘邦面临的萧条衰败的景象，出现了社会安定、生产发展、人民致力农桑、安居乐业的局面，所以司马迁在《吕后本纪》篇末赞语中欣喜称颂说："孝惠、高后之时，黎民得离战国之苦，君臣俱欲休息乎无为。故惠帝垂拱，高后女主称制，政不出房户，天下晏然，刑罚罕用，罪人是希，民务稼穑，衣食滋殖。"这个评语是实事求是，符合当时的历史情况的。

二、本传的主题是什么？

韩兆琦《史记选注汇评》认为："作者对吕后的权势熏心、凶残忌刻、结党营私是极其厌恶的，但对其执政时期的政治经济措施，以及社会生产的发展状况，仍是肯定的。足见作者的唯物、求实精神。作者对周勃、陈平诛灭诸吕的行动是赞成的，但对于他们在吕后执政时的看风使舵、媚上保身，以及后来在谋画立谁为帝和造作虚词以诛惠帝诸子上所表现出的严重私心，则微致讽讥之意。作品的情节紧张、语言生动、艺术水平不在项羽、荆轲、田单等纪传之下。"韩兆琦在《史记题评》中则进一步对司马迁对于吕后的政治态度进行分析："从整篇作品以及整部《史记》来看，司马迁对吕后却又不是一概否定的。司马迁认为，吕后的主要功绩是在刘邦死后的十几年里，为维持社会安定，为发展社会经济做出了应有的贡献……'与民休息'的政策只有到吕后执政时才开始成为现实……至于她为了报复戚夫人与赵王如意，将他们母子残酷整死的事情，系事出有因，倒还可以不论。诸如此类的吕后的人品，实在无可称道。然而这只是一方面。据《季布栾布列传》和《匈奴列传》记载，惠帝时，匈奴单于来信侮辱吕后，吕后大怒，召集大臣商议对策。樊哙等诸将都主张出兵讨伐，唯有季布陈述利害，坚决主和。吕后这时虽然盛怒，头脑却清醒，她没有为泄私愤而发动一场不合时宜的劳民伤财的战争，而维护了汉初那种和平安宁的恢复发展生产的良好环境。王诸吕与诛诸吕，是当时最高统治集团内部的一场你死我活的斗争，司马迁出于传统的维护刘氏的观念，对吕后一系列做法颇多意见，但在具体记述时仍比较客观……清代王鸣盛也说:'初惠帝崩,高后哭泣不下,此时高后奸谋甫兆,使平、勃能逆折其邪心,安见不可扑灭者!乃听张辟彊狂竖之言,请拜产、禄为将,将兵居南北军;高后欲王诸吕,王陵守白马之约,而平、勃以为无所不可,然则成吕氏之乱者,平、勃也。'(《十七史商榷》)这些评论,都比较接近司马迁的原意。"

张大可《史记全本新注》评述说:"《吕太后本纪》记载西汉王朝在巩固政权过程中激烈而复杂的政治斗争。吕太后名雉,汉高祖刘邦的皇后,是我国封建社会第一个实际上的女皇帝。高帝死后,她执掌朝政十五年,临朝称制八年。她为了加强吕氏统治,不惜残害高祖后代,打击开国功臣,剥夺太尉周勃的兵权,罢免了右丞相王陵,架空了左丞相陈平,以自己的亲信审食其为左丞相,居中用事。她还违背刘邦'非刘氏而王,天下共击之'的约规,大封吕氏宗族,酿成了诸吕之乱,几乎葬送了刘氏天下。但吕太后执行了刘邦'无为而治'的政治方针,国家安定,作者又予以肯定。"

施丁《汉书新注·高后纪》一篇的"说明"指出:本篇的着眼点在民众的感受,在国家是否稳定,认为评价历史人物的出发点应该看其对历史发展的作用,从而对吕后做出了正面的评价:"本卷记述吕后(吕雉)临朝称制八年的史事及其为人为政的一些特点。吕后,即吕雉(字娥姁),刘邦之妻。刘邦称帝,立为皇后。能干有谋,协助刘邦有力。刘邦死后,掌握大权。这位无名义而有实权的女皇帝,既贯彻汉初'无为而治'策略,又违背'非刘氏而王'的规定而封王诸吕,故一方面促进了汉初社会安定和经济恢复,另一方面也促使统治集团内部矛盾加剧。刘、吕矛盾这实质上是一种权力再分配的斗争,很难论其历史是非及正义与否。当时的民众,想的只是安宁和富庶。'天下晏然,刑罚罕用,民务稼穑,衣食滋殖',这符合历史的需要。"

在评价吕后时,唐代以后的史学家往往将吕后与唐代的武则天相比较,清代史学家赵翼的观点很有代表性。赵翼《廿二史札记》卷三《吕武不当并称》指出,吕后的一切作为,即使是那些被后来人认为有悖政治、伦理的作为都是可以理解的,都没有违背"非刘氏不能称王"的原则,其谓:"吕后则当高帝临危时,问萧相国后孰可代者,是固以安国家为急也。孝惠既立,政由母氏,其所用曹参、王陵、陈平、周勃等,无一非高帝注意安刘之人,是惟恐孝惠之不能守业……后所生,惟孝惠及鲁元公主,其他皆诸姬子。使孝惠而在,则方与孝惠图治计长久。观于高祖欲废太子时,后迫留侯画策,至跪谢周昌之廷诤,则其母子之间可知也。殆孝惠既崩,而所取孝惠子立为帝者,又以怨怼而废,于是己之子孙无在者,则与其使诸姬子据权势以凌吕氏,不如先张吕氏以久其权。故孝惠时未尝王诸吕,王诸吕乃在孝惠死后,此则后之私心短见。盖嫉妒者,妇人之常情也,然其所最妒,亦只戚夫人母子,以其先宠幸时,几至于夺嫡,故高帝崩后即杀之。此外诸姬子,如文帝封于代,则听其母薄氏随之。淮南王长无母,依吕氏以成立,则始终无恙。齐悼惠王以孝惠庶兄失后意,后怒,欲菲之,已而悼惠献城阳郡为鲁元汤沐邑,即复待之如初。其子朱虚侯章入侍宴,请以军法行酒,斩诸吕逃酒者一人,后亦未尝加罪也。赵王友之幽死,梁王恢之自杀,则皆以与妃吕氏不谐之故。然赵王友妃,吕产女,梁王妃亦诸吕女,又少帝后及朱虚侯妻皆吕禄女。吕氏有女,不以他适,而必以配诸刘,正见后之欲使刘、吕常相亲。"

汪惠敏《史记政治人物述评·吕太后》认为:"虽然吕后因自私心与报复心,使她失去理智,做出惨绝人寰以及大乱宗室的举措,但是对于百姓、政治,她并没有野心。一切政令,她还是依循刘邦之旧,使百姓休养生息。她任用萧何为相,'反秦之弊,与民休息';萧何死,继用曹参,'举事无所变更,一遵萧何约束'。彻底实施无为之治,使百姓各处其宜。"

韩国汉城女子大学金泽中《吕太后与人彘事件》一文指出:"司马迁在《吕太后本纪》中大述特写人彘事件,既不是为了揭露吕太后的残忍,也不是为了表现惠帝的仁慈,其真正目的是为了贬低无能的惠帝,而肯定吕太后的历史地位。"

林励、林新阳《浅析吕太后形象的多样性》指出:"本文从《史记》所载史实出发,从多方面的角度对吕太后进行重新解读,从而挖掘出深藏在她身上的容易被人忽视的形象特征:富有母性情怀的吕太后;拥有政治魄力的吕太后;具备刚毅残忍的吕太后;脆弱的吕太后。结论:吕太后是司马迁笔下一个比较典型的悲剧性人物。从表面上看她是个性格刚毅、工于心计、心狠手辣、不可一世的坏女人,这也是传统意义上人们对她的评价。可是透过《史记》的字里行间,我们仍能洞察到吕后这个历史人物的精神世界,我们会发现吕太后并非是百恶而无一善的,她的性格也不是单一的。实际上,她有着普通人的脆弱、善良、富有同情心的一面,她是一个丰富而立体的人物。我们在评价她时,应客观而多角度地来看待她。"

三、司马迁为什么给吕太后立本纪?

这个问题的提出暗含了一个意思,就是:吕后是没有资格进入本纪的,司马迁为什么将之列入本纪,为什么给予如此高的地位?从前述可知,司马迁在《太史公自序》中并没有从这个角度回答这一问题,司马迁说明的只是本篇记述吕后与反对吕氏封王的诸位大臣之间的矛盾展开,说明其演进与结局。这说明了在司马迁的眼光中立吕太后本纪并不是什么问题。但是,这个问题竟然成为后来讨论比较热烈的问题,既关系到对《史记》体例的认识,又牵扯了对历史人物的评价体系,因而成为一个比较重要的问题。

《史记》有十二本纪,进入本纪的人物,从《五帝本纪》开始,到《孝武本纪》,也就是由轩辕黄帝开始到夏、殷、周、秦始皇、项羽、高祖刘邦,再就是吕后及之后的汉文帝、汉景帝、汉武帝。这样看来,除吕后之外,就只有项羽没有当上皇帝而进了本纪。这就产生了一个问题,在司马迁的标准里,什么样的人可以进"本纪"?司迁自己并没有做出解释。

后来的学者做了许许多多的研究分析，甚而是猜测。因而只能是众说纷纭，莫衷一是。

具体到吕后来说，她是《史记》十二本纪中唯一的女性传主，她同时是《史记》一百三十篇之中唯一的女性传主。而且从正式的意义上说，吕后又是没有登临皇帝宝座的人，她不过是假借着儿子惠帝的名义在掌权。天下号令虽然皆出于她，然而她并没有"皇帝"的名分。有没有这个"名分"，在男子当权的世界里可是不一样的。在男性当权的社会里，给予女子如此高的地位，实属第一次，也因此引起激烈的反应。这里的矛盾是"孝惠日饮，为淫乐，不听政"，而实际的执政者却是吕后。在这样的情况下，一个女子，而且是并未登上皇帝宝座的人能不能进入本纪？意见分为两类。

第一类，是反对的意见。《剑桥中国秦汉史》总结说给吕后如此高的地位，自然地给历史学家提出了一个严重的问题，引起历史学家的反对是自然的："如同以后类似的情况，吕氏家族发动的夺权活动给中国留下了一个王朝世系或典章方面的问题，因为安排好的皇位继承已经被人篡改或打乱。中国历史学家的态度是预料的到的，这个事件通常被描述为一件非法的篡权行动，而那些最后清除吕氏的人受到尊敬并被给于特殊的待遇。"

比如司马贞《史记索隐·吕太后本纪》，认为司马迁这样处理，埋没了孝惠帝的历史地位："吕太后本以女主临朝，自孝惠崩后，立少帝而始称制，正合附《惠纪》而论之；不然，或别为《吕后本纪》，岂得全没孝惠而独称《吕后本纪》？合依班氏分为二纪焉。"

郑樵的态度则似有矛盾之处，《通志·帝纪序》："迁遗孝惠而纪吕，无亦奖盗乎！"乃是持批评的态度。而《通志》卷五上《前汉纪五上》又认为不立吕后为本纪，则其中八年的历史无所系："汉吕、唐武之后立纪，议者纷纭不已，殊不知纪者编年之书也，若吕后之纪不立，则八年正朔所系何朝？武后之纪不立，则二十年行事所著何君？不察实义，徒事虚言，史家之大患也。"

刘咸炘《太史公书知意·本纪·吕后本纪》对郑樵持批判态度："《困学纪闻》引郑樵，谓迁遗惠而纪吕为奖盗。然《通志》则谓《汉书》立《吕后纪》为当，自相矛盾。黄震曰：'惠帝立七年，名惠帝子者，践祚复二人，史迁皆系之吕后，意者，示女主专制之变也。然吕氏，汉之贼也，而可纪之哉？'何焯曰：'作《吕太后本纪》者，著其实。赞，以孝惠皇帝冠之，书法在其中矣。'按：此何说极是。史公书本通史，不为汉一代设，分孝惠纪则嫌繁矣。昔人极讥史公不立孝惠纪，要皆论辩正统之习耳。《文心雕龙》《索隐》谓当立孝惠纪而以吕后两少帝附之。王拯曰：'纪吕可括惠纪，惠不能尽吕。'是也。"

第二类，赞成司马迁为吕后立本纪的则更多一些。比如徐时栋《烟屿楼读书志》卷十二认可司马迁的做法，他是这样解释的："天下号令在某人，则某人为本纪，此史公史例也。故《高祖本纪》之前有《项羽本纪》，高祖以后，不立孝惠皇帝本纪，而独立《吕后本纪》，固以本纪为纪实，而非争名分之地也。此后无人能具此识力，亦无人敢循此史例矣。"换一句话说，即谁是真正主宰天下的人，谁就可以进本纪。

何焯《义门读书记·史记》认为，司马迁这样写是为了尊重历史事实："作《吕太后本纪》者，著其实。赞，以孝惠皇帝冠之，书法在其中矣。""赞，汉兴，至孝文帝四十有余载以下，言外可思，益见补《武纪》之谬。"

邹方锷《大雅堂初稿》卷六也持与何焯相同的观点："吕后何以立本纪也？陆子曰：著孝惠不成乎君也。孝惠诚柔懦，然当天下大定，强藩悍镇如韩、彭、黥布等，已铲削诛夷，令无吕后制其上，帝犹不失为守成之主也。吕后英悍，与唐之武氏略同，而中宗之不道，犹不得与孝惠比。谓纪吕后著孝惠不成乎君者，岂迁意哉！高祖定天下，诛大臣，吕后有力焉。其于孝惠之世，政教号令皆自后一人主之。削孝惠而纪吕后，纪其变也，著其实也。"

洪饴孙《史目表》卷一《史记》指出，《史记》为吕后立本纪，是开了新体例："《吕后本纪》在本纪中次九。按：因女主临朝而立本纪，次入帝纪，此例始于《史记》。"

郭嵩焘《史汉札记》卷一《吕后本纪》也指出吕后入本纪，乃纪实也："按：此《本纪》中明言'孝惠日饮，为淫乐，不听政'，是惠帝初立后，吕后专杀自恣，政由己出，固已久矣。史公不为惠帝立纪，以纪实也。"

徐浩《廿五史论纲·自序》，第一九页《孝文本纪》沈作喆评价说，《汉书》立《孝惠纪》，又为吕后立本纪，是继承了《史记》："《史记》有《吕后本纪》，次入帝纪，因女主临朝而立，此例始于《史记》。《汉书》因之，立《高后纪》。在后妃之前，先立《孝惠纪》，惠帝崩，再立后纪，体例截然。《高后纪》中，但纪临朝八年大事，其日常行事，别见《外戚传》，此与《史记》之毕载一篇者，例微不同。"

杨琪光《史汉求是》卷二《吕后本纪》则更推进一步，认为班固的《汉书》在处理吕太后问题上大不如司马迁的《史记》："汪子川曰，太史公作本纪等，先将其人衡当，然后量而汇事。吕后为汉贼，其所载皆植吕倾汉之为，而于当时于彼无关系者，概屏焉。倘胪列之，讵不邻于褒乎？班氏不识此义，于详者转略，略为详，又无篇法，不啻张米盐杂碎店矣。以作采伐者之故实则可，若欲事缵属者，宜弃之唯恐不速矣。匪我一人言也，灵皋方氏亦曾及之。"

关于《吕太后本纪》的讨论，其实也是关于《史记》"本纪"体例的讨论，可以这样总结："本纪"是用编年的方式叙述历代君主或实际统治者的政迹，是《史记》全书的大纲。简而言之，就是帝王的传记。当然，吕后未称帝，亦为本纪，太史公给之本纪也是对其历史地位的肯定。

司马迁将吕后入本纪正是体现了远见卓识，他并没有觉得这有什么不好。女性在男子当权的时代而有如此高的地位，实属第一次，是历史著作中的第一次，足见司马迁对于女性并没有歧视的眼光，而是正眼看待她们的历史贡献。吕后只是《史记》女性人物形象的高峰而已。

《史记》几乎将此前的历史著作中的女性人物形象尽皆录入，并且使其丰满照人，而且《史记》中新增加的女性人物都各有千秋。比如以前著作中已经有的介之推的母亲，入《晋世家》，显得那样的毫不留恋名誉地位的洒脱；比如同样在《晋世家》中的重耳齐国妻子的睿智决绝；比如《赵世家》中赵括母亲的冷静与远见。《史记》独立创造的王陵的母亲、陈婴的母亲，刺客聂政的姐姐聂荣，无一不是闪烁着成熟的政治家的光辉，令人起敬，千载之后仍然使人击节称叹。即便是《货殖列传》中那些普通的谋生的女性，也都有着超人的智慧，顽强的执着。司马迁正是有了这样的女性观，平视的看待女性，所以毫不觉得吕后入本纪有什么不好。

四、如何评价诛灭诸吕？

诛灭诸吕是本传的主要内容，司马迁对此一行动持肯定态度。

当惠帝不满母亲吕后所为，忧郁病死之后，吕雉临朝称制，封侄吕台、吕产、吕禄等为王，擅权用事，排斥王陵等老臣，拔擢亲信。由于刘邦曾与诸大臣共立"非刘氏不王"的誓约，所以刘氏宗室和大臣在吕后死后拨乱反正，太尉周勃，丞相陈平和朱虚侯刘章等迅速翦灭诸吕。《吕太后本纪》详细记述了这一过程。

历史学家对于诛灭诸吕的记述基本持赞同的态度。

黄震《黄氏日抄》卷四六批评陈平、周勃委曲求全，而赞颂王陵力争："吕后欲王诸吕，王陵力争，可谓社稷臣矣。平、勃阿意王之，勃虽卒诛诸吕、安刘氏，然已功不赎罪；若平又何以赎之，而反受赏邑三千户、金二千斤耶？平平生教帝诈，无益成败之数，天下既定，误帝伪游，叛者九起，卒死于兵，今复负帝于身后，如此平真汉之罪人哉！"

《史记评林》凌约言谓："一篇关键，总在王诸吕、诛诸吕上著力，以汉室兴替所关也。太史公乃见其大者。"

王鸣盛《十七史商榷》卷五《灌婴于平诸吕为有功》肯定灌婴的功劳："诸吕之平，灌婴有力焉。方高后病甚，令吕禄为上将军，军北军，吕产居南军，其计可谓密矣。卒使郦寄绐说吕禄归将印，以兵属太尉，而诛诸吕者，陈平、周勃之功也。然其始见帝崩，高后哭泣不下，此时高后奸谋甫兆，使平、勃能逆折其邪心，安见不可扑灭者！乃听张辟彊狂竖之言，请拜产、禄为将，将兵居南北军。高后欲王诸吕，王陵守白马之约，而平、勃以为无所不可，然则成吕氏之乱者，平、勃也。幸而产、禄本庸才，又得朱虚之忠勇，平、勃周旋其间，而乱卒平，功尽归此两人。而孰知当留屯荥阳与齐联合之时，婴之远虑有过人者！齐王之杀其相而发兵夺琅邪王兵，并将而西也，此时吕禄独使婴击之。婴，高帝宿将，诸吕方忌故大臣，而危急之际，一旦假以重兵，此必婴平日伪自结于吕氏。若乐为之用者，而始得此于禄。既得兵柄，遂屯留荥阳，待其便而共诛之。其时吕氏乱谋急矣，顾未敢猝发者，彼见大将握重兵在外，而与敌连和以观变，恐猝发而婴倍之，反率诸侯西向，故犹豫未忍决。于是平、勃乃得从容定计，夺其兵权而诛之。然则平、勃之成功，婴有以助之也。然婴不以此时亟与齐合，引兵而归，共诛诸吕，乃按兵无动者，盖太尉入北军，吕禄归将印，此其诛诸吕如振槁叶耳。若婴合齐兵而归，而太尉不得入北军矣。彼必将胁平、勃而拒婴与齐之兵。幸而胜之，喋血京师，不戕千万之命不止，此又婴计之得也。"

还应该指出的是，吕家的人并不都是一些无名鼠辈，吕家人跟随刘邦打天下，立下过功勋。菜九段《古史杂识之〈高祖功臣侯者年表〉释读》就指出吕泽、吕释之是刘邦打江山的有功之臣，吕泽甚而是第二号功臣。其文曰：

（周吕侯吕泽）以吕后兄初起。以客从入汉为侯。还定三秦。将兵先入砀。汉王之解彭城，往从之。复发兵佐高祖定天下。

案，吕泽为吕氏在刘邦军事集团中最重要将领，甚至于其起兵之初都可能与刘邦是两股势力，《功臣表》的行文，就看不出其是否从刘邦起事。汉二年吕泽之先入砀，表明此年功臣表中其它人之下砀战功是在吕氏的领导下取得的。

（建成侯吕释之）以吕后兄初起。以客从击三秦。汉王入汉，而释之还丰沛，奉卫吕宣王、太上皇。天下已平，封释之为建成侯。

案，吕释之入关后未入汉，东还之丰沛"奉卫吕宣王、太上皇"。则吕公尚远在楚地，不在汉中。其人既未入汉，则其未参加击三秦战事，从击三秦，当为从击秦之误。当时封侯者均为战功卓著者，郦商以定汉中、巴、蜀三郡之功尚不得封侯，又岂能封吕公这样与破秦不相干之人为侯，此事费解。如此做法或者可以解释为因吕泽在反秦战事中功劳甚大，并未单独计功。为安抚计，封其父为侯，以使这支不可小觑且功劳甚大的部队安心。

五、本篇的艺术手法

牛运震《史记评注》："叙诛诸吕头绪最繁多，而点逗极为明晰，事最忽遽而叙次最安闲，总于转键安顿见笔法妙处。"

李景星《史记评议·吕后本纪》："《吕后本纪》叙各项复杂事迹，而笔端却极有条理；写一时匆忙情形，而神气却自尔安闲。大旨以吕后为主，而附叙者为惠帝，为两少帝，为高祖诸子，为诸吕，此所谓复杂也。看他拈起一头，即放倒一头，放倒一头,即另起一头,任他四面而来,偏能四面而应,此所谓条理也。欲侯诸吕,乃先封高祖功臣;欲王诸吕,乃先立孝惠诸子,封刘泽,封张偃,封张敖前姬子;及其后也,谋诛诸吕,又分多少层次,几令人口述不暇,此所谓匆忙也。曰'太后哭泣不下',曰'其哭乃哀',曰'太后风大臣',曰'取美人子名之',而又载赵王歌,载郦寄给吕禄语,载太尉入军门令,此所谓安闲也。总之,以刘氏、吕氏为一篇眼目,以王诸吕、诛诸吕为一篇关键,以'吕后为人刚毅'句为一篇骨子。"

韩兆琦评价说:《吕后本纪》通过大量生动传神的细节描写和心理刻画,塑造了吕后这个既精明能干、工于心计,又生性毒辣、凶狠无比的女王形象,为多姿多彩的我国历史人物画廊增添了生动的一页。就选材而言,作者不是完整、全面地记述吕后一生的功过事迹,而是像后代小说那样,集中表现了吕氏与刘氏宗室及元老功臣之间的矛盾冲突。而与王诸吕、诛诸吕无关的事情,作者都忍痛割爱,或只在论赞中简单提点,或干脆写入他篇,这就保证了主题鲜明,矛盾集中,尽管千头万绪,而线索非常明晰。《吕后本纪》是《史记》中描写最生动,情节最紧张,最像文言短篇小说的篇章之一。

吴福助《史记解题》评价说:此篇特详吕氏本末,凡三大段,先叙吕后称制,次叙废刘王吕,次叙诛诸吕。此皆汉室兴替所关,是史公乃见其大者。其间附叙孝惠、两少帝三朝。又高祖八子,除孝惠有本纪,齐王、淮南王有世家,馀亦附此。事情丛杂纠纷,而叙得脉络输灌,章法蝉联,绝有神采。尤其通过大量细节描写与心理刻画,塑造吕后既精明能干、工于心计,又生性毒辣、凶狠无比之女主形象。另又集中表现吕氏与刘氏宗室及元老功臣间的矛盾冲突。主题鲜明,剪裁严净,情节紧张,描写生动,艺术成就甚为出色,颇似文言短篇小说,应予以细读。

六、研究新角度

进入二十世纪八十年代以来,研究《吕太后本纪》时运用了新的方法,取自新的角度,使研究色彩纷呈。比如刘月娜《从吕太后和刘盈谈〈史记〉心态描写》一文就从心理学角度重新剖析吕后:"《史记·十二本纪》主旨是写中国历史王业兴衰,为此后的王业提供借鉴。

司马迁看出帝王个人心理素质特别是帝王主观意志对历史的特殊重要性,因而把笔触深入到历代帝王心理之中,写出帝王的禀赋、人格、意志、欲望对历史的深刻影响。比如《秦始皇本纪》《项羽本纪》《高祖本纪》等篇均有精彩贴切的心理描写,本文以汉惠帝刘盈及其母后吕氏太后进行简单剖析。"

七、从《汉书》看《史记》

《汉书》的史料来源,汉武帝以前绝大部分用《史记》原文。赵翼《廿二史札记》对《汉书》所用《史记》的材料作过一番对勘的功夫,指出《汉书》对《史记》作了三个方面的增补：第一，增篇目，比如增加《惠帝纪》、《蒯通传》、《伍被传》、《地理志》、《艺文志》等；第二，增事实，如《韩信》、《楚元王》、《萧何》、《卫青》、《公孙弘》等传中都增加了史料。第三，增文章，如《贾谊》传载《治安策》，《晁错》传载《贤良策》等。武帝以后的史料：班彪《史记后传》，《汉书》中《元帝纪》、《成帝纪》及《韦贤》《翟方进》、《元后》三传均为班彪作。各家续写《史记》的材料。其他方面的记载，如《汉著记》、《汉大年纪》等。

《汉书》虽然大量引用《史记》，但也有不同。《汉书》虽然绝大多数采用的是《史记》的史料，但也有增补变化。即使引用相同的情况下，取舍亦有不同，反映出班固与司马迁二人史学观、价值观的不同。

本书引用了许多《汉书》的注释，是因为《汉书》记述汉代部分大量的引用了《史记》，两者互相重合的句子比比皆是。《汉书》是继《史记》之后最为重要的典籍，为之作注者代有其人，并且多有精彩之处。引用《汉书》注释，如他山之石，自然可以攻玉。

再者，《汉书》所述人物与《史记》重合时，《汉书》有超出《史记》内容的部分，可以增补《史记》内容。即如《吕太后本纪》所记载与《汉书》对比而言，《汉书·匈奴传》所载冒顿《遗高后书》，《史记》即未载入，明凌稚隆所辑《史记评林》引陈仁锡评《汉书·匈奴传》载冒顿《遗高后书》及高后答书，陈仁锡的解释是："《汉书》详，然《史记》讳之亦是"。陈氏认为班书马史的详与略都没有错，《史记》隐讳两书内容，可能是为尊者讳，《汉书》详录两书，可能是出于惩恶。陈仁锡认为史家撰述随时而定，没有必要拘泥一定的程式。

八、结论

围绕《吕太后本纪》的一切争论，都是围绕着对吕后如何评价展开的。

对于吕后是否应该入本纪的争论，是围绕对吕后历史地位的评定展开的。司马迁在《史记》体例上有许多所谓的"破例"，如项羽进"本纪"，孔子、陈涉进"世家"，都是因为司马迁对体例的构思完全出于对传主人物历史地位的考察，如果影响到一代，成为一时政治的中心人物，则入"本纪"，如项羽、吕后。而吕后的人品如何是另一回事，是后来人所关心的。

罗泌《路史》就认为天下之统纪在何人，则此人可以入本纪，不当以性别而论，其云："甚矣，天下之不可一日无王也。太史公作《史记》《世家》侯室，而纪皇王，然而吕后项籍俱列本纪，人皆疑之。且以为太史公坏编年之法以立纪传，予有以见太史公为得圣人之意也。夫《春秋》编年，以王次春，示天下不可一日无王也。太史公不敢拟圣人而作经于是，法外传之体，以为纪、表、世家焉。是编年之法也。惠帝死，孝文未立，吕后为政者八年，今不纪，则将屹然中绝其统邪？知此，则知太史公纪吕后之意矣。……统在惠则纪惠，统在吕则纪吕，岂固曰'妇人不得为君，吾不纪邪'？"罗苹《路史注》曰："惠帝立七年，而史不纪，政实出于后也。固乃立惠纪于吕后之前。唐高宗崩，中宗即位，武后废之，及其反正，史遂'纪'之。武后之下，范祖禹以为春秋不王，吴楚以存周室。唐有天下，武后乌得间之，遂复中宗之年，绌武氏之号。此尤倍理，不知周既革号而易祚矣，范晔、华峤之徒，乃以谓后者配天作合，前史录外戚于末编，非其义，乃尽取诸后纪之，斯无识矣，不知何所见而纪邪？"

对于女子入本纪，儒家正统人物颇为不屑，所以非议蜂起，进而将吕后执政与武则天篡权相比，然此二人虽皆为女子，然又有不同，一为维护汉统，一为改移天下属姓，实不可同日而语。为此，王观国《学林》评曰："《汉书》立高皇后吕氏帝纪，《唐书》立则天皇后武氏帝纪，其名相类，而其事有大不相类者。汉惠帝即位，太后立帝姊鲁元公主女为皇后，无子，取后宫美人子名之，以为太子。惠帝崩，太子立为皇帝，年幼，太后临朝称制。方惠帝崩，太后哭而泣不下，及陈平等请拜诸吕为将居中，太后悦，其哭乃哀。盖吕后独生惠帝，惠帝无子，取后宫子为太子者，欲继统出于惠帝也。惠帝崩，太后哭而泣不下者，太子幼，太后心疑大臣，未有自全之策。及陈平请用诸吕，太后哭乃哀，盖吕后不过内欲继统出于惠帝，而外崇诸吕之名位，庶可以固吕氏之宗，而享富贵之安也。吕后有假宠外戚太过之罪，而无盗汉之心。及吕后崩，大臣诛诸吕，此亦必然之理，使诸吕不诛，则诸吕果能废刘氏而革天命乎？若夫武后则不然，方且废中宗，改国号周，自称神圣皇帝，立武氏七庙。方是时，天下已移为周矣，非复唐有也，然则武后真篡唐者也。及大臣诛二张，中宗复即位，徙太后上阳宫，复唐宗庙，然后天下复有唐。由此观之，则武后之与吕后，其事大不相类可知也。"

司马迁对吕后政治地位的评价和对其个人品性、人性的描写，二者是兼顾的，对其政治作为的肯定和对其为人的批判，在《吕太后本纪》中做了分隔处理，即在"赞语"中对吕后予以历史功绩的评价，肯定吕后安定天下，使百姓安稳、国家太平、对外关系和谐之功绩，而在传中则实录其心胸褊狭、手段狠毒，吕后人物形象的正反两个方面二者和谐相处于一篇之中。但是无可讳言的是，这样的处理，将重心、主要内容放在了批判的位置，称赞、肯定的结论则只在赞语中闪现，显然是不对等的。这也确实反映了司马迁对吕后批判的主要倾向，对其功绩则有所保留。

从今天的角度看，吕后的狠毒、残忍、自私、褊狭等的一面，是在中国特殊的政治斗争的你死我活的特别环境之下产生的，甚或是在总结历史教训之后的自卫。如果不改变"成者王侯败者贼"的政治斗争格局，而仅仅批判一位女子的激烈反应是不公道的。吕后在政治上的作为与功绩应该是第一位的。在政治上，吕后能够审时度势，深知天下之要务，顺应时代的要求和人民的愿望，采纳正确的治国方针，表现出善识大体、统览全局、把握正确航向的杰出政治家风范。吕后最大的政治功绩在于支持曹参推行与民休息、无为而治的政策。如果说刘盈不能左右曹参政策，那么吕后以她的刚毅是完全有能力干预朝政的，她是凭借自己的清醒理性才支持曹参的。在她统治期间，人民生活得到较大的改善，战争的创伤得以恢复，犯罪率大为降低，真正地实现了国泰民安，这些政治实绩奠定了她作为中国历史上第一个女性大政治家的地位。吕后确实凶狠歹毒，但她所迫害的只是统治集团中与她个人利益发生冲突的少数人，并没有把她的狠毒自私贯彻到治国方略中去，不像秦始皇那样把毒螯伸向最广大的人民。汉初能有几十年的休养生息，与吕后个人杰出的政治素质不无关系。

在一些重大政治事件上，吕后也表现出顾全大局、忍辱含垢的政治家风度。在她临朝称制期间，匈奴冒顿单于倚仗强大的军事实力，给吕后写了一封"两主不乐，无以自虞，愿以所有，易其所无"之类的带有侮辱性内容的信件。士可杀而不可辱，一介布衣尚不可欺，更何况吕后是堂堂中国的女主！吕后接信后，虽然在短期内愤怒情绪占了上风，萌生出征讨的念头，但她最终还是理性占了上风，否定了樊哙莽撞的做法，继续推行刘敬倡导的对匈奴和亲的政策，为汉家休养生息营造了一个相对安宁的环境。

封建时代最为人所诟病的吕氏代刘，在今天看来其实不应成为吕后的大错，江山仍然姓刘，吕后还是刘邦的妻子，吕后并没有将国家交给吕家的人，这样看来吕后多封几个吕家的人就不那么重要，而关键是看其政策是否符合历史的要求和人民的愿望。再追问一句，为什么皇帝一定要姓刘而不能姓吕呢？谁打的江山非得谁来坐吗？凭什么？为什么？似乎在封建的政治学说中并没有这一问题的答案。

吕后去世后，围绕着权力中心所展开的斗争，是《吕太后本纪》描述的重心，诛杀诸吕是一场严酷的政治斗争，风云波谲曲折，其文字之张弛有道，人物个性描述之精彩，堪称千古奇文。许多个头绪同时展开，而又各自有序，文笔之控放张弛，在紧张中透现出节奏的轻快。也因此，此本纪成为绝妙好文，读之令人难忘。

《史记》的心态描写，远远不光是只对帝王而已，其丰富的历史人物心态描写，为《史记》带来生动性、形象性和立体感，也使这部史书具有高度的艺术成就，可以扩大理解《史记》的范围，进一步深化对《史记》的研究。

这篇本纪中一位二十岁的年轻人，为诛杀诸吕立下功劳的刘章，是被作为政治人物描述的，但是却在另外的一个领域，在酒文化的传承中独领风骚。他奉吕太后之命侍奉酒宴，担任酒吏，留下了酒席宴上的两条新法：一条是以军中舞助兴佐酒，二条是酒席上施行军法，杀了逃酒的人。于是后来的人把他作为酒令的创始人。这实在是本传记人物描写的意外收获。

对《史记·吕太后本纪》的研究，是《史记》研究的一个部分，然而其传主人物的特殊性却是吸引历代学者的重要原因。相信对《吕太后本纪》的研究，还会有更多的成果。

徐兴海
于 2017 年 3 月

引用文献及资料

（按姓氏笔画及朝代先后排序）

书　籍

二画

［清］丁晏. 史记毛本正误［M］. 北京：中华书局，1985.

三画

［宋］马廷鸾. 碧梧玩芳集［M］. 文渊阁四库全书. 台北：商务印书馆，1983.

［元］马端临. 文献通考［M］. 北京：中华书局，1986.

［明］于慎行. 读史漫录［M］. 济南：齐鲁书社，1996.

［清］万希槐. 校订困学纪闻集证［M］. 沈阳：辽宁教育出版社，1998.

四画

［汉］王符. 潜夫论［M］. 西安：三秦出版社，1999.

［宋］孔平仲. 珩璜新论［M］. 北京：中华书局，1985.

［宋］王观国. 学林［M］. 北京：中华书局，1968.

［宋］王楙撰，王文锦点校. 野客丛书［M］. 北京：中华书局，1987.

［宋］王应麟撰，［清］翁元圻注. 翁注困学纪闻［M］. 国学整理社，1937.

［金］王若虚. 滹南遗老集［M］. 北京：人民文学出版社，1983.

［明］王世贞. 史记短长说［M］. 丛书集成初编. 北京：中华书局，1991.

［明］王圻. 稗史汇编［M］. 北京：北京出版社，1993.

［明］王志坚. 读史商语［M］. 上海：上海古籍出版社，1996.

［清］王夫之. 读通鉴论［M］. 北京：中华书局，1975.

［清］方苞. 史记注补正［M］. 北京：中华书局，1991.

［清］王懋竑. 白田杂著［M］. 文渊阁四库全书. 台北：商务印书馆，1983.

［清］牛运震撰，魏耕原、张亚玲整理点校. 史记评注［M］. 西安：三秦出版

社,2011.

[清] 牛运震. 读史纠谬 [M]. 济南:齐鲁书社,1989.

[清] 王鸣盛撰,黄曙辉点校. 十七史商榷 [M]. 上海:上海古籍出版社,2013.

[清] 王念孙. 读书杂志 [M]. 南京:江苏古籍出版社,1985.

[清] 王筠. 史记校 [M]. 故宫博物院图书馆铅印本,1935.

[清] 王拯. 归方评点史记合笔 [M]. 同治五年广州刻本.

[清] 王先谦. 汉书补注 [M]. 北京:中华书局,1983.

王骏图、王俊观. 史记旧注平义 [M]. 正中书局,1936.

邓之诚. 中华二千年史 [M]. 北京:中华书局,1983.

王利器. 史记注译 [M]. 西安:三秦出版社,1988.

王叔岷. 史记斠证 [M]. 北京:中华书局,2007.

王恢. 史记本纪地理图考 [M]. 台北:国立编译所,1990.

五画

[汉] 司马迁撰,[南朝宋] 裴骃集解,[唐] 司马贞索隐,[唐] 张守节正义. 史记 [M]. 光绪癸卯五洲同文局石印殿本.

[汉] 司马迁撰,[南朝宋] 裴骃集解,[唐] 司马贞索隐,[唐] 张守节正义. 史记 [M]. 北京:中华书局,1959.

[汉] 司马迁撰,[南朝宋] 裴骃集解,[唐] 司马贞索隐,[唐] 张守节正义. 史记(点校本二十四史修订本)[M]. 北京:中华书局,2013.

[宋] 司马光. 稽古录 [M]. 丛书集成初编. 上海:商务印书馆,1935.

[宋] 司马光. 温公文集 [M]. 丛书集成初编. 上海:商务印书馆,1936.

[宋] 司马光编著,[元] 胡三省音注. 资治通鉴 [M]. 北京:中华书局,1978.

[宋] 叶寘. 爱日斋丛钞 [M]. 北京:中华书局,1985.

[明] 丘濬. 丘濬集 [M]. 海南先贤诗文丛刊. 海口:海南出版社,2006.

[清] 申涵煜. 通鉴评语 [M]. 北京:中华书局,1991.

[清] 冯景. 解春集文钞 [M]. 丛书集成初编影印本. 北京:中华书局,1985.

[清] 龙启瑞. 经德堂文集 [M]. 文渊阁四库全书影印本. 上海:上海古籍出版社,2003.

六画

[汉] 刘歆撰,[晋] 葛洪集,向新阳、刘克任校注. 西京杂记 [M]. 上海:上海古籍出版社,1991.

［唐］刘知幾撰，［清］浦起龙释. 史通［M］. 上海：上海古籍出版社，1978.

［宋］朱翌. 猗觉寮杂记［M］. 北京：中华书局，1985.

［宋］吕祖谦. 大事记［M］. 北京：三联书店，2008.

［宋］孙奕. 履斋示儿编［M］. 北京：中华书局，1985.

［元］刘壎. 隐居通议［M］. 北京：中华书局，1985.

［明］朱权. 通鉴博论［M］. 济南：齐鲁书社，1996.

［清］刘绍攽. 九畹古文［M］. 上海：上海古籍出版社，2010.

［清］刘风起. 石溪史话［M］. 济南：齐鲁书社，1997.

［清］刘沅. 槐轩全书［M］.. 成都：巴蜀书社，2006.

［清］乔松年. 萝藦亭札记［M］. 山右丛书. 上海：上海古籍出版社，2014.

［清］朱一新. 汉书管见［M］. 拙庵丛稿. 清光绪二十二年葆真堂刻本.

［清］朱孔阳. 历代陵寝备考［M］. 扬州：广陵古籍刻印社，1990.

［清］刘咸炘. 太史公书知意［M］. 推十书（影印本）. 成都：成都古籍书店，1996.

刘安国修，吴廷锡、冯光裕纂. 重修咸阳县志［M］. 南京：江苏古籍出版社，2007.

孙德谦. 古书读法略例［M］. 北京：中国书店，1984.

吕思勉. 秦汉史［M］. 北京：商务印书馆，2010.

刘庆柱、李毓芳. 西汉十一陵［M］. 西安：陕西人民出版社，1987.

安作璋、孟祥才. 刘邦评传［M］. 济南：齐鲁书社，1988.

伊沛霞. 当代西方汉学研究集萃［M］. 上海：上海古籍出版社，2016.

七画

［汉］陆贾撰，［宋］茆泮林辑. 楚汉春秋［M］. 北京：中华书局，1991.

［梁］沈约. 宋书［M］. 北京：中华书局，1974.

［唐］李德裕. 李卫公会昌一品集［M］. 丛书集成初编影印本. 北京：中华书局，1985.

［宋］李昉等. 太平御览［M］. 四部丛刊三编. 上海：上海书局，1936.

［宋］苏洵. 嘉祐集［M］. 上海：中华书局，1900.

［宋］苏轼. 苏轼文集［M］. 北京：中华书局，1986.

［宋］张耒. 柯山集［M］. 丛书集成初编. 上海：商务印书馆，1935.

［宋］吴曾. 能改斋漫录［M］. 上海：上海古籍出版社，1979.

［宋］吴箕. 常谈［M］. 丛书集成初编. 北京：中华书局，1985.

［宋］张栻．张南轩先生文集［M］．上海：商务印书馆，1937．

［宋］吴仁杰．两汉刊误补遗［M］．北京：中华书局，1991．

［宋］陆唐老．陆状元增节音注精议资治通鉴［M］．济南：齐鲁书社，1996．

［宋］陈耆卿．筼窗集［M］．文渊阁四库全书影印本．上海：上海古籍出版社，2003．

［宋］陈埴．木钟集［M］．文渊阁四库全书．台北：商务印书馆，1983．

［宋］陈仁子．文选补遗［M］．上海：上海古籍出版社，1993．

［元］陈栎．历代通略［M］．文渊阁四库全书．台北：商务印书馆，1983．

［元］陈世隆．北轩笔记［M］．北京：中华书局，1985．

［元］张宪．玉笥集［M］．上海：商务印书馆，1935．

［元］杨维祯．史义拾遗［M］．济南：齐鲁书社，1996．

［明］张宁．方洲集［M］．文渊阁四库全书．台北：商务印书馆，1983．

［明］陈霆．两山墨谈［M］．北京：文物出版社，1986．

［明］邹泉．尚论编［M］．四库全书存目丛书，史部第282册．

［明］李贽．史纲评要［M］．北京：中华书局，1974．

［明］陈于陛．意见［M］．上海：商务印书馆，1936．

［明］吴崇节．古史要评［M］．四库全书存目丛书，史部第284册．济南：齐鲁书社，1996．

［明］杨一奇辑，［明］陈简补辑．史谈补［M］．明万历二十五年刻本．

［明］张溥．历代史论［M］．文渊阁四库全书．台北：商务印书馆，1983．

［明］陈子龙、徐孚远．史记测议［M］．明崇祯间养正堂刻本．

［清］吴见思．史记论文［M］．上海：广益书局，1920．

［清］陈廷敬．午亭文编［M］．郑州：中州古籍出版社，2011．

［清］陈遇夫．史见［M］．丛书集成初编．北京：中华书局，1985．

［清］邵泰衢．史记疑问［M］．四库全书珍本三集．台北：商务印书馆，1969．

［清］汪越撰，［清］徐克范补，徐乃昌辑．读史记十表［M］．南陵先哲遗书．南陵徐氏影印本，1934．

［清］张燧．读史举正［M］．丛书集成初编．上海：商务印书馆，1937．

［清］陆锡熊．炳烛偶钞［M］．丛书集成初编影印本．北京：中华书局，1985．

［清］李调元．剿说［M］．上海：商务印书馆，1936．

［清］邹方锷．大雅堂初稿［M］．北京：北京出版社，2000．

［清］李元春．诸史间论及其他两种［M］．清光绪二十四年（1898）刊本．

［清］李祖陶．史论五种［M］．台北：经学文化事业有限公司，2015．

［清］张恕. 汉书读［M］. 四明丛书, 第七集.

［清］张文虎. 校刊史记集解索隐正义札记［M］. 北京：中华书局, 1988.

［清］吴汝纶. 桐城吴先生汇录各家史记评语［M］. 都门书局, 1911.

李景星. 史记评议［M］. 上海：上海古籍出版社, 2008.

佚名. 百五十家评注史记［M］. 上海文瑞楼印行, 鸿章书局石印本.

杨树达. 汉书窥管［M］. 长沙：湖南教育出版社, 2007.

李笠著, 李继芬整理. 广史记订补［M］. 上海：复旦大学出版社, 2001.

严一萍. 史记会注考证斠订［M］. 台北：艺文印书馆, 1976.

陈直. 史记新证［M］. 摹庐丛著. 北京：中华书局, 2006.

陈直. 汉书新证［M］. 摹庐丛著. 北京：中华书局, 2008.

陈直. 三辅黄图校证［M］. 西安：陕西人民出版社, 1980.

张大可. 史记全本新注［M］. 西安：三秦出版社, 1990.

［美］陆威仪著, 王兴亮译. 早期中华帝国：秦与汉［M］. 北京：中信出版社, 2016.

辛德勇. 史记新本校勘［M］. 桂林：广西师范大学出版社, 2017.

陈其泰. 再建丰碑：班固和《汉书》［M］. 北京：三联书店, 1994.

何清谷主编, 秦始皇兵马俑博物馆、陕西省司马迁研究会编. 司马迁与《史记》论文集（第一辑）［M］. 西安：陕西人民出版社, 1994.

八画

［唐］欧阳询撰, 汪绍楹校. 艺文类聚［M］. 北京：中华书局, 1965.

［宋］范浚. 香溪集［M］. 丛书集成初编影印本. 北京：中华书局, 1985.

［宋］周辉. 清波别志［M］. 上海：上海古籍出版社, 1987.

［宋］罗泌撰, ［宋］罗苹注. 路史［M］. 文渊阁四库全书影印本. 上海：上海古籍出版社, 2003.

［宋］林駧. 古今源流至论［M］. 上海：上海古籍出版社, 1992.

［明］周祈. 名义考［M］. 湖北先正遗书. 沔阳卢氏慎始基斋刊本, 1923.

［明］范槚. 洗心居雅言集［M］. 四库全书存目丛书, 史部第284册.

［明］郑贤. 古今人物论［M］. 扬州：江苏广陵古籍刻印社, 1991.

［明］范光宙. 史评［M］. 四库全书存目丛书, 史部第281册.

［清］金圣叹著, 张国光点校. 金圣叹批才子古文［M］. 武汉：湖北人民出版社, 1986.

［清］郑元庆. 增广古今人物论［M］. 清代富文书局刻本, 1902.

［清］周寿昌. 汉书注校补［M］. 上海：商务印书馆，1936.

［清］知新子. 历代史事论海［M］. 清光绪二十八年（1902）石印本.

［日］泷川资言考证，［日］水泽利忠校补. 史记会注考证附校补［M］. 上海：上海古籍出版社，1986.

［日］泷川资言. 史记会注考证［M］. 上海：上海古籍出版社，2015.

［美］帕克著、向达译. 匈奴史［M］. 太原：山西人民出版社，2015.

九画

［宋］胡寅撰，刘依平校点. 读史管见［M］. 湖湘文库（甲编）. 长沙：岳麓书社，2011.

［宋］赵彦卫. 云麓漫钞［M］. 北京：中华书局，1996.

［元］胡一桂. 十七史纂古今通要［M］. 北京：国家图书馆出版社，2003.

［明］胡广. 胡文穆杂著［M］. 上海：上海古籍出版社，1993.

［明］胡侍. 真珠船［M］. 北京：中华书局，1985.

［明］洪垣. 觉山洪先生史说［M］. 四库全书存目丛书，史部第283册.

［明］贺详. 留余堂史取［M］. 文渊阁四库全书. 台北：商务印书馆，1983.

［清］赵青黎. 星阁史论［M］. 北京：中华书局，1985.

［清］赵翼撰，曹光甫校点. 廿二史札记［M］. 上海：上海古籍出版社，2011.

［清］赵翼. 陔余丛考［M］. 北京：中华书局，1963.

［清］洪颐煊. 读书丛录［M］. 上海：商务印书馆，1936.

施丁. 汉书新注［M］. 西安：三秦出版社，1994.

施之勉. 史记会注考证订补［M］. 台北：华冈出版有限公司，1987.

十画

［汉］班固撰，［唐］颜师古注. 汉书［M］. 北京：中华书局，1962.

［宋］晁说之等. 晁氏客语［M］. 长沙：岳麓书社，2005.

［明］高拱. 本语［M］. 北京：中华书局，1985.

［明］唐顺之. 两汉解疑［M］. 北京：中华书局，1991.

［明］凌稚隆，［明］李光缙增补，于亦时整理. 史记评林［M］. 天津：天津古籍出版社，1998.

［明］凌稚隆. 汉书评林［M］. 清顺治十四年刻本.

［明］袁黄辑，［明］王世贞编. 袁王纲鉴合编［M］. 上海：育文书局，清光绪乙巳年（1905）石印本.

［明］徐应秋. 玉芝堂谈荟［M］. 上海：上海古籍出版社，1993.

［清］顾炎武. 菰中随笔［M］. 北京：中华书局，1985.

［清］夏之蓉. 读史提要录［M］. 上海：新学书局，1902.

［清］钱大昕. 廿二史考异［M］. 北京：商务印书馆，1937.

［清］钱大昭. 汉书辨疑［M］. 上海：商务印书馆，1936.

［清］唐鉴. 唐确慎公集［M］. 上海：中华书局，民国.

［清］秦笃辉. 读史賸言［M］. 北京：中华书局，1985.

［清］徐时栋. 烟屿楼读书志［M］. 文渊阁四库全书. 台北：商务印书馆，1983.

［清］郭嵩焘. 史记札记［M］. 北京：商务印书馆，1957.

钱穆. 史记地名考［M］. 北京：九州出版社，2011.

［瑞典］高本汉著，陆侃如译. 左传真伪及其他［M］. 太原：山西人民出版社，2015.

徐复观. 两汉思想史［M］. 上海：华东师范大学出版社，2001.

钱锺书. 管锥编［M］. 北京：中华书局，1979.

徐朔方. 史汉论稿［M］. 南京：江苏古籍出版社，1984.

徐卫民. 西汉未央宫［M］. 西安：陕西人民出版社，2008.

十一画

［宋］黄震. 黄氏日抄［M］. 北京：中华书局，1985.

［明］梅鼎祚. 西汉文纪［M］. 上海：上海古籍出版社，1987.

［清］黄生. 义府［M］. 北京：中华书局，1985.

［清］梁玉绳. 史记志疑［M］. 北京：中华书局，1981.

［清］梁玉绳等撰，吴树平等点校. 史记汉书诸表订补十种［M］. 北京：中华书局，1982.

［英］崔瑞德、鲁惟一编，杨品泉等译. 剑桥中国秦汉史［M］. 北京：中国社会科学出版社，1992.

崔适著，张烈点校. 史记探源［M］. 北京：中华书局，2004.

十二画

［宋］程大昌. 考古编［M］. 北京：中华书局，2008.

［明］程楷. 明断编［M］. 北京：中华书局，1991.

［清］彭定求等. 全唐诗［M］. 北京：中华书局，1960.

［清］程馀庆. 历代名家评注史记集说［M］. 西安：三秦出版社，2011.

韩兆琦. 史记选注汇评［M］. 郑州：中州古籍出版社，1990.

韩兆琦. 史记笺证［M］. 南昌：江西人民出版社，2004.

十四画

［明］锺惺著，李先耕、崔重庆标校. 隐秀轩集［M］. 上海：上海古籍出版社，1992.

［明］锺惺. 史怀［M］. 北京：中华书局，1985.

十六画

［清］薛福成. 庸庵文外编［M］. 台北：文海出版社，1973.

十七画

［明］戴璟. 新编汉唐通鉴品藻［M］. 济南：齐鲁书社，1996.

十八画

瞿方梅. 史记三家注补正［M］. 上海：广文书局，1973.

期　刊

刘庆柱、李毓芳. 关于西汉帝陵形制诸问题探讨［J］. 考古与文物，1985（5）.